罗章龙回忆文存

——中共元老的自传

Memoir Collections of Luo Zhanglong
An Autobiography of a Senior Chinese Communist Party Member

罗章龙　著

Luo Zhanglong

· 中 册 ·

美国华忆出版社

Remembering Publishing, LLC. USA

Copyright © 2025 by Remembering Publishing, LLC. USA

Memoir Collections of Luo Zhanglong
An Autobiography of a Senior Chinese Communist Party Member
Luo Zhanglong

ISBN：978-1-68560-164-5 (Print)
　　　978-1-68560-165-2 (Ebook)

Remembering Publishing, LLC
RememPub@gmail.com

罗章龙回忆文存——中共元老的自传
罗章龙 著
中册（全三册）

出版：美国华忆出版社
版次：2025 年 6 月第一版，第一次印刷
字数：265 千字

All rights reserved.
No part of this book may be reproduced in any form or by any electronic or mechanical means including information storage and retrieval systems, without permission in writing from the publisher. The only exception is by a reviewer, who may quote short excerpts in review.

作品内容受国际知识产权公约保护，版权所有，侵权必究

第二部分 [续]

党 内 前 期

（受陈独秀领导）

"二七"大罢工(续)

自北而南——京汉路工人惨遭屠杀

五日早晨,路局赵继贤已奉吴、曹两军阀密令,令他严厉处置,但同时北京总局茶役亦举行同情罢工,总局更是死寂的了。是日赵即发一布告,里面说的均是恐吓的话,并限工人十二小时内恢复工作。嗣见工人不以为意,又派三宣慰员诱工会谈判,大意说先行开工,再论条件,经工会严辞拒绝,无结果而去。此时吴佩孚又来一电,说他有五百工兵,可以担任恢复交通,令赵放手办事。接着下午一时起,先后有军队多起开来辛店,均系全副武装,由员司开车运来的。计有游缉队张国庆一营,保定十四混成旅时全盛所部二营,琉璃河第六连。军队到时,分布各要隘列营,全体工人遂亦前往示威并向他们散发传单,一时兵士均为之感动。传单录下:

> 兵士们!警察们!我等都是苦同胞们呵!你们为的是家里要饭吃要衣服穿,才出来当兵或当警察,我们也是为着家里的人要饭吃要衣穿才出来卖力气,寻工做。你们是月中关饷,我们是月中开支,唉!讲起你们的饷有二三月四五月或六七月没有关的,岂不是跟我们一样的苦吗?我们罢工是跟你们告老或解甲归田一样,因为我们不愿干了,是不犯国法的,你们这次来此,我们十分欢迎你们,感谢你们!但是外面的风传,实在是不好听,都说你们是来压迫我们的,我们不相信。因为我们

同是苦同胞，应该互相联合互助，不应该残害。俗语说得好："强不欺弱，众不暴寡。"你们手里有枪有刀，有子弹，你们是强者，我们是弱者，你们若来残害我们，恐怕于心不忍吧？亲爱的军警们呵！我们愿和你们结成很好的朋友。兵、警、工同是苦同胞，有什么分别呢？如果你们不愿意，定要来残害我们，我们只拼着一条穷命，将来历史上留个好纪念。就是有强力，有枪刀的军警，残害手无寸铁的苦工人，好听么？我们知道你们来到这里的军警，全是我们的朋友，我们不疑心并且知道你们一定不会残害我们的。京汉铁路总工会长辛店分会启。

军队六营将长辛店包围定了，于是禁止工人在路上往来，偶语，开会，每数十步设岗放哨，并有许多密探出没工会附近，调查工会中主要人物的住址。娘娘宫也不准工人前往集会了。但是奸猾的赵继贤此时态度竟变和缓了些，曾数次派人向工会代表接洽，意在调查工会的主要领袖，安排摆布他们的最狠毒的阴谋。

六日晨工会调查队报告，军队行动极可疑虑，并闻涿州方面尚有大军来到，一时全市空气益臻紧张。工人见辛店形势已如此严重，均知此番必致演一齣大悲剧，但为自由而死，死亦何憾！故工人态度仍不稍变。六日，工会复发表第二次宣言以杜谣传，宣言说：

全国父老兄弟姊妹们！我们京汉全路已罢工两天了，此次罢工原因，本分工会二月四日所发出通电，已说得很明白，南方各地，想必由江岸总工会，发布详细的宣言，务使各方面的人们，明白个中真相。乃北京的报馆，还有一二家登载些不十分的确的消息，现在再把我们为什么罢工及罢工后所取的态度简明的说出，并希望亲爱的同胞们给我们以充分的同情和援助。

我们此次罢工，是因为京汉总局长赵继贤，江岸的分局长冯沄，运动野蛮的郑州警务局长黄殿辰，以武力禁止我们二月一号在郑州所开的总工会成立大会，并捣碎各工团送我们的匾额对联等礼物，驱逐各地代表出境，封闭郑州工会。还要胡说："我黄殿辰在郑州一天，就一天不许工人开会，如果你们有本事，就实行全路罢工。"我们认为这件事是赵冯黄三人合伙以强力来侵犯我们应享的集会结社自由权，也就是这三人无端蔑视我们的人格的表示。所以当时聚集各地代表在郑州开了秘密会议，议决总会移江岸，再命令全路一致罢工，以争回我们应享的集会结社自由权和人格，并保持我们的第二生命——工会。二月三日晚上，江岸总工会的密电到了，京汉全线一致于四日停工。停工之后，我们本全路一致的精神，各分会什么条件都不提起，专听江岸总工会的命令，总工会叫我们怎样办，我们就怎样办。在罢工事件未解决以前，除了听总工会的指挥，别的什么全不知道，这是我们至死不变的信条。我们希望这次宣言能使全国同胞都十分明白我们是受着怎样的压迫，而不得不出此最后手段，并希望他们的同情和援助。谨此宣言。

京汉路辛店分工会启·二月六日

在郑州。

二月四日上午十二时，即郑州遵总工会命令举行罢工之时，照例发一宣言向外界明白解释。又每一工人手中执有一种传单，其文如下：

工友们！我们因受种种压迫摧残，逼得无法，出于全路一律停止工作，这是我们最痛心的事！我们要万众一心，坚持到底，要谨守秩序，静听总会解决，至要至要，切嘱切嘱。

观此知此次罢工精神至为一贯。是日下午，第十四师师长靳云鹗，召郑州分会委员长高彬、姜海士、刘文松三人至司令部。靳见面大骂，出语鄙恶，无复有人类理性，高等置不与辩，将总工会所发罢工通告与彼看。彼看毕，谓："你们是听总工会命令的，你们无权，不同你们说罢。"三人遂退出。五日无事，至晚上，一巡官至高彬、姜海士家，言师长请彼等至第十四师俱乐部讲话。二人至彼，郑县巡警局长黄殿辰亦在彼处，命将二人拘留，加上脚镣手铐，如同大盗一般。刘文松闻讯，谓分会事，三人共同负责，现在二人受苦，彼一人决不躲逃，以图苟且，实时驰至该俱乐部，请与二人一同受苦。工人闻讯，大愤军警之滥用职权，又感刘文松之义气，敌忾之心，更为坚决。六日早又捕去二人，一名王宗培，一名钱能贵。王在家扫地，被便衣警察捕去，谓其时常出入，不是好人；钱从前因其子与警察小有嫌怨，警署挟恨，故借此报复，二人亦均上镣铐，钱双手被麻绳紧缚，两腕尽肿。是日上午五人同被驱至车站，意在借以示众，威胁工人，工人不惟不惧，反加愤激。是日下午，警署雇人鸣锣，招呼工人上工，工人置之不理。

　　在江岸。

　　总罢工的第二日（二月五日），萧耀南派其参谋长张厚生至江岸，先使该地警官某，以强硬态度，要挟工会交出杨德甫、朱兰田、张濂光、罗海臣、林祥谦五人，工会答以"如有对于曹吴及交通部正当负责人来，总工会当然有全权代表与之正式接洽，否则，恕不能接待"。延至午刻，忽探报厂内已被大批军队占领，大智门车站已开始卖票，张参谋长在工人家，拘去开车二人，用军警压迫，即行开车。分会委员会闻此，即派纠察团进探，一时集于厂门者约二千人，冲破军警防线，将该二工友抢回。当日上午，军警忽拘去纠察团工友三人，工会特派代表张濂光、项德隆、罗海臣等四人，请军警释放无故被拘的三人，虽军警方面百般威吓，谓须枪毙斩首等语，他们毫不为动,军警无法,始将三人释放。这是敌人方面用破坏不成,继之以威吓亦失败。

先是,武汉各工团代表自郑州归来后,各以此次所身历的压迫与不自由,当众发表,有痛哭者,有愤詈者,其奋发激昂的态度,实可动天地而泣鬼神。所以全体议决,愿以死力与京汉铁路工人一致进行。遂于大罢工的第三日,由各工团各派代表数十百人,各持旗帜来江岸慰问,即在江岸举行慰问大会,当时全江岸工友到者约万余人。首由京汉铁路总工会执行委员长杨德甫同志报告招待慰问代表的盛意,并申述此次大罢工之意义及希望。继由各工团代表及真报馆记者数十人演说,无不激昂慷慨。最后由京汉总工会秘书李震瀛代表总工会向众致辞,略谓:"我们此次大罢工,为我们全劳动阶级命运之一大关键。我们不是争工资争时间,而是争自由争人权。我们是自由和中国人民权利的保卫者,工友们!我们京汉工人的责任是如何重大呀!麻木不仁的社会,早就需要我们的赤血来熏染了,工友们!在打倒军阀的火线上,应该我们去作前锋,前进啊!勿退却!"群众高呼"京汉铁路总工会万岁!""武汉工团联合会万岁!""全世界无产阶级联合起来啊!"群众于愤怒之余,遂举行游行大示威,由江岸经过汉口租界以抵华界,历二小时方散,此种闯入租界示威,实为创见。

在长辛店。

由于双方斗争激烈,南北情况复杂,虽然当时大罢工的中心设在北段长辛店,我们对外宣称是把总工会移至南方。但军阀与交通系却很狡猾,他们知道京汉铁路工会主要力量仍在北段,认为只有破坏长辛店基地,才能根本解决罢工问题。所以敌人后来先从长辛店下手,于二月六日深夜,曹锟的直属军队率先发难,在长辛店把罢工主要领导人都逮捕了。然后推向南方,郑州、信阳、江岸十几个车站工人先后遭到屠杀。

从二月四日起，我和仲一、孟雄、君宇、梅龚等经常驻守前门车站，与长辛店、郑州及汉口各站联络。六日晚，长辛店消息紧急。印刷厂小赵（赵长润）专程来京报告连日敌我斗争情况，传达史文彬等捎来口信，说有要事，让我速往长辛店商量。

七日拂晓，天气奇寒，滴水成冰。我同书记部小刘（刘伯青）乘交通专车赶到长辛店。下车后，遥见卢沟桥附近军队活动不停，心知情况有异。沿途急行，到达工会时，只见屋内外挤满了人，还有家属妇幼，人声鼎沸，原来是拂晓前，当地驻军闯入工人住宅区，挨家搜索，将史文彬、吴雨铭、陈励茂、武把、洪尹福、吴春溪、杨锡珍、王永泰、卜润舟、李柱、易顺等十一位工会领袖捕去，所以群众愤怒非常，但一时不知所措。

工会干部杨诗田（党员）前来迎接我们，告诉我史文彬等十一人现正关押在火神庙军营。进到院内后，群众中有高喊："书记部老罗来了。"当时大家都处于忙乱中，极想书记部来人出主意，形势非常紧迫。我向大家说，军队无理捕去我们工会委员十多人，咱们大伙应该一齐起来，去旅部把他们要回来。大家同意并应道："好！咱们就去把老史他们要回来！"于是我和工会秘书立即动手写了旗帜标语和"要求释放被捕工友""还我们的工友，还我们的自由"等大幅标语。葛树贵吹哨集合纠察队，整理群众队伍，高举标语旗帜，工人大队齐向火神庙进发，一路高呼口号，市民围观，夹道助威，声势极为浩大！

我和葛树贵领队前进，杨诗田压队，工人群众队伍约三四千人，由工会会址快速涌向火神庙，立即将警署包围。此时庙内有驻军和警察近两个营。先时，我们派代表韩连金持文告向前打话，说明来意，随后又派孙呈武、刘斌进内交涉。军队见群众队伍不断涌来，立即后退，举枪作射击状。不久，敌十四旅四团三营又驰至，双方开始冲突。军队即向工人队伍开枪，工人纠察队副队长葛树贵、杨顺起率领工人高喊："敌人向我们开枪,我们去夺枪!"于是双方搏斗,卷入混战状态,一时枪声如沸,弹雨纷飞,当时我和葛树贵站在一起,敌人开枪后,均受伤倒地。这次工人惨遭屠杀,后经判明,抬往医院、重伤不治、当即牺牲的有葛树贵、杨诗田、辛克洪、刘宝善、赵长润等五人,其余负伤人员二十九人。除死伤外,又被捕去王永福、刘炳波等二十余人。许多工人同志伤治愈后,继续坚持参加罢工斗争。

我负伤流血倒地后,经由纠察队员救护,突出重围,即让纠察队员迅速将受伤工友救出,护送回家治疗,并通知罢委会诸人离开长辛店到北京集合,准备继续指导罢工。

回到北京后,袁之贞、杨宝昆等已分别派人到西便门及丰台迎候随即召集紧急会议。当场决定将长辛店组织暂移前门工作,函派王尽美与宝昆兄弟到丰台成立机关,从事被难工友及其家属救济工作,一方面又加派王尽美、王仲一等到郑州、石家庄、南口、唐山、天津、浦镇,就近指挥当地铁路同盟罢工。

七日下午,江岸工会遭到屠杀,第三日(九日)接到京汉南路报告称,"二月七日(农历十二月二十二日,过小年前夕)早晨火神庙浴血后,是日下午,汉口江岸车站亦发生萧耀南军队屠杀铁路工人的事,当场牺牲有三十二人,伤两百余人,捕三十五人"。当时江岸分会林祥谦被捕,壮烈牺牲,施洋亦被捕。汉口方面军队行凶者为萧耀南(湖北省长兼督军)、张木阶(参谋长)。与林祥谦同时牺牲的还有曾玉良(扬州人,三十二岁)、纠察队员刘文银(司机)、刘寿其(铜匠)、林材泳(翻砂工)、林元成(林祥谦之弟,信阳升火工)、徐延发(钳工,湖北黄安人)等。长辛店、郑州、江岸既同遭惨祸,各小站分会,备受蹂躏,自不待说。保定分会执行委员长何立泉、白月耀则被曹锟捕去,处以极横蛮之站笼。五百余工会会员捕拿逃亡殆尽,工会财产被抄。高碑店工会干事二人及正定委员长康景星同日被捕，囚在保定陆军执法处。彰德工会办事人，亦先后入狱，或逃亡在外，不能回去。信阳执行委员胡传道，因军警强迫开车，不允，竟被断去一臂。此外，新乡电报生赵密，亦与郑州五工友被捕押保定严刑拷打。郾城南北诸站受祸略同。沿途各站无一幸免。

"二七"全路死难烈士约四十余人，他们是葛树贵、辛克名、刘宝善、杨诗田、林元成、施洋、林祥谦、徐言发、陈芝槐、陈道忠、王起鹏、叶志松、曾玉良、钱惠和、陈年伯、刘长发、朱仁斌、秦均、梅启发、吴采贞、王先瑞、李开元、龚德咏、陈端炳、刘文银、叶青山、梅才咏、刘耀亭、姜和顺、杨庆寿、郑成、李玉、柳成有、胡兴顺、邵成鹰、张福狗、刘寿真、林开广、武把、高斌、丁道启、晏佑来、吴海发、高顺田、胡如树等四十五人。

罢工遭到曹吴军阀残酷镇压。京汉南北各站在全路斗争中牺牲四十余人（见上），入狱百人，负伤者五百余人，失业兼流亡估计将达一千户，家属牵连被祸者不计其数。

"二七"大罢工，由于京汉工人阶级遭到了反动军阀的残暴镇压和血腥屠杀，当时所发生的对外对内各项问题，头绪纷繁，集涌而至，同时得悉京汉沿线军队集结益多，敌人势将继续运用武力扑灭工会，如坚持、扩大罢工，其结果必致战线扩大，造成更严重牺牲。于是经北方区委扩大会议反复讨论，会上虽有人主张绝不复工，坚决与敌人斗争到底，但是区委考虑到，这样做事实上是办不到的，会招致更大的损失，遂决定忍痛复工。

复工通电发出后，区委会议继续讨论善后方略。会议决定：1）京汉铁路总工会迁往天津办公，由各路加选委员以加强工会组织。汉口江岸京汉总工会办事处立即撤销，原有罢工委员会委员一律齐集天津开会。2）各铁路同盟罢工一律停止。3）组织"二七"善后委员会，立即采取各种有效措施，办理抚恤伤亡，慰问在狱诸工友，登记失业，安置烈士墓葬及家属生活等事务。4）在北京及其他城市，工矿区举行追悼"二七"烈士大会，编印"二七"斗争的小册子等。会后即派人到京汉沿线各站，京汉以外各线路传达上述决议。北方区委在二月底三月初派人分途到京汉路各站抚慰工人及被难家属，并在北京、长辛店、丰台、天津等处分别设立失业工人及流亡家属住宿站，从事救济抚恤工作。各工会负责人推选代表组织救济抚恤委员会。工人群众对此项工作一般表示满意。

  北方区委扩大会议后，党与工会各级组织正在开始根据决定部署各项工作，准备付诸实现的时候，交通系和北京军警机关正暗中勾结，向中共北方区委与劳动组合书记部发起强烈进攻。交通系为赵继贤主谋定计，迭向曹锟、吴佩孚、王怀庆等多次提出过激党"黑名单"，企图借曹吴之手将书记部人员一网打尽，当时王怀庆在北京通衢大街张贴布告，内云："主张共产，宣传赤化，不分首从，一律处死。"自此，北京军警手持"黑名单"大肆捉拿中共与书记部人员，灯市口工会招待所被查封，捕去负责人，草厂胡同二号曾被搜查一次，捕去同志一人；北大印刷所《京汉工人流血记》浇铸纸版亦被查获；查封《工人周刊》，捕去工人。此外在天津，《工人周刊》发行人被捕，郑州、丰台等处工会组织亦被查封，逮捕工人、学生达四十余人。一时造成北方空前恐怖状况，真是缇骑密布，陷阱纵横，大有寸步难行之势。

  在北方军警大规模搜捕期间，北方区委决定仍按原计划在京召开京汉路"二七"死难烈士追悼大会。随后在上海亦举行"二七"烈士追悼大会。北京追悼会由南城高师学生会名义负责筹备。一九二三年三月二十二日，在琉璃厂高师风雨操场召开追悼"二七"被难诸烈士大会，由书记部代表王铮，京汉路工会长辛店参加火神庙斗争的工人刘监堂和施洋夫人等来做报告，到会者千余人。大会还通过严惩凶手决议案。来自全国各地的学校、机关、工会代表登坛演讲的有三十余人，悲歌慷慨，震动幽燕。会毕举行火炬游行示威，队伍直达民贼盘踞的总统府，高呼惩办祸首，为死难烈士复仇，实现民主自由等口号，并提出七条要求：立即撤退长辛店驻军、释放被捕工人、惩办凶手、启封工会等。群情激奋，誓为争集会、结社、罢工自由的后盾。

"二七"追悼会还收到来自国内外的花圈、挽联、诗文、悼词等约五百余件，会场临时编印《"二七"悲愤录》，传诵一时。

远在南国的中国海员总工会在追悼大会召开之际，也拍来电文："二七烈士们，你们是中国工人革命的先行者！你们所作是象征人类崇高的道德，无限的智慧，热烈的情操与最大的勇敢。中国人民的真正自由平等，只有追随你们的足迹奋斗才能实现！"

从此以后，全国各城市工矿地区年年此日多举行纪念，"二七"成为中国工人哀思奋进的日子。当年有一首流行的"二七"纪念歌词云："二月七日，正是那年今日，怆神时，卢沟桥畔血，丹水池边雪，保定狱中链，辛店站前旗，万众同仇感，四海知！'二七'烈士永垂革命史册。"

北方书记部素来纪律严明，在历次斗争中，党员不得擅离职守或撤出战斗岗位，因此全体工作者在复工后，迅速转入地下，继续坚持斗争。"二七"被迫停刊的《工人周刊》，于一九二三年五月又重新复刊。半年以后各路工会渐次恢复，一年后，成立了全国铁路总工会。

当时监禁在保定直鲁豫巡阅使署军政执法处监狱的所谓"二七案犯"三四十名，军法处审讯数次，均无确实口供。军法处法官追问罢工谁指使，党羽为谁？工会幕后人物为谁？工会与书记部关系？在狱工人坚不吐实，只申辩工会为拥护自由民主，为约法而罢工，不知其他。军法官云："你们工人都是老粗，懂得什么约法？显见受共产党利用，受北大学生利用，陷罹法网，你们只要供出书记部主持人姓名、住址,政府把他们抓起来,就可以释放你们出去。"工人们故作不知,纷起抗辩,据理力争。法官只得说:"主犯未获,不能结案,你们就不能出去,今后当继续通缉主谋的人犯归案究办。"这些同志坚贞不屈,直到直系军阀倒台后,才由党营救出狱,历时两年多。

《京汉工人流血记》

直到一九二三年六月召开党的"三大"时,我一直留在北京负责北方区委工作,处理"二七"善后事宜,召集"二七"纪念会等。在这段期间编印了《京汉工人流血记》。

关于《京汉工人流血记》的编写经过,先是二月二十一日,我综合京汉全路各站报告,写成《二七大屠杀经过》一文,于同月二十七日在《向导》第二十三期上刊出。但此文限于篇幅,未能将事变因果全貌记述出来。旋接中央来信,嘱编一书详记始末,于是乃动手编写。开始在"二七"后的二三个星期,曾由长辛店支部和北大支部组织力量,到"二七"罢工沿线,搜集资料、照片。一九二三年三月初开始整理,起初材料太多,后精简大部约有十万字左右,至三月下旬完成。剩下的资料照片,原准备以后有条件再印,后因地下机关被破获,都丢失了。开始动笔时在高师宿舍,后因环境纷杂,敌人眼线很多,工作未便,乃在沙滩附近骑河楼临时找了个小房子继续写作,由李梅羹助理缮校诸事。当时天寒无炉火,二人用芦花败絮裹腿,盘坐在土炕上呵冻挥笔,日夜不辍,边写边印。当时市面上找不到印刷的地方,后由北大印刷厂工人党小组想办法,由他们全包下来的。当时还收集了几十张照片和图片,由于做铜版很贵,受到限制,未能刊出。在编排时,中间有些空白,我们就把平时学习翻译的马、恩、李卜克内西的原著(如《共产党宣言》自译稿)择其名言,以革命语录形式付印其间,还把德国革命诗人海涅的诗《宝剑火花歌》和自编的诗句补在空白处。全书的排版和封面设计悉由刘伯青负责，封面是三色套版，绘一挥大锤的工人，封面题字是由宋天放书写的。编成后，我写了序，由高君宇写了一篇后记。当时由于印刷工人不多，且都是以义务劳动额外承担的，人手不够，于是我们支部的同志们都帮助排字、组版、摇车、印刷和装订。所以这本书完全是党员们自己亲自劳动印刷出来的，对我们支部也是一次锻炼，使我们学会了从写稿到排字、组版印刷等全部工序。后来对这些工作我们都能干得很好。

《京汉工人流血记》除序言及后记外共十章，并附有"二七"罢工工人死伤调查表和第三国际执委会告中国铁路工人宣言。各章题目是：

> 第一章　京汉工人的狂飙运动
> 第二章　二月一日军阀进攻
> 第三章　如火如荼的京汉路各站鏖战情形
> 第四章　惨杀以后
> 第五章　六路及京沪武汉工团援助纪略
> 第六章　北京市民空前大游行
> 第七章　献媚军阀的北政府及奸商
> 第八章　全国一致的不平鸣
> 第九章　国会方面的调解
> 第十章　结论

在书的序言中，我首先向世人扼要地讲明了编写《京汉工人流血记》目的，并批驳了种种诽谤"二七"罢工的谣言，指出：

> 这次京汉路二万多工人因争开会的自由举行总同盟罢工，

大招军阀的嫉妒,致演出二月七日的大惨剧,凡是稍具常识的人没有一个不说是民国成立以来极重大的事变;凡有血气的人也没有一个不愤懑填膺的。但是社会上知道此事底细的人却是很少,因为:第一在罢工期内万恶的北政府禁止此项消息的传播,第二洋资本主义国家和中国资本家走狗所办的报纸及通讯社等,故意登载些淆乱黑白颠倒是非的新闻,冀以扰乱社会的视听。此外更有一派糊涂可笑的记者,疑心此事是为所谓政争内幕的一幕,恐为他人作宣传,不愿意忠实的登载。因此,社会一般人士竟不能对于社会这样严重的事变,得到一种正确明了的印象。我们对于前二项原因,自然是认为当然的;对于后项的"记者"也只有怜悯他们无知识。倒是"二七"大牺牲的事实,本社同人至今不能向社会作个忠实的报告,这是我们日夜不安的。

本社同人于役劳动运动,前后三年,本想将这回事变的详细情形,乘此机会,尽情的说出来,但是后来因为各地详细报告尚未寄到,而又限于时间和经济,不能尽量编入,才决定先行出这个小册子。所以论到这本小册子所介绍的材料未必便能满读者的意,但是那些被军阀与帝国主义摧残和蹂躏的资料,吾人天天处处耳闻目见,不啻千万,何待陈述?所以我们愿读者记取的倒是应该注意这些材料所代表的真意义和价值,这又是我们引以自恕的。

为进一步从理论上批驳资本家及其走狗们所散布的颠倒黑白的谰言,更重要的是促使社会上一般人士对当时中国社会问题的严重性有所认识。序言以较多的笔墨论述京汉路二万多工人举行罢工的历史必然性。

我们知道,无论什么事实,决不是偶然发生的。这回二月七日的事，可说并不是发于京汉路的二万余工人，也不是兆于二月一日郑州禁止开会，更不是单为着京汉总工会所提出的几个简单条件——我们如果稍加思索，便能知道二七事变，至少也包含了下列的几个蕴义：

中国自辛亥运动以还，政象纷变，元恶巨憨，迭为起伏，遂形成现在割据的封建政治。封建政治的基础是建筑在黑暗的暴力上面，他们盘踞疆土，瓜分政权，霸占铁路（现在北方铁路已是曹锟，吴佩孚的家产，关外的铁路是张作霖的私有物），他的表现是与任何进步的思想相反对的，代表这个态度便是荒谬的北洋正统观念！他们反对约法，反对民主主义，反对新文化运动，反对社会主义……反对一切的民众进步的思想。无论哪一个贼目当政，都是取同样的态度。今京汉路工人的团体既是民众觉悟的组织，京汉工人所争的既是约法的自由，这均是他们黑暗暴力的劲敌，北洋正统迷梦的仇仇，所以我们知道即使没有二月一日的事，他们也是要图谋倾陷的，因为他们卧榻之侧决不容有觉悟的群众的团体和活动。从这一点看来，二七事变是国民直接与军阀抗争，是封建暴力与光明的势力抗争，是被支配者与支配者抗争。

然而同时我们又知道，这种封建式军阀的存在和兴盛，是全仗外国资本帝国主义的扶植的，除去现在的苏俄而外，无论英法日美……任何国的政府都是资本帝国主义的政府。他们的基础建设在资本主义制度上面，他们的表现便是经济侵略政策，他们利用中国有卖国丧权的政府，做他们忠实的走狗。利用中国常在内争之中，而不能发展国民经济的能力，以便销售他们的洋货，榨取中国的财源。他们为种种自利起见，于是一面供给军阀的枪械子弹，高利借款供给军阀的饷源，间接的来压迫中国民族；一面又管理税源，开设银行，发行纸币，安设驻防军警兵舰直接的来压迫中国人民。在这种设施之下，他们几无时无地不伙同他们所豢养的军阀政府，来妨碍民众的觉悟，禁止民众的团结，其所取的态度和方法是比较国内军阀更狠毒的。所以这次京汉工人的举动发生，东交民巷的公使团——即北京政府的太上政府——便严厉的训诫北廷要他严厉处置。由此，我们便可以知道二七事变是中国的劳动者与外国资本帝国主义抗争的表现，是中国民众受外国酷虐侵略后的一种反映。京汉流血的工人便是开始进攻国际资本帝国主义的先锋。

在序言的结尾，我们作出这样一个结论：

  我们断定工人们的运动反对国内的军阀是直接的形式，反对外国资本帝国主义政府是联带的结果。他们进攻的失望，虽然这般的沉痛，但是他们运动的意义却是如日月经天，江河行地，明白无比的——所以二七惨变实在是中国民族革命史上阶级斗争的一段。大家必须在这个沉痛记载上去体认阶级斗争的真意义。

  最后，如果我们相信中国将永远沉沦，世界人类将必归毁灭，现在就不必多说。要是我们尚有一点为中国民族求自拔，为世界人类谋拯救的意念，我们便应当不迟疑的实行内与封建式的军阀外与资本式的帝国主义作战，我们便应当谋中国民族的革命和世界民族的革命。但是这般伟大的事业，在中国究属哪一个阶级负担，自来有许多学者教授们是很怀疑的。他们的意思：中国劳动者的能力和意识远在西欧诸国劳动者之下，决不能担这般重大的干系，所以近年来有许多革命的青年投身劳动运动，他们见着总以为是愚公移山的笨举动；此外有班堕落的人们满存着传统的鄙夷劳动者的成见，那就更不消说了。自二七事变以来，却表示了中国劳动者的伟大能干和魄力，证明中国无产阶级确能担当中国的革命——甚至于世界革命的责任。

> 这不能不说是惨淡无光的旧社会中得到了一度新的兴奋。从此中国全体劳动者的脑筋里也加了一种新鲜的印象,将自然而然地向革命的趋向进行了。
>
> 至于革命的青年们对于这次惨变,本当无所用其留恋,也无所用其悲哀,更无所谓失望,霎时起灭的报仇雪恨的浪漫心情尤不是真正革命者唯一的态度。我们唯知道以后中国革命和世界革命的责任,是永远在无产阶级的仔肩上,大家只有前仆后继的在此革命长流中涌进,最后的成功,终归于最后努力的人!

接着,该书分章叙述了京汉路工人斗争的史实和"二七"惨案及其后的救援工作。该书于三月底在北京初版,约印五千册,后改由广州人民出版社重印多次,前后约印五万多册,先后在北京、上海、广州发行,畅销南北。

一九二三年五月及一九二四年的《向导》上曾介绍此书,说:"二月七日京汉路的大惨杀,不仅是中国劳动运动史上一大事;而且为民权运动史上一大事。发踪指使的不仅为直系军阀吴佩孚等,而且为英国领事、英国烟厂、棉厂各大班。故是役之意义不仅为军阀与外国侵略家打破劳动运动的新势力,而且为军阀与外国侵略家打破国民运动的新势力。是书记载详明,分析精到,一字一句,可歌可泣,凡留心中国新兴势力发展的人,皆不可不人手一篇。"

《京汉工人流血记》的出版、发行,其影响有一点我们当时未曾意料到的,即这本书对宣传共产党的政策,加强国共两党的合作也起了一点作用。有一次,孙中山的代表张溥泉在上海曾当面告诉我说:"一九二四年共产国际代表马林见孙中山,向他提出国共合作问题。孙开始对同共产党合作理解不足。马林曾把《京汉工人流血记》《向导》等刊物送给孙中山阅看,孙看后向左右亲信说:'我想和共产党合作,你们却不赞成,你们自高自大,自以为有军队,有广州地盘，瞧不起共产党，而实际上共产党力量比我们强的地方很多。我当年开始搞革命时，策动群众，少则百八十人，多不过几千几百人，你们看共产党发动群众斗争，动不动就是几千、几万，甚至几十万人。"二七"罢工就是例子。从这一点看，我们还不及共产党。'"孙中山从中国南北多次大罢工认识了共产党的群众基础。所以，后来马林再访孙中山时，孙对共产党有了正确的认识和评价，国共双方在平等基础上开展了革命合作。

《京汉工人流血记》是记载当年"二七"大罢工的重要革命历史文献。它真实地反映了中国工人阶级在中国共产党领导下第一次跃登世界革命舞台的伟大斗争。"二七"斗争距今已六十年了，在此悠长岁月中，年堙代远，史迹沉霾。本书从三十年代起被列为禁书，几历沧桑，始得于一九八一年重版，获见读者，此书的重版，也可以说是对"二七"烈士们的一种纪念。

综计自《京汉工人流血记》出版后，当时，中外出版机构以"二七"大罢工史实为题目出版的书籍、画册等约几十种，其中内容正确的固然不少，但亦有少数材料和党的文件与当时史实不符，如马超俊写了一本书，说"二七"罢工是国民党领导的，有很多国民党员参加等，又如《二七工仇》一书是杨德甫、陈天等人投靠奉系军阀后，假借湖北工团联合会及京汉铁路总工会上海办事处的名义编印的。杨德甫等人在罢工紧急时逃往庐山，离开岗位，只有施洋、林祥谦、曾玉良等共产党人坚守岗位。这几个离开的人在罢工失败后，对党抱怨，发起宣传攻势，攻击共产党。这些人到上海后与反共的军阀政客相勾结，在上海租界挂起了京汉铁路总工会的牌子，同共产党对抗。他们将《京汉工人流血记》的文章剽窃了一些，又加以篡改，改头换面，编成《二七工仇》这本小册子。例如，说他们是真正的工人，暗示中共是知识分子；又说他们不卷入政治漩涡，不介入政治，不跟共产党走。《京汉工人流血记》中有第三国际高度评价二七罢工的电报，他们给删掉了。后来，主持编印《二七工仇》的杨德甫等人曾到东北，找到张作霖说：我们是反对吴佩孚的，是京汉工人。张作霖讲：反吴佩孚是好事，你们有什么要求？杨等讲：我们名义上反对吴佩孚，实际反对中国共产党。于是，张作霖送给他们几万块钱，他们用这笔钱作活动经费，进行反共，到后来，这些人彻底降附军阀，干着工贼的勾当。

"二七"后，党内外议论纷纭，不少人还投来书信，指责、非难这次斗争，有的则表示怀疑，还有一些好心人规劝以后不要采取这种得不偿失的斗争方法……为了回答某些人的责难，向那些不明事实真相的人们说明"二七"罢工的原因，除编印《京汉工人流血记》外，北方区委还让席咏怀代笔，作了"二七"覆信，信中指出：目前，罢工斗争是我国工人阶级反对军阀、财阀，所必不可少的斗争手段，工人阶级为全国人民争自由、争民主，为的是使我们国家摆脱列强侵略和军阀统治，建立一个繁荣富庶、人民丰衣足食、礼让廉洁的新社会，今天流血牺牲是值得的，今天流血斗争，就是让我们的后代不再进行这种斗争。

党内也存在着不同的意见，这时，第三国际发来一个正式电文给中共中央，转到北方区委，表达了第三国际对"二七"斗争的支持。

第三国际认为"二七"是近代革命史上的重大事件，应很好地总结经验教训。后来，党中央在"三大"上作了总结。第三国际的这封电报是党中央在"三大"做"二七"总结的重要依据。

第三国际、职工国际还几次派专人了解"二七"斗争情况，还请工人代表到国际去作报告。共产国际也写过一本有关"二七"的书，一九二八年我去参加"六大"时，他们送给我一本留念。

"二七"烈士，不怕流血牺牲，前仆后继的大无畏革命精神，是令人永志难忘的。

中共"三大"及中央执委会

一九二三年六月,我离开多年战斗和工作的中共北方区委,去广州出席中国共产党第三次全国大会。这次会上,我被选进中央局工作。

"三大"前后

一九二三年六月十二日至二十日,中国共产党第三次全国代表大会在广州举行。这是二十年代我党最重要的一次全国大会。会议统一了全党的思想,奠定了国共合作的基础,取得了卓越的成就。

是年五月间,中共北方区委接到中共中央通知,决定在下月召开第三次全国代表大会,要北方区选派代表出席,代表人数根据北方区内党员人数比例,约十至二十名党员中选派一人。要求以产业工人为主体,其次为从事工农革命运动的主要负责人和省、区的书记。根据中央通知,北方区委进行了讨论。事后,发通知到所属铁路、矿山和北方区各大城市的党组织,说明中央即将召开"三大"的意图,要求同志们重视这件事,及时选派代表。对较为重要的地方如长辛店、天津、唐山、南口、洛阳等产业工人区,要求他们选派当地的代表参加。

通知发出不久,又接到"锺英"(当时中央的代号)给李守常和我的信,内容是了解北方区参加"三大"的准备情况;补充了出席"三大"应该注意的事项,多半属于事务和保密工作问题;信中还要求李守常和我都出席"三大"。当时北方区委书记是李守常，我是区委委员，兼管组织工作并任北方劳动组合书记部主任。中央希望我们去，以便于全面了解北方区的工作情况。我们两人也经群众选举，通过为出席"三大"的代表。北方区在所属铁路、矿山及地区支部，经选举产生出席"三大"代表共十二人，居全国各区代表人数之首位。其中有：

李守常（北方区委代表）

罗章龙（北方劳动组合书记部兼全国铁路系统党团代表）

王荷波（津浦路总工会党团代表）

王仲一（津浦路总工会党团代表）

王　俊（京汉路长辛店工会党团代表）

张德惠（京汉路长辛店工会党团代表）

何孟雄（京绥路总工会党团代表）

邓　培（京奉路总工会党团代表）

孙云鹏（正太路总工会党团代表）

陈　涛（北京地区工会党团代表）

刘天章（陕西中共支部代表）等

为安全和保密起见，代表们分批出发，尽量做到不乘同一趟车，不坐同一条船。我是先坐火车到天津，转乘海轮去上海，再坐船到广州的。和我同船到广州的有湖北代表项德隆。到广州后，我们立即换上了一套半长不短的"唐装"，一副广东人打扮。广东区委派有专人负责接待。当时广东区委对外的代号是"管东渠"。我没有固定住所，时而在谭平山家中，时而在广东区党委机关，有时还住在第三国际代表马林的住所（开滦罢工期间，他曾亲来北方，深入基层，视察工人情况，与我过从较密）。我第一次到广州，道路很不熟悉，几乎每次开会都有人来指引，带我们去会场。广东区委同志担负大会后勤工作是很尽力的（当时一些中央负责同志也没有住在大会会址)。

出席大会的代表,除上述北方区代表外,还有南方各地代表,他们是:陈独秀、张国焘、毛泽东、朱绍莲、林育南、项德隆、陈潭秋、恽代英、王用章、谭平山、阮啸仙、刘尔嵩等。

还有一些代表和没有表决权的列席人员,以及共产国际代表、少共国际的代表等。总计有三十多人出席了这次大会。这次大会代表的组成,具有相当的广泛性,其中以铁路和矿山工人运动中涌现的新人物占相当大的比重。这是前两次大会所未有的。

"三大"的筹备工作从五月就开始了,到正式开会约近一月时间。筹备工作主要由第三国际代表和二届中央委员会主持。各地代表齐集广州后,在正式会议开幕之前,上届中央召开中央扩大会议,我也参加了这次准备会议。会议主要是讨论准备"三大"的各项问题,由国际代表马林主持。

在扩大会上,马林报告了国际形势和国际工人革命斗争的概况,并强调了建立国际工人阶级革命的联合战线问题。他传达了共产国际的一个文件,是关于指导国共合作问题的。文件是由英文打字机打印的,由翻译译成中文,全文有几百字,大意说:中国当前的中心任务是国民革命,中国革命发展很迅速、前途很乐观,年轻的中国共产党现在应该联合孙中山的国民党左派分子共同革命。这个文件无疑对这次会议起了指导作用。这次会议起草了政治报告和准备了决议案。

"三大"的事务性准备工作和生活安排,统由广东区委谭平山、刘尔嵩、阮啸仙等人负责。

"三大"正式召开前,马林还事先找各地代表谈话,特别是工人代表。内容主要是交待和解释国共合作的必要性。这一问题,对工人代表来说是一个新课题。过去各地劳动组合书记部全力做工人运动,对国共合作多不理解,马林的谈话就很必要了。除此之外,马林还向代表谈到了下届中央的组织安排，党章和决议的准备情况，并不厌其详地反复说明为什么要这样做的理由。马林在提到"三大"的组织路线时指出，下届中央要多选一些工人同志到中央来，包括长期在基层做工运工作、能联系群众的同志。他谈话涉及的范围很广，除国共合作的政策外，还谈了工人运动、农民运动、妇女运动以及共产国际的观点和政策。在大会期间，马林是每会必到的。

大会的地址，是在永汉路太平沙望云楼，即陈独秀的住所。他家有一间较宽敞的客厅可作为大会会场。会议有时也在春园马林的住处召开。会议的日程安排有：国际代表的报告，"二大"中央报告，各区工作报告，并分组进行讨论。还成立了若干小组，分别起草决议和文件。这次大会通过并公布的文件和决议有：

一、中国共产党党纲草案；

二、关于国民运动及国民党问题的议决案；

三、关于第三国际第四次大会决议案；

四、劳动运动议决案；

五、农民问题决议案；

六、关于党员入政界的决议案；

七、青年运动决议案；

八、妇女运动决议案；

九、中国共产党中央执行委员会组织法；

十、中国共产党第一次修正章程；

十一、中国共产党第三次全国大会宣言。

"国共合作"的问题，是"三大"的中心议题。这个问题在报告和决议案准备小组会上讨论费时较多，最后大家接受了国际代表的意见，并做出了相应的决议。"国共合作"的问题，如果从酝酿时算起，时间就比较长了。早在建党初期，苏俄和第三国际就着手联合国民党的准备工作。当第三国际派代表东来帮助建立中共组织时，苏俄政府也同时派人来中国活动。先是在陈炯明驻防漳州时，苏俄曾派某海军大将亲率军舰悄悄进入闽南，访问陈炯明，表示愿以军火资助陈扩充军队。陈当时受宠若惊。但是，由于漳州海港设施简陋，海轮不能入港，无法起卸大宗军火，致未实现。一九二〇年冬，陈炯明攻占广州后，引孙中山入粤，于是联合国民党事复又积极进行。

中共"一大"前后，陈独秀曾与孙中山交换对时局的看法。随后，陈又介绍国际代表马林于一九二一年十一月由张继陪同前往桂林会晤孙中山。当时马林化名为西蒙博士（Dr.Simon）。张太雷系马林的翻译，亦随同前往。双方在会谈中，广泛涉及苏俄对远东的各项政策。一九二一年岁杪，马林始返沪，旋又到北京，在北方区委会上报告赴广西与孙中山晤谈情况。其双方谈话内容：1）有关革命的三民主义理论问题，赋予三民主义以革命内容。2）建立有广大工、农、学生为基础的群众性的新型政党，涉及未来国民党的改组问题。3）建立革命性新军队，同时改造旧军队，设置军校改革军事教育。4）苏联以实力援助广州政府，包括财政、经济、军用物资与专家等。

经过这次双方会谈，孙中山同左右详加研究与突破现状有关问题。这样酝酿经年，直到一九二三年全国工运兴起后，孙对中共与苏俄才有了新的认识。最后，孙中山终于下了亲俄决心。他对左右亲信汪精卫、胡汉民、张继等说：苏俄是社会主义大国，国力强盛，可与为友。中共是中国新兴势力，我们在推翻清朝革命运动中，黄岗、潮州之役，人数极少，镇南关之役不过二百人，钦廉之役不过一百余人，现在中共组织工农革命运动，群众一起来，动辄成千逾万，开滦、"二七"罢工规模浩大，震动中外，其势尤不可侮！左右听后，亦以为然，联共政策，遂确定下来。

在这期间，国民党酝酿改组。一九二二年九月六日，成立修改党章起草委员会，并延聘陈独秀加入委员会。十一月十五日提出修改草案，十二月十六日通过。一九二三年一月一日，公布党章，同时发表宣言后成立上海执行部。一九二二年十二月孙中山得滇军杨希闵、刘镇寰之助，击败陈炯明。一九二三年三月孙再回到广州，国共合作条件遂经双方正式商定：即自上而下，在中共协助下改组国民党（包括中央及地方），接受苏俄各种援助（包括军事、意识形态各方面），实行联俄、联共、扶助农工三大政策，建立国共合作的统一战线。

在此之前，一九二二年十月，越飞（Jeffe）来华，旋赴日本与廖仲恺会谈合作问题，表示愿提供物质援助，并晓以利害。越飞后来又访孙中山，双方谈话结果，发表了一个公报，即所谓《孙越宣言》。

又据国际代表报告：一九二三年前国民党以中国革命正统自居，一部分人认为中共在中国社会尚无政治力量与地位，实在无资格与国民党谈合作，因此主张只联俄不联共。直到"二七"前后多次大罢工发生，中共政治声望猛然增高，孙中山才断然赞成与共产党全面合作，借以增高国民党在工农群众中的影响。

溯自一九二二年下半年始，中国共产党在党报《向导》上先后刊布了几个文件，包括党的宣言及陈独秀的署名文章。在中共第二次全国代表大会以后，即一九二二年九月二十日，陈独秀在《向导》第二期发表《造国论》，主张两大阶级（资产阶级与无产阶级）联合的国民革命，倡议组织真正的国民军，创造真正的中华民国，建设民主的全国统一政府，采用国家社会主义开发实业。

一九二三年四月二十五日《向导》第二十二期，刊布了陈独秀以《资产阶级革命与革命的资产阶级》为题的文章，对资产阶级进行了分析。据该文论证：1）革命的资产阶级，如华侨及长江新兴工商业家之一部分。2）反革命的资产阶级为官僚资本家及买办资本家，如新旧交通系。3）非革命的资产阶级，不问政治，采取中立立场，如小工商业家。4）革命的资产阶级应该和无产阶级联合打倒共同敌人，反抗帝国主义和封建军阀。上面两篇文章可作为当时主张国共合作的代表理论。国际代表马林以孙铎的笔名在《前锋》创刊号上发表文章《中国社会各阶级分析》亦表达了同样性质的论点。

"国共合作"在共产党内也为许多人所不理解，特别是工人和做工运的同志，因为国民党并不注重工人运动，在工人中影响甚微。而国民党脱离群众，成分中官僚、政客不少，鱼龙混杂，却为人所共知，许多同志不愿与之为伍，反对加入国民党，形成一股阻力。直到这次会议，经过多方工作，"国共合作"始为全党所接受。陈独秀在会上多次提出中共应全力帮助国民党，各级组织应派出最得力的干部协助国民党进行改组工作。自此，"国共合作"乃成为全党的一项中心任务。

对"二七"斗争评价，也是会议郑重讨论的议题。"三大"正值"二七"斗争四个月之后，为总结这次罢工经验教训问题，首由北方代表，书记部负责人提出"二七"斗争的详细报告。报告后展开讨论，有人认为"二七"罢工与军阀武装冲突，如以卵击石，伤亡重大，得不偿失，是闯了大祸，并提出要处分闯祸的人。但是绝大多数代表批判了这种错误意见。在讨论中，马林发言高度评价这次罢工的政治意义，肯定了这次罢工的重要价值，并总结了罢工的经验。我记得这次讨论会是在春园举行的。

原来对于京汉铁路"二七"大罢工问题，在"三大"以前，二届中央曾召开扩大会议（杭州会议），做出了决议。这次大会着重总结其经验教训，重申二届中央决议，认为："二七"事发于北洋军阀统治强盛时期，犹如万马齐喑之会，风雷乍起，给予北洋军阀一大闪击。事虽未成，但在政治上确有极大影响，足使曹吴气夺，令天下振奋。事后证明，"二七"的政治影响确实很大，北洋军阀从此陷于与全国人民为敌的困境。反对封建军阀的伟大统一行动，由此酝酿臻于成熟。

　　国际代表在会议上还强调，北方开滦罢工与"二七"罢工从表面上说来，虽都不算成功，但却是中国工人革命运动史上空前的有组织的大规模战斗。开滦反帝斗争、"二七"反军阀斗争与党的纲领要求完全符合，从此以后，中国工人阶级才真正登上世界政治舞台。"二七"后共产国际来电，亦云："确实说，你们的行动，是已经走到世界无产阶级的行列里了！"在"三大"会上，秘书处并以《京汉工人流血记》作为正式文件分发给各代表。

中央执行委员会

　　经过讨论和选举，"三大"选出了中央执行委员会。正式的中央委员九人：陈独秀、李大钊（守常）、毛泽东、罗章龙（文虎）、王荷波、蔡和森、谭平山、项德隆、朱绍莲。新中央委员会名单，系由国际代表向三届大会提出讨论后通过的。国际代表强调，中央委员会组成应以工人运动领导者占多数，其中必须有产业工人。这一原则，为大会所接受，认为是进一步发展工人党的组织的重要保证。因此，"三大"选出的中央委员会显示了工人革命政党，阵容颇为严整，工作效能亦高，为前两届中央所不及。

　　"三大"选出了五人中央局，其成员为陈独秀、毛泽东、罗章龙、谭平山和蔡和森。推举陈独秀为委员长，毛泽东为秘书，罗章龙为会计。委员长主持一切中央局及中央全会会议，与秘书共同签署一切公文函件，秘书负责党内外文书、通信及开会记录、管理党内文件等，会计管理全党财务行政，并对中央机关和各区各地方机关财政、行政负审议之责，主持审计财务预算和决算有关事务，稽查现金出纳等项工作。中央委员李大钊、王荷波、项德隆、朱绍莲则分别参加北方区、上海区、鄂区及湘区的委员会工作。

　　"三大"选出的中央委员会原在广州，后因地处偏隅，交通不便（当时粤汉路未通），对指导全国斗争不利，中央乃决定迁回产业工人聚居的上海，留中央委员谭平山在广东工作，并改选王荷波入中央局。

中央作出上述决定后，我和荷波都到中央局工作。我们二人原来均在北方区委工作，同时又都担负铁路工运工作，唯恐同时离开北方会影响北方区工作，所以有些顾虑，想保留一人在北京工作。我于是将此意见报告中央，并表示愿意继续留在北方区工作。中央乃将我的来信转商国际代表，意思说，文虎本人有意留北方区，由荷波一人南行，这样可减少北方当前的人事困难。中央和国际代表考虑后表示不同意，批示说："文虎不能留北京，应该从全域着眼，三代会既已作出决定，就应该全部执行。"国际代表坚持让我和荷波二人均应到上海中央主持工作。

北方区委乃立即举行会议，商定关于我离京交代工作诸问题。长辛店、石家庄、天津、唐山、南口等处党的负责人均应邀来京参加会议。会议对当前工作及人事调整等均作了具体决定。会毕，尽美和我共赴天津，抵津后又参加了天津市有关工作交接事宜。天津会议结束后，决定派尽美回山东报告北方区委决议案。我于一九二三年七月乘津浦路火车南下，尽美亦同车到济南。时尽美患病颇重，临别时，我再三嘱咐尽美去青岛德国医院检查身体，作作透视，并休养一个时期后再工作。我对他表示："一年期满，我仍当北来，望多保重。"尽美说："我自觉体力日弱，不知以后如何变化，党需要兄方面甚多，不必一定要回北京。"

车次浦镇，王荷波得信到站相迎，并领我至其家下榻。其室内只有一双人铺，因嘱其夫人至邻家借宿，留我共榻。我遂传达中央来信旨意，荷波漫应之。荷波夜间向我谈说："虎兄，你大嫂闻你在火神庙蒙难，曾亲往寺院祈祷，她并求签问卜，据称，你在三十六岁还有一跳（即惊险事故），当小心在意。"我听后，暗自好笑，因答道:"我们天天在'跳',何待三十六岁?"荷波道:"那个自然,娘们的话,信之则有,不信则无。"二人一笑而罢。次日,我劝荷波就此同行到沪,荷波初尚感犹豫,说不愿离开工厂,怕脱离群众。其夫人在旁催促他说:"你走,我同你一道去好了,是真神到处可以显灵。"荷波遂决定离开多年的工作位置,携眷赴中央工作。

车抵上海,我与荷波寓火车站界路旅社,随至中央接头处。晚间,仲甫来寓,倾谈至深夜始兴辞而去,并约定举行中央局会议。

当时出席中央局会议除中局委员外,尚有共产国际代表、少共国际代表和社会主义青年团中央书记等。会议首由国际代表马林致词,接着是委员长陈独秀报告政治问题及中央局今后工作纲要。报告后即席讨论工作纲要,并进行具体分工。其后,润之因事赴湘,改由我任秘书兼主持宣传部工作。王荷波则任会计,监察财务。蔡和森负责《向导》编委。当时,社会主义青年团书记是恽代英。代英因事离职期间,有一个时期由我兼代团中央书记。

在这期间,中央发出的重要文件都由委员长和秘书联署,方发生效力。一般信件则仅署名锺英(中央代号)。中央代号也时有变动,从一九二三年九月起至一九二四年上半年,中央连续发布的通告,大多由独秀或我起草,并由我们二人共同联署。如目前保存下来的十三号通告,就是经中央局讨论后由我起草的。该件的署名:委员长 T.S.Chen 是陈独秀的英文签名;LoDshan-Lung 是罗章龙的德文签名。

国际代表经常列席中央局会议,因我党是共产国际的一个支部,所以大家对国际代表很尊重,实际上很多决议都经过国际代表同意。

随着工作开展,中央局成立了秘书处、组织部和宣传教育委员会。

秘书处:掌管文告、总务、对外联络、交涉等事项。

组织部:主要负责组织、建党、人事调动、党员训练等。组织部长为毛泽东。

宣传教育委员会:主要负责宣传工作、教育工作。宣传方面主要是办中央的党报——《向导》，后又加了《中国工人》，并协助国民党办了上海大学，邓中夏任上大总务。还办了训练班，组织学生出国学习等。我兼负宣传方面的工作。

还设有几个委员会，主要工作是设计、规划、制定方案。有工人运动委员会、青年运动委员会、妇女运动委员会等，稍后成立了军事委员会。

工委：王荷波为主任。

青委：实际就是共青团，书记为恽代英，委员为李求实等。

妇委：向警予为主任，下面设妇联。

"三大"后的军事工作，属中央局直接领导，中央及各地没有正式设立军委。

另外各省还有民委，党中央没有。主要是做国民党的统战工作，也就是后来的统战部。

三届中央的全部工作方案，主要可分为党的日常工作与"国共合作"两个大的方面。前者主要包括党的宣传与组织工作，工人运动、农民协会、青年、妇女工作等。后者包括有关改组与加强国民党等工作。

日常工作中值得一提的是，"三大"以来在工人运动方面作了新的部署。其重心特别放在当时比较薄弱的上海、广州与武汉等处。于是开始集中干部在上海建立工人俱乐部，项德隆、林育南、邓中夏、何今亮、李震瀛、刘剑华、李立三等先后调到上海沪东、沪西二区主持工会工作，从而揭开了上海工人斗争的序幕。随后纱厂、丝厂罢工相继兴起，影响波及武汉、广州、青岛及北方各地，工会运动风起云蒸，经时约一年遂汇合成为全国范围内的"五卅"运动、省港罢工运动和全国总工会的建立等，这是三届中央坚持工人运动均衡发展新方针所获致的革命成果。在农民运动与军事工作方面，当时亦渐渐开辟道路，积极建立新的群众组织。

帮助国民党改组，其中包括建立黄埔军校，目的是为了争取工农运动进一步开展。当时最迫切的工作是筹备北伐，摧毁帝国主义在中国的力量，迎接大革命的高潮。"三大"在中共党史上，在大革命高潮进展中，具有承前启后，继往开来的作用。

关于国共合作，从一九二三至一九二七年都贯彻这个精神，原则始终没有变动。这个时期国共合作，对方是孙中山。孙中山当时特别重视双方平等合作，成立了改组委员会。国民党方面以孙中山为代表，共产党方面以陈独秀为代表，苏联派来了特别顾问鲍罗庭。孙对鲍的意见很重视，鲍在两党合作中处于一个特殊的地位。现今留有一个文件，记载了孙中山聘请鲍为总理特别顾问，国民党中央常委，总理如果缺席，会议由鲍罗庭主持，会议决定的问题，要得到鲍罗庭同意。意思是：鲍在国民党会议上有"否决权"，可代行总理职权，权力相当大。为了国共合作，苏联派出以鲍为首的广泛的顾问团。有政治的、军事的（海陆空三军）。军事顾问团以加伦为首席代表。加伦是军事顾问团总顾问，如东征、海南岛战争、北伐战争，加伦决策起了重大作用，大家十分尊重他的意见。广东政府海空军方面，苏联顾问也起了十分重要的作用。当时有十几架飞机，由加伦领导。并曾由中共中央派刘云等到苏联学习航空专业。各军政治部主任及政工人员，也由苏联顾问及共产党共同协商派出。

黄埔军校，原来是清朝训练海军的地方。新建的黄埔军校的教官多半是中共和苏联顾问所任命，经费全部由苏联供给。苏联前后分批送给一万多支枪，各种型号的轻重武器都有，质量很好。苏联在莫斯科办了一个专供国民党留学生学习的"中山大学"，去学习的人不少，有名可查的就有一二百人。我党还派出了一些军官在国民革命军中工作。当时，中国的军官主要来自保定、清河两个军官学校。海军方面，最大的一条舰是中山舰，掌握在共产党手中，舰长是从北方区烟台海军学校党支部挑选出来的。

国民党上海执行部的任务是帮助改组国民党，不少中央委员做这项工作。国民党省党部的改组工作，中共也投入了不少力量。北方是北方区委主持，南方是广东省区委负责。通过改组国民党造成一个国民革命的高潮。

关于中央通告

为了执行"三大"的政策，三届中央产生后，从一九二三年六月至一九二五年一月，前后签发的正式通告约二十四、五件，目前保留下来的很不完全。

"三大"中央拟了一个全国工作规划，内容包括有宣传教育、建党建团、工运、农运、妇运、青年团工作等。各项工作还分别有所规划。中央的通告反映了上述规划的内容。当时的大部分通告由委员长陈独秀和我共同签署。一九二四年夏我以中共中央代表名义被派出国工作，我出国期间的通告则由陈独秀和毛泽东共同签署发表。

目前中共中央机关保留下来的由独秀和我共同签署的中央通告还有五号、九号与十一号、十三号等。现已公布的有第十三号通告，该通告是一九二三年十二月二十五日发出的，前部分专说国共合作问题，后一部分说的是收回海关问题。

通告十三号

各区执行委员会并转各地方同志们，兹有两个重要工作，望同志们努力进行。

（一）国民党改组问题

自大会议决本党同志参加国民党扩大运动以来，以种种障碍未能见诸实行。第一次本党执行委员会开会时，适值国民党有改组之议，遂议决关于国民党进行计划，以冀实行大会之议决案。此时国民党之改组已着手进行，颇有振作之希望；广州已设有临时中央执行委员会，其驻沪执行部业已成立；广州上海二市，已着手党员重新登记，定期开全体大会，分区组织；明年正月在广州召集全国大会，赴此大会之代表，每省六人，由当地推选三人，由总理指派三人，其曾有组织之处，业已准备推选赴会之代表。中局方努力进行复活国民党之工作，各地方同志在此工作中，望依下列步骤切实进行：

（a）有国民党组织之地方，同志们立时全体加入；没有国民党组织之地方，要即将同志非同志可加入国民党之人数及何人可以负责，报告中局，以便中局向国民党接洽，请其派人前往成立分部。

（b）在国民党已有组织之地方，本党地方会应即与 S.Y. 地方会合组国民党改组委员会，以主持目前即应进行诸事。改组分区事竣，即应由两地方会在各区指定我们的同志一人组织国民党委员会，受两地方会之指挥。

（c）吾党在此次国民党全国大会代表中，希望每省至少当选一人，望各区委会与地方会员预商当选之同志，此同志必须政治头脑明晰且有口才者方能在大会中纠正国民党旧的错误观念。旧国民党员中，我们也应该出力帮助其比较的急进分子当选。代表选定后，即报告国民党总部（上海法界环龙路四十四号），川资由总部发给。

（d）此次国民党大会中最重要的问题是讨论党纲章程（其草案均见《向导》）及对于时局之策略，代表动身前各区均应详加讨论，俟各省代表过沪时，我们的同志再集合议决一致的主张。

（二）收回海关主权问题

协定关税制，税则与用人均不能自由行使主权，这是国际帝国主义者致我死命的最毒政策，因为在此关税制度之下，不得列强之许可，不能自由增加进口税，以遏外货之输入；不得列强之许可,不能自由增加出口税,以遏原料之输出;如此产业落后的国家,永远不易发展,永远为销行外货之市场。

目前广东海关问题,广东政府原来之目的固然仅在关余,然相持之际已发展到用人问题。我党此时应一面声援广东政府并督促其根本的收回海关全部主权,勿仅仅争在关余;一面主张收回全国海关主权,废除协定关税制,以排斥英货美货为武器,若军阀有表同情者,虽与之合作亦所不惜。

各地方同志们应立即尽力之所能设法联络各团体,以地方公团名义,散放传单,通用全国,游行示威,发起排货。此主张一时未必即能贯彻,然我们断然不能失去宣传的机会。

以上二工作,为本党目前最急要之工作,各同志接到此通知后,拟如何进行,并已进行至何程度,各地方务须随时报告区委员会,各区会务须随时报告中局,中局即以此二项工作进行如何为各地方工作勤惰之标准。

十二月二十五日
委员长　T. S. Chen
秘书　Leo Dschan-Lung

第十三号通告前段主题就是讲这件事。

十三号通告后段讲的是争取关税独立自主问题。当时,这件事比较复杂。孙中山的口号是争"关余"。北京政府段祺瑞的意见是与帝国主义协商,稍微提高一点进出口税率,使北京政府财务上有所增加。这个要求最低,当然说不上维护国家主权及人民的利益。"关余"问题是南方政府关心的问题。因为北京政府外债太多,以海关收入担保,还本付息。每年关税实际收入比还债数额多些,多的一部分叫"关余"。孙中山当时在西南组织了一个西南政府,北洋海军有几十条军舰拥护他,纷纷把兵舰开到广东,因此孙要把"关余"争来发海军军饷。共产党认为"关余"是临时的财政措施,我们的目的应该是收回关税自主权。在中共策动下,后来全国爆发了关税自主运动,北京政府被迫召开关税会议,帝国主义亦被迫让步。

"三大"前后发行的主要报刊

中共"一大"前,最先刊行的党报为《共产党》月刊,至"一大"时停刊。"一大"以后,党以全力开展工人运动,当时上海党报为《劳动界》,由独秀主编。北方党报为《工人周刊》,由我主编。

中共"二大"后,国际代表马林来京时,向北方区委提出建议,出版一种英文日报,争取在中国外交界及国际工人运动中扩大党的影响。区委讨论后,决定创办英文日报,并定名为《远东日报》,由北方区委负责筹办,并在南池子冰窖胡同租定报馆馆址,克日开始筹备工作。

《远东日报》编辑部,主要由马克思学会西文翻译组负责。在筹备过程中,立案事宜发生波折,而且一时亦无法购置英文排字机。由于上项困难,经中央商议决定作罢,改在上海出中文周报,即《向导》周刊。

《向导》周刊,原定名为《政治向导》,后简称《向导》。《向导》主编陈独秀,早期编委会成员有国际代表马林、伍廷康以及高君宇、李守常、罗章龙、张国焘、蔡和森等。编委会下设翻译室,有英、法、德、俄、日五个组。《向导》于一九二二年九月初旬集稿,每周星期三出刊。独秀主编《向导》,他几乎每期都执笔写文,仅在一九二二年十月出国参加共产国际第四次大会时中断了一个时期;一九二三年十一月间,独秀患慢性肠炎卧床不起,《向导》遂改由我主编了几期。

《向导》编委要求熟悉各国党的过去与现在的政治文献,须经常阅览中、西文报纸,如康民特尔、朴罗芬特尔出版的报纸与月刊,及英、德、法文版国际通讯等刊物。《向导》编委会对读者所提意见十分重视，一般均须作答，或在通讯栏刊布，或个别函覆。《向导》编委在集稿前一、二日，齐到编辑室漫谈，交换对于下期题目及内容的意见。有时谈锋所及漫无界限，谈毕亦不必写成文。即令写成文章，由于篇幅所限，亦不一定全部刊出。

《向导》与一些党内刊物、书籍一度曾在北京印刷、发行。由于政治迫害，没有固定的发行机关。如第一期至第三期，总发行所为上海老西门肇浜路兰发里三号徐白民。第四期起始办妥邮局挂号手续。第六期至七期，在北京后门内景山东街中老胡同一号。第八期至十一期恢复徐白民，加北京大学第一院收发课转罗璈阶（我的学名）。第十二期，北京发行改由刘伯青负责（他同时是《工人周刊》助理发行人）。第二十期公开发行集中在北京。第二十一期至二十五期，除北京外，再加广州一处。第二十六期，北京照原址，取消广州发行处，改由杭州马坡巷法政学校安存真（安体诚）转。第二十九期，杭州发行处撤销，仍恢复广州昌兴街二十八号。第三十期至三十三期，又取消广州发行处，恢复杭州原址。第三十四期又撤销杭州发行处。第四十二期，恢复广州发行处。第四十三期起，独存北京一处，其他撤销。第四十四期起，又恢复杭州原址。一年间《向导》发行不断变易地址，可见其处境的艰难。前后发行人与发行地址，大多数都被军警机关传讯或搜查过。北京大学、杭州法政学校就常为此遭到检查，发行人受到侦缉。

《向导》文风泼辣、形式多样。政论文章如刀枪上阵，言辞锋利，英气勃勃，凌厉无前。以笔名只眼、独秀、孤松所为短文及诗，则语调幽默，嬉笑怒骂，皆成文章。一次，在我写的一篇文章中有"延误革命的佳期"的句子，独秀偶然看到，失声笑道："以革命与佳期联用，实为新颖，形象非凡，气氛乐观。我们平日草文，均属一时急就的篇章。如从文艺角度看，竟无一是处。"三届中央还出版了一种党内刊物《党报》，记载党内文件和通告，但出版期数不多。

《中国工人》月刊：一九二三年中共中央曾决定办一种工人运动理论刊物，但因人力不足，久未实现。一九二四年，中央再次作出决定办一个革命理论与实践综合性的工人运动刊物，定名《中国工人》，我适由欧洲回国，遂推我负责主编，并组成编辑委员会。一九二四年十月，创刊号问世。后刊行国际职工运动专号，销数很大。至一九二五年五月前后，共出五期。经编委会审定的稿件，累计约几十万字。参加写文者有下列二十余人：邵时威、李守常、徐典、刘伯青、林伟民、若愚（林育南）、邓中夏、赵世炎、项英、辟世（任弼时）、张伯简、张特立、吴雨铭、罗亦农和我等。

《中国工人》当时在国内与《向导》平行发刊，销路仅次于《向导》，而为革命阵营第二大刊物。"五卅"运动发生后，因编委会重要成员工作繁忙，且分居各地，集稿发生困难。一九二五年六月，经中央决定，暂时宣告停刊。一九二九年重组编委会，由沧海（即我的笔名）、石溪（育南）、项英三人负责。一九三一年后，印刷厂因故复停，《中国工人》便成绝响！

《中国青年》是一九二三年十月二十日创刊的，由恽代英主编。社址设在上海法租界辣斐德路一八六号。一九二六年五月移广州，改由李求实主编。一九二七年五月移到武汉出版，十月迁上海，易名《无产青年》。一九二八年十月，改名《列宁青年》（化名《光明之路》），一九三二年停刊。

"中央出版委员会"，是一九二三年十月，中央局会议讨论关于党内外出版方针与机构问题时，决议由中共与社会主义青年团中央合组而成立的。以我、徐白民、恽代英、顾琢之、苏新甫等为委员，并指定张伯简、成伟、郭景仁等参加专门筹议有关出版事项，第一次会议决定统一中共及社会主义青年团出版发行事宜。原在上海南市民国路小北门设立上海书店，经整顿后由徐白民任上海书店经理。并以上海书店为中心，建立全国书报刊物发行网。各地负责人为：

广州《新青年》社苏新甫（一九二六年改设国光书店，由黄国梁任经理）；

武昌利群书社林育南（一九二七年设立长江书店）；

北京大学刘伯青；

杭州法政专门学校安体诚；

长沙文化书社易礼容；

太原晋华书社杜时；

济南齐鲁书社王尽美。

又决定自办国民印刷厂，厂址设在闸北香山路香兴里，延聘胡忧天任经理。

三曾里三户楼

党的"三大"在广州召开后，决定"三大"中央设在上海，"三大"中央局的常委全部到上海集中，常委们陆续到达，有的由湖南到上海，有的由北方到上海，有的由广州到上海，到达上海的时间路线都不一致。到上海后，在闸北找了一所房子作为中央办公处，这就是三曾里三户楼。

三曾里的房子是王荷波租的，离闸北火车站一二里路远。在中兴路与香山路交叉的地方有个小里弄，称三曾里。这个名称很费解，后来才知道这个里弄只有三个门牌，由此而得名。（一九七〇年上海房管部门查到解放前一张房产建筑的旧图纸，确认三届中央办公处是在上海闸北区中兴路与香山路交叉的三曾里。但是，原房屋在"一·二八"时，被侵华日军的飞机炸毁了。现在原址建筑了一座新楼，三曾里已看不到踪影了。）

三曾里的房子结构是普通的二层楼房子，用上海话说叫做两楼两底。我们决定找这地方作办公地点，是因为此地属于中国地界，周围有几十家缫丝工厂和一些手工业工厂。居民以广东人最多，其次为江北人，这个地方既不是贫民区，也不是绅士区，五方杂居，环境条件对工作很有利，所以才定了下来。这个房子，楼上楼下大小共有八九间房，当时没有户口制度，但住房必须有个户主，我们三户联居，称它为三户楼。毛泽东、杨开慧一户，向警予、蔡和森一户，我一户，大大小小算起来有十口人常住。对外就说是一家人，向警予是一家户主。

毛泽东和杨开慧带着孩子岸英住在这栋房子的前厢房。那时杨开慧身体好，虽然有了孩子比较劳累，但她仍然挤出时间做了很多工作。

蔡和森和向警予带着小孩住的房间和润之的房间只隔一层板壁。向警予在中央参加工作，负责妇委，兼做工人运动。在三户楼中间，她是年长的一个，做事很有经验。我们推她当户主，中央开会和里里外外的事都由她安排、照顾。

另外，有一个管事务的女同志，叫王春熙，共青团员。她是扬州邗江人，原上海某教会大学英文班学生。她排行第九，外号九姑娘，主要是在秘书处领导下负责对外联系，管理机关内一些政治性和事务性的工作，包括警卫、后勤等。房子上有一个警报电铃，也由她管。春熙同时负责女工运动，组织领导丝厂工会斗争，曾被捕过一次。我们还请了一个娘姨，叫魏贞秀，苏北盐城人，是个丝厂女工，有三十多岁。她是工会成员，不是党员，但很忠实可靠。

三户楼设有公共伙食，由向警予管理，平常吃饭有七八人。每月休息时间由向警予和王春熙规定。为了工作，我们口头约定了一些共同遵守的纪律，不成文的公约，即不准到外面上餐馆，不看戏，不看电影，不到外面照相，不在上海街上游逛，休息时间和业余时间如要出外，可在空旷的地方散步，假日可到吴淞炮台、兆丰公园，或远处如松江、太湖、虎丘、苏州等地旅行。

中央机关不止这一处，英租界威海卫路瑞兴里也有办公处，其他如共青团中央设在上海法租界霞飞路和辣斐德路等处，国际联络处即外白渡桥苏联领事馆，太平洋工会书记处设在英租界汇山路。

经常到三户楼来的有王荷波，他住在英租界同孚路，是我们当中年纪最大的，约四十多岁。国际代表也来开过会，他不常在上海，有时到广州等地去。恽代英当时是共青团的书记，中央开会他也要来列席会议。陈独秀不住在这里，离这里有一、二里路，但在三户楼设有床铺，开会晚了或有事不能回去就在这里留宿。我们这个"家庭"对外以"报关行"作职业，即帮人填外文表格到海关去报税。经常来的这几个人对外就说是亲戚串门子的。其他人非经允许不准来。例如，有一次陈独秀的爱人高君曼来找陈，王春熙不认识她，不让她上楼。还有一次，湖南有个青年从长沙来找杨开慧，杨问明来意，知道他头次到上海，很想在此留宿，杨说不行，叫他回去。这个青年远道而来，很难过，杨说你一定要离开，以后也不能来，就把他送到了车站。这只是一个例子，足见其严密了。一些特殊的、经中央允许的人和来接头的人可以来住，这个地方是不公开的。苏联领事馆派专人和我来往，他可以进我们的房子。当时，常委会在楼上的客厅举行。

在三曾里，我们订了《新闻报》、《申报》、《新申报》、上海《民国日报》、天津的《益世报》；订外文报有《密勒氏评论》，这是当时很有影响的一家外报。还订了一些外国杂志，主要是第三国际的英、美、德、法各种文字的报刊。润之主要看中文报，代英、荷波、仲甫和我都看外文报，有时我们也在一起谈论有关报刊内容诸问题。

毛润之每天早上利用吃早饭的时间看报，把重要的记录下来或剪下来。我们的报纸头天取回来，第二天仔细看，主要是了解政治情况。报纸中最使我们感兴趣的是《申报》、《新闻报》的北京专电，可借以研究全国的政治动向。我们的报纸不是送到所住的地方，而是送到信箱，由小王每天去取。我们的信箱不止一个，在北四川路离苏州河不远的邮政局地下室，也有我们的信箱，也可以收到报纸。

三曾里离环龙路执行部比较远，我们坐车子前去办公，大家指定一个地方集合，然后坐车前去，大部分坐出租汽车。当时出租汽车很多，随便什么地方都可以上车。就是专车，我们也不让他开到住处，让它在指定的地点停下来。

我从一九二三年秋搬到三曾里，第二年六、七月才搬走，住了近一年。后来我出国到欧洲工作，以后的情况就不太了解了。向警予住在此地，到丝厂做女工的工作也很方便。这附近有个湖州会馆，是浙江大资本家盖起来的，上海第三次工人起义时，它是最著名的司令部所在地。

三户楼诸人，平日生活十分紧张，如草拟文件、决议，为《向导》及党报撰文，经常静思澄虑直至深夜，但大家以革命为信仰，经常开展批评与自我批评，改进工作，生活又十分有朝气。"同心若金，攻错若石"，"团结一致，同舟共济"是我们遵守的信条。当时，我曾有诗记述三户楼：

> 黄浦激浪雪山倾[1]，淮海风云会郡城。
> 东楚山川多壮丽，西方瘴疠满神京[2]。
> 亡秦主力依三户，驱虏全凭子弟兵。
> 谊结同心金石固，会当一举靖夷氛！

国际代表马林

---

[1] 黄浦指黄浦江。
[2] 西方瘴疠指西方帝国主义侵略。

一九二一年至二四年间,国际代表长期在中共中央工作者主要有马林与伍廷康等,二人对中国革命均有劳绩,而以马林的贡献最为显著。

马林自中共"一大"以来便在广东、上海工作。北方会议前后,马林作为国际代表曾留驻北京多日,参加北方区委会议,指导工人运动,同时研究国共合作问题,并提出方案与建议。马林全名:Henker Slievlied Maring,原籍荷兰阿姆士特丹(Amsterdam),在荷京大学读完政治经济学课程后,投身荷兰工人革命运动,担任荷京港运秘书。周游世界多地,后遂侨寓泗水。一九一四年成立东印度社会主义联盟。一九一五年出版荷文《自由呼声报》。一九一八年出版印尼文《人民呼声报》。一九一八年间,马林因迭次著文抨击荷兰政府的殖民政治,被驱逐出境。一九二一年受第三国际派遣来到中国,帮助中共推动工人运动,有运筹帷幄之功。

当时,马林年富力强,兼通英、德、法等国语文,器识宏通,对中国革命问题从世界形势盱衡全域,故观察与议论非寻常之见所可比拟。仲甫对马林颇尊重,但二人秉性均倔强,如遇议论不合时,互以盛气相凌。一次仲甫尝向马拒绝国际经费支援,说道:"何必国际支援才能中国革命!"马林颇为难堪。仲甫亦自觉失言。马曾戏称仲甫为"火山"。又一次在中央会议上,仲甫与马因争论,致使会议不能进行,我当时任三届中央常委会秘书,只得宣布暂时休会。马林心平气和去邻室抽烟,陈仍余怒未消。片刻后我说:"时间已到,继续开会。"马问:"'火山'是否熄了?"我说:"熄了!"马林说:"革命党头脑应该冷静。"时润之亦在场,会议结束后,润之提议:以后开会,大家不能发脾气。我们均表支持。

马林关心工人运动,身体力行,在北方时,尝不顾环境险恶参加工人支部会议。某次在会上与铁路工人谈话,有人发问:"革命主要目的何在?"马答:"首在争取政治自由,实现政治自由以后,经济各项改革自然水到渠成。"又问:"敌势强大,如何着手?"马答:"从组织群众力量入手。敌人对我施百吨压力,我们以千吨革命强力回报。"马林这些简明有力的谈话曾给予参加会议工人以极强烈的印象,亦是他长期从事实际工作,锻炼出来的战斗意志和语言。

一九二二年我在唐山领导开滦煤矿同盟罢工,斗争很激烈,双方冲突,死伤很大,罢工遇到重大困难。我即发了一个西文急电到上海中央,时值中央开会,陈仲甫和张国焘之间因意见分歧,相持不下,马林接电说:"目前唐山问题是党的首要问题,要全力以赴!其他个人争执均属次要。"于是大家转入讨论支援唐山罢工问题,及时做出决定。马林还为此事亲临天津和我见面,反复商讨罢工问题。

"三大"会上,代表们对"二七"罢工问题,认识不一致,马林在会上提出共产国际文件,对"二七"给予高度评价,表示同意国际的看法,以理服人。马林对确定"三大"路线,贡献亦大。

国共合作,起初阻力很大,第三国际授权马林具体执行。中共"一大"后,仲甫与孙中山交换对时局意见,即介绍马林于一九二一年十一月由张继陪同前往桂林会晤孙中山。直到党的"三大",马林在这一期间做了很多解释说服工作,对国共合作做出了重大的贡献。

马林对中国革命视同自己的事,遇事率直倡议,不稍瞻顾。他曾担任《向导》编辑,很刻苦,每篇稿文都要我翻译讲给他听,不对的地方,就提出看法,要求我们改正。对他自己亦是如此。他在上海时曾向工委提议组织北方矿业工人联合会问题,当时我心不谓然,乃将此事提交中央会议讨论,会议上详加讨论后,认为北方矿区分散与铁路性质迥异,目前只有开滦、焦作煤矿尚有基础,六合沟、枣庄、阳泉与淄博次之,其他矿区尚无眉目。认为根据实际情况决定策略原则,北方至少须有几个大矿工会作基础,才能成立联合组织。目前尚无此条件,因此对马林提议决定缓办。此项决定尚未正式通知马林以前,马林托春木(张太雷)送来亲笔德文信一封面交给我，封面上书 Mandat（命令）字样，内容仍是坚持限期成立矿工联合会事，我即往见马林，将会议讨论情形详告。马不悦，说这是"外交词令"，但亦未坚持下去，此事遂作罢。事后马林自觉前信失之操切，乃在出席会议时加以解释，并撤回前次提议，同时，对中央工委处理问题态度认真负责加以赞许。由此一事可见当时国际代表与中共组织关系互相遵守民主原则，故能同心协力共赴事功。

马林在中国工作颇称顺利，自一九二一年至二四年，中国革命循序渐进，收到确实成效，马林之功不可抹煞。但由于当时国际东方部倾轧排外政策的结果，马林于一九二三年下期被调回莫斯科，改派伍廷康继任。伍为俄罗斯人，原先来过中国，后回国，自此以后长期代替马林职务。马林回莫斯科后与东方部意见龃龉，众口烁金，马林遂辞职重返荷兰，一年以后，我们于阿姆士特丹又曾相逢。

马林自离开中国后即返荷兰担任码头工会秘书，在汉堡参加国际运输会议，我们同时出席，在会上相遇。会后他约我到荷京阿姆士特丹一行，我乃与马林同往荷京访问，约经一周时间，即暂寓其家。在马林家连夕倾谈，情谊隆重，临行时，夫妇二人依依惜别，请留诗以作纪念，我用当地文体写了"十四行"诗相送，他们夫妇均曾学习过汉文，又要求把诗译成中文，我勉译成下列绝句一首：

海国西来万里轮，威廉霸迹已成尘[1]，
唐山辛店惊风雨，话到当年情更亲！

夫妇两人阅后，喜甚，互道珍重而别。

（注：一九八七年荷兰莱顿大学教授 Tony Saieh 来北京访问，同我见面时谈到在马林 Maring 家中见到我亲笔写给 M.的信与我在上海中央

---

[1] 威廉（Wilhelm）系荷兰开国君主。

的通讯处："Shanghai Chung Hua Book Stor K.nigwham Jugend"字。)

金陵聚散

我在三大中央政治局工作时，初寓闸北路三曾里一号，中央宣传部与妇委亦在同号二楼办公。王春熙、向警予与王亚璋均同住。春熙，扬州邗沟人，原在宣传部工作，能力颇强。她对女工部时出主意赞助，遇有缓急事，伊必挺身独任其难，不稍瞻顾。王常语阿贞云："上海滩流品不齐，人事诡变，锺英（中央代号）诸人全神贯注工作，周旋酬应却非所长，以后如有本地交往，我可代劳，庶免为人所乘，因小误大。"荷波深以为然，自后遇有对外交涉事务，辄托春熙出面交涉，伊对各事料理齐楚，效果极佳，并教女同志学上海闲话，讲解工作方法等事。伊尝说："革命事体，一方面是大刀阔斧，一齐砍过去，同时也要些细致功夫，如缂丝绣彩一样细致，不能粗心大意。"因此，在这时期，中央机关得以安全无恙，春熙出力独多。

一九二四年我曾有事于苏北，召集浦镇会议，江浦会毕乃偕孙津川渡江南至金陵，就地邀集南京全体同志在莫愁湖舟中报告会议情形。谈话结束，各自散去，我正待进城，忽遇王春熙于蓼屿荻洲水榭。王原在上海瑞兴里居住，后因母病回返江都省亲，经时不得其消息，至是邂逅湖上。我问春熙何以至此，伊泫然道：吾母已逝世，姑母携我来江宁同住，现寓水西门陈家。她约我往憩，二人遂相偕至其姑母家。姑丈陈先生时正任常州某中学教员，有女廉思，原在沪爱国女学教英文，现因病休假家居，从廉思谈话中知席咏怀为伊至友。会日暮，春熙强留我宿陈家作一夕谈，至深夜始寝。翌日，姑母全家与客共载一车同游燕子几，乃至三台洞，登阁道，远眺长江，水净沙明，澄澈如练。游览毕，下木阁，遂临燕子几。但见悬崖峭壁间，万户千窗，苔花若绣，乳燕纷飞，蔚为奇景！顷之，行径一处，导者云，为李太白夜饮捉月堕江处。廉思谓当年太白穷途无依，"世人皆欲杀之"，显遇环境险恶，被迫沉江致然，所谓船头捉月乃属后人托词。语未毕，忽闻柳外轻雷，风雨蔽江，闪电划空，霹雳震惊，游人相率避雨肖寺中，门外车辙如乱麻，寸步难行。廉思慨然语我道："宇宙气象，瞬息万变，人事亦然，君仆仆风尘，几易寒暑，迄无休止。尝闻咏怀言，北大红楼书记部诸人，从君犯危难，冒白刃，前仆后继，牺牲累累，可以成丘。'我虽不杀伯仁，伯仁由我而死。'他日苟念及此能无废然！"因劝我早些撒手。我略加辩解，廉思切言道："干戈蛮触，海宇流血，屈子沉湘，仲连蹈海，均政治作俑，迟悔不如早退。"春熙见状，急乱以他语。时雨停风静，遂登车返城。我与春熙直到下关，乘车赴沪，二人在沪宁路车厢中商量今后工作问题，春熙表示愿意离开家乡，旋又谈到廉思家事。春熙语我："吾姑母是女居士，经常长斋绣佛，因此廉思近来也就渐渐变成政治槛外人了。你看今天她不是向你说上一大堆疯话么？"我沉思片晌，惘然回答道："人各有思，未能强同，今日之是，他日却又成非，到底谁在说疯话，也难断定呢！"春熙闻此大不谓然。我们与廉思金陵聚会分手后，形迹渐疏，一九三五年后始获重见于汴梁，人事沧桑，又阅十载。

环龙路国民党执行总部

国共合作具体执行时，中共曾多次郑重地进行讨论，各次会议均有国际代表参加。中央局会议曾作出决定，对于国共合作问题中共中央采取下列原则，即：

（一）中共保持独立自主原则，中共党报及中共各级刊物对国民党施政得自由批评，不受限制。

（二）中共领导的工农群众组织不受国民党及其政府干涉，

工会、农会享有集会、结社、罢工、纠察自卫之自由。

（三）中共党员（包括团员）加入国民党，在国民党任群众工作，但一般不做国民政府官吏。工人运动领导者及中共所属工会会员不得加入国民党。

（四）在组织方面，自一九二三年七月起，中共中央由仲甫代表中共出席国民党最高会议。党组织自中央到省市各级按系统派遣党员分别协助国民党进行改组工作，包括在全国范围内建立党部及基层组织，训练干部，整饬宣传机构，协助国民党工作，扭转该党在民众中的不良影响，帮助国民党改善军事教育训练，建立革命军队等。

根据上述原则，中共中央政治局派政治局委员（时称中央局常委）王荷波、毛泽东、罗章龙三人参加国民党执行部，协助国民党进行改组事宜，后又续派中委李守常、谭平山等协助国民党在北方及广东的改组工作。中共各省委、市委分别派遣中共党员参加当地国民党省市委会的改组工作及军队改建工作。现就国民党第一次全国代表大会的召开与国民党执行部、黄埔军校的建立诸项略述大要如次：

国民党"一大"。

一九二三年十月成立国民党改组委员会，经过一段时间的筹备，国民党第一次全国代表大会于一九二四年一月二十日正式召开。此次会议，中共方面全力以赴，动员党内大部人力协助筹备大会诸事。中共中央决定自中央到地方派遣多数干部参加国民党"一大"中央工作。派遣干部时，曾经过详细讨论，决定原则如下：

（一）李大钊、张国焘、韩麟符、毛泽东、高语罕、恽代英、谭平山、瞿秋白、于树德等参加国民党"一大"中委会，为跨党党员。

（二）原有国民党籍之加入中共党员，由中共方面提名参加国民党"一大"中委会,人名为:林伯渠、沈玄庐、邵力子等。上述名单是党中央向国民党提出的。

(三)省、市党部委员由国共双方经地方党部决定。人名为:夏曦、董必武、宛希俨、于方舟、侯绍裘、江浩、李锡九、谢晋等。作为跨党党员得当选为国民党机构委员。

(四)领导工人运动的中共中央委员及各级工运干部,原则上不参加国民党。如罗章龙、王荷波、项德隆,上海总工会负责人李震瀛、何今亮,北方工运负责人何孟雄、王仲一、张昆弟、邓培、孙云鹏、安幸生、康景星、李宝成,湖北工会负责人林育南、许白昊,江苏工会负责人朱宝庭、孙津川、姚佐唐、佘立亚,浙江工会负责人沈干城、朱阿堂、赵济猛,江西工会负责人陈赞贤、王凤飞、袁孟冰,广东工会负责人阮啸仙、刘尔嵩等;均不加入国民党。

独秀对于我党领导工人运动的中委不参加国民党中委会的意见开始不同意,但是中共中央大多数中委都不同意独秀的主张,所以结果仍然决定领导工人运动的中委不参加国民党中委会。

林祖涵(一八八六～一九六〇),字伯渠,湖南澧县人,常德师范毕业,东渡赴日留学,一九〇九年归国,在吉林巡抚陈昭常处任吏员,其兄林建藩(修梅)曾任零陵镇守使,与国民党有渊源。林于一九二一年加入中国共产党,时年三十五岁,发须全白,有人问他何必再干革命,林说:"我干我的,反正发已不能再加白了!"人服其勇。一九二三年任国民党本部总务部副部长,并参加改组国民党工作。后经中共介绍任第六军政治部主任,一九二七年赴苏联避难,居莫四年,一九三一年归国入瑞金任财委。

沈玄庐,原名定一,浙江萧山人,家资豪富,有沙田千顷,清末以捐款报效得任云南沾益知县,任满家居,有妻妾仆婢甚多。后在衢前做农民运动,藉此与中共接近,随后于一九二二年取得中共党籍,旋因其媳(杨之华)他恋迁怒于党,遂脱离党,积极参加国民党清共工作,得任国民党中委及浙江省政府委员,一九二八年被刺身死。事后刺客远逸,亡命东北,在哈尔滨戎通公司船坞隐匿。数年后刺客醉后失言,案情外泄,遂被逮,押还浙江,处以十二年徒刑。

向三民主义注入革命因素。在国民党第一次代表大会上,中共中央提出大会决议草案及宣言内容,决议主要包含下列几点:

1. 对三民主义注入革命因素,重新作解释。
2. 提出联俄、联共与赞助农工的政策。
3. 国民党组织从总理制改革为委员制。
4. 选举时尽量引进国民党左派进入新中央委员会。

因此,国民党"一大"政治路线与组织路线体现着两党平等精神,从理论上奠定了名实相符的合作基础,两党联合会议决定了国民政府的施政总方针。有人说这与◇◇◇◇放弃原则,皈依三民主义,以护蒋独裁为主的所谓国共合作根本上完全不同。

国民党上海执行部

一九二四年一月,国民党中央决定设置国民党执行部于上海法租界环龙路四十四号,作为国民党最高执行机构。执行部内主要设立组织、宣传、工人农民等部及秘书处。国民党派定胡汉民、汪精卫、戴季陶、于右任、叶楚伧、茅祖权等分任各部部长。中共方面由中央政治局决定毛泽东、罗章龙、王荷波、恽代英四人参加指导执行部工作(恽代英系代表团中央参加执行部工作),遇有特别重大问题则由国民党总理孙中山与中共中央书记陈独秀协商决定。同时,中共中央又决定派干部沈泽民、邵力子、瞿秋白、施存统、邓中夏、向警予、杨贤江、沈玄庐、张秋人、李成、刘伯伦等参加执行部各部门宣传与组织的基层工作。当时上海社会传称环龙路四十四号为"国共群英会"。

一九二四年五月五日,是孙中山就任非常大总统三周年纪念日,上海执行部国共两党工作人员齐集莫里哀路孙的住宅举行纪念活动。并在孙寓的花园中合影留念。当时参加者每人都有一张。六十年后,仅中国革命博物馆馆藏一张,但仍然清晰可见。

在这张相片中,国民党人有胡汉民、汪精卫、张继、茅祖权、叶楚伧、叶纫芳、戴季陶、林焕廷、孙铁人、喻育之、王陆一、周雍能、何世桢、葛建时、陈德征和向昆等十六人。中共方面有毛泽东、王荷波、罗章龙、恽代英、向警予、邵力子、沈泽民、刘伯伦、韩觉民(团员)和张廷灏(团员)等十一人。总计二十七人。相片是由一家广东人开设的"王开照相馆"拍摄的。上海国民党执行总部全体工作人员只三十多人,而参加合影的居其中大多数,且都是双方的主要主持人。因而这张相片也就成为当年国民党与年轻的中国共产党实行合作的真实写照,珍贵的历史见证。不仅如此,在党的"六大"以前,中共中央的同志如此众多齐集一起留影的相片也是绝无仅有的。

在第一次国共合作期间,中共中央以国家民族利益为重,告诫全党党员,不计较权位,不营求私利,努力实干,相忍为国,把完成国民革命视为当前的迫切任务,耿耿此心,薄海皆知。

国民党诸政治人

"政治人"一词与近代流行所谓"经济人"相平行。经济人指在经济上以自私自利为主旨而活动的假设的人,政治人与他相仿,不过其自私自利行为是偏重在政治方面。政治人是只知有己,所以极其所至乃变成暴戾恣睢,不知民主为何物,更由此发展到党内互相倾轧、伙并与仇杀,其行为则与政治野兽无异。同盟会在辛亥革命以前为民族革命政党，其初期成员颇多志士仁人，献身革命，推翻满清专制帝政，其功实不可掩没。但自辛亥革命成功后，孙、黄与袁世凯妥协，当时所谓革命党人如章太炎、吴景濂、谭延闿、阎锡山、胡瑛、林森等人，大都投降袁世凯担任官职或议员，博取衣禄。孙虽力图再振，但几起几落，终不免仍与南北军阀勾结，沆瀣一气，实行地方割据，专制自肆，涂毒人民。由此可知国民党于民元间，在中国人民心目中，实与其他政治派别同流合污，可称一丘之貉。特别是国民党号称革命党，而内部互相残杀与互相践踏，在民众中更留下极坏的印象。如谭延闿谋杀焦达峰与陈作新，四川两广国民党自订自屠，湖北张振武被杀，黄岗许雪秋被杀，胡汉民与陈炯明抢夺广州政权，不惜造成内战等。在人民群众看来，国民党无是非公道，是与国内其他军阀完全没有区别的。

　　诸政治人品格虽属极其卑污，但毕竟在中国政治舞台上混了多年，并栽过不少筋斗，所以显得有些江湖本领。国民党上、中层人物多属非生产性分子，文人无拳无勇，脱离工农群众，本身却无实力，所以要求结伙，共同拥戴孙中山为头领，以资号召。他们称孙为总理而不名，有时则称先生，自居徒弟之列。国民党员虽共戴孙为党魁，但组织松弛，更无革命原则，朝秦暮楚，视为故常。独秀尝云"混蛋的中国社会才会有混蛋的政党"，最初本为讥评国民党而发。中共参加执行部主要工作同志某次由孙邀请茶话座谈，表示联欢。时汪、胡等侍侧，不敢就坐。孙谈三民主义包罗万象，自矜创获，语多浮夸。会毕辞出，有人问仲甫，孙言论疏放，可谓"盛名难副"。仲甫说："他向来就是如此！"（按：孙在日本成立同盟会，张继等首先加盟，并怂恿独秀加入，独秀不允，盖认为孙为不学无文，后尝戏称孙为江湖医生，因孙本业澳门医师，又称孙为大圣。）孙好色好货与常人无殊，其所居法界花园洋房价值巨万，出入有汽车游艇，其纳◇◇◇为妾事，引起党内轩然大波，孙科及其卢夫人首先反对，孙置之不理，其左右亲信如汪精卫、胡汉民、张继等均表示反对，向孙力诤，并痛哭陈词，谓此事有失体统，损党魁威信，将丧失党员信任。孙恼羞成怒，声称此系个人家事，与党无涉，你们如再反对，即将开除党籍。汪胡等慑于孙之积威，不敢再持异议。但此事传出后，议论纷纷，因此荷波说："孙龙头气派很浓厚，起居特殊，生活豪华，太不象话。孙妻、妾、子、侄、姻娅如孙科、宋子文、孔祥熙等均富商巨贾，我们与此等人做朋友，无异帮他背黑锅（即代人受过的意思），劳动人民对此举将发生甚么感想呢？将来会有一天哑巴吃黄连，有苦说不出！"

张继，字溥泉，直隶静海人，是国民党中央秘书长。孙中山指定他专门同我联系，加强执行部的日常政务工作，以提高工作效率。他在日本东京时与独秀友善，回国后时相往还。国共合作，张溥泉实为居间奔走撮合之人。在上海执行部成立前，国共双方接触频繁，多在法租界蒲柏路巨赖达路某里张溥泉寓所。一日，我至溥泉家商谈有关国共合作问题，谈锋所触极广，张性豪放，纵情高论，更无拘束。张云："同盟会革命得日本友人助力不少，今日苏联拥有红军几百万，只要从库伦出兵，中国局势立即可以完全改观。"张又云："我们过去从事中产阶级革命，十几年间浪费光阴，今后应改弦更张，从事无产阶级革命，还可以'失之东隅收之桑榆。'"张继性情豪迈、健谈，其夫人亦身材顾硕，丰仪俊秀，对客常提说我们溥泉是个直爽人，赤胆忠心，革命阵营少不了他，却不会做官……云云。张以目止之，夫人佯做不理，侃侃而谈。故外间流言张有"季常之癖"，未知确否？不久，鲍罗廷来到中国，张闻讯十分激动，走访仲甫，谈话中张幽默地说："国共合作'鲍姥'实良媒。"仲甫笑颔之。张去后，仲甫对我说："溥泉说'国共合作鲍姥实良媒'，老实说，不过炮姥做良媒罢了。"（鲍与炮谐音）从此以后，张溥泉乃成为国共合作狂热拥护者，直到一九二六年间，张溥泉忽一变而为仇共最力之一人。他向上海驻军李宝章献谋,派大刀队肆意砍杀共产党人和上海工人,要"一个不留"。前后竟判若两人。

叶楚伧在国民党原是很重要的人物,叶是上海《民国日报》的主编,同他打交道的人比较多,他又是江浙人,为照顾上海地区,让他来参加执行部。他表面中立,内心非常抵触,我们那时不把他当左派。他是做青年妇女部工作的,我党派向警予做助理,实际上是向一手把工作做起来,叶是不甚管工作的。

于右任,代表西北国民党的势力,是执行部内的左派。于曾任陕西三原靖国军司令,诗文与书法独步一时,有"北方之强"的气质。尝自述身世,言其少而孤贫,有"我亦凄凉托外家,如今橐笔走天涯"之句。为人倜傥风流,不拘细行。如在上海闸北青云里办上海大学时,于对我说外间称上大为"野鸡大学",并解释说,野鸡投宿榛薮,故与一般大学不同,上海大学是革命逋逃薮(如刘华、余泽鸿、黄仁诸同志均上大学生)。他当时支持国共合作,将工人部交给我们。在上海大学当校长时,亦将整个权力交给中共同志。他曾到苏联去过,后把在苏联所作的歌颂十月革命的诗写给我看,以表白他内心是拥护苏联和共产党的。他口诵七绝一首,云:"三原征战绩已陈,我亦关西一老兵(于常以"关西老兵"自称),万里投荒阿穆尔,老而不死做诗人!"亦可见其性情为人之一斑。

另外,谢持代表国民党中国西部力量,辛亥革命时是四川省长,是右派代表性人物。孙让其参加执行部工作,不过是表示团结的意思。茅祖权是长江中部同盟会负责人,当过安徽省省长。在执行部任调查部部长,与仲甫同乡。

以后,戴季陶、朱执信、廖仲恺、邓演达等也先后参加上海执行部工作。戴季陶原名天仇,辛亥革命前的同盟会会员。讨袁失败后,政治失意,生活潦倒,流寓上海,混迹于证券交易所,慕陶朱公(范蠡)为人,易名季陶,后愿望落空,乃乘轮返川,在宜昌投江自杀，为一渔夫救起。其人文风平庸，但能阅日文书刊，抄译成篇，颇自矜持。平日好饮酒，醉后尝失言。在一次会议上，戴对《向导》文字不满，悻悻地向我说道："你们太霸道，目中无人，要知你们是'客卿'，我们随时可以下逐客令！"时汪精卫在傍，对其言感到惊讶，随笑道，你又说醉话了，我们并无主客之分，国共同志，大家都是好兄弟。几句话敷衍了过去。但戴心里并不悦服，耿耿于怀，现于词色。戴在宣传部任部长，旋开始宣传正统思想，扶植政治偶像。以上事例可见他与中共同人貌合神离，意见渐不协调。

孙左右亲信以汪、胡为著（均粤籍），汪、胡原书生，无武力作政治资本，故奉孙为偶像。二人在孙左右互相争宠揽权，自余诸人对孙关系，依违两可，饥附饱扬，视为恒态。其中如陈炯明拥兵自重，恶孙独裁，素不直孙夸张，诋为孙大炮，孙陈最后交恶，乃以兵戎相见。孙尝挈其妾出入会场，参加阅兵照相，陈大愤，因此孙在韶关阅兵，就非常大总统职时，陈竟拒绝参加，后竟詈孙为民贼，炮轰观音山。

胡与汪平衡力量

在国民党中，胡汉民与汪精卫是孙中山的左右手。孙的亲信大都为广东同乡，中心人物为胡汉民与汪精卫，外间称之为国民党"平衡力量"。胡汪二人后乃分道扬镳。

胡汉民，原名鸿衍，字展堂，清末举人。一九〇三年赴日本入东京弘文学院，习速成师范，最先加入同盟会，为孙中山所倚重。胡平日对人称"位不过贤书"（意指最小的芝麻官），但自负极高，先是一九二二年五月，胡以代大元帅名义率师由韶关北伐，进入江西，攻下赣州。随闻陈炯明倒孙，即回师驰救，北伐遂无功而还。但胡对此颇炫耀，其部属也称他为胡代帅。

胡头脑冷静，能诗文，吐属隽永，外传说孙中山所刊布《三十三年落花梦序》，重要政治文告及悼刘昆一诸作品，均胡等捉刀。他尝戏用广东方言写咏史诗多首，亦极有风趣，其《垓下诗》有句云：

> 八千子弟向秦封，破釜沉舟究不同。
> 咁样多人为你死，因何有面见江东。

胡对中国文、史、书法颇有研究，在办公室有暇辄练字，一心不乱，临"曹全碑"极为神似。

胡平日，高自期许，于人鲜所许可，尝在办公室当众评论汪精卫"华而不实"，戴季陶"有流无源"（指戴作文多译自日文书报），某某"周而不到"，《民国日报》文字散漫无章法，其他讥评尖刻，往往而有。他对我党诸人初亦不甚重视，不久态度渐改，尝对人言："执行部中共党员各有长处，不可小觑。至于中共群众组织势力更不可侮。"胡对其属下曾说："仲甫先生，戛戛独造，究竟与众不同。"胡善观察事物，但城府极深。一天会后，闲谈中俄关系，他说："俄国即殷高宗时的'鬼方'，当时中俄双方打了三年战争。"语意双关影射时事，因询问我："罗先生对中俄关系掌故了如指掌，以为然否？"我已知其意有所指，因答道："此乃先生创见，极可参酌，但就'地望'而言，显属似是而非，且孟轲有言：'此一时彼一时也'，战争与和平本是常见的事。"胡聆言嘿然，忽扬声鼓掌道："高见！高见！"遂彼此一笑而罢。

一九二五年胡因廖仲恺被刺案涉嫌，亲往苏联报聘，以贵宾资格出席第三国际第六次大会，其祝词云：

> ……我以中国人民、中国工人和农民的名义，对允许我出席这次国际代表会议表示感谢。只有一种世界革命，而中国革命就是它的一部分。

>　　国民党口号是：为了人民群众！这就是说，政权应由工农来掌握。
>
>　　（一九二六年二月十七日胡汉民在共产国际开幕会致词）

这是胡言不由衷的例子。一九二七年胡是发动并亲自主持清党的大员。

汪精卫与胡性格各异，但极能干，故时称"汪胡"。汪敏慧过人，善属文，兼擅长演讲，激昂慷慨，感染力极强，满座为之倾倒。汪为人圆通无棱角，善窥人意，对人彬彬有礼，故人乐与往还。在大庭广众间，汪对孙中山称先生，对独秀称仲甫先生，对鲍罗廷称鲍先生，对其他诸人词令婉约无不气顺言宜，即偶发笑语亦令人觉其真挚可亲，故人称其为"政治尤物"！汪对当时国共合作政策始终毫无间言，热诚拥护，对中共遇事体贴入微，奉国际代表若神明。迹其用意无非是想在合作过程中博取个人超额权益足以凌驾胡之上。一次，我与汪精卫同车到静安寺路中华书局工人进德会演讲，汪在车中与我攀谈，郑重说道："我参加革命以来，由于个人学无专长，至今一事无成，今后愿诚恳向中共工人同志学习，多读革命理论书，在即将来临的国共政府中，贡献微力。"（汪精卫与我谈话时初读《京汉工人流血记》，误以为我乃京汉铁路工人，故有意说向工人学习的话，后汪获悉我为北京大学学生，始知其误。）由此可见汪说话动人处，"巧言如簧"，真是当之无愧！

两派斗争

在执行部内，左、右派斗争相当激烈。

当时，组织部有一个决策，凡是国民党老党员都要重新登记谈话，每人必须填一张表，经审查同意后，方是改组后的国民党员，发给党证。一天，一个人冲到楼上，胡汉民、汪精卫都起来打招呼，他们三人交谈，我和润之不认识此人。那人说，我从同盟会开始，革命几十年还要填表？可不可以免填？这个人就是谢持。胡说，这是新规定，先生（孙中山）也同意要我们这样做的。此人将桌子一拍，就是不肯填表。汪精卫也出来说：上有总理，下有组织部。意思是要他向我们说。他到我们这里说了一遍，大家都不以为然地说，党员人人都要填，胡汉民、汪精卫也填了。要遵守孙中山先生的意见。此人一怒而去。润之说，派人送张表去，要秘书好好解释一下，可以放宽点。后来谢持说："不能只顾我一个人的面子，扫了大家的面子。"还是填了表，但心里是很不舒服的。

经过一段时间的工作后，准备召开一个会议，成立上海第四区国民党党部。四区就是环龙路所在的法租界地区，有许多下野的国民党政客住在那里。有的当过军长、师长、部长、省长，大约有千余人。审查后发了党证，同时还清洗了好多。他们在审查时一下子送来许多表，企图蒙混过去。在这个成立会上，国民党左、右派斗争表面化了。右派酝酿要争得更多选票，争取区党部的多数。他们自己估计没有把握，准备采取两种方法。一是合法的争取多数，请孙中山先生出来说话。二是如果办不到，就纠集一些流氓，在会上抢主席台、制造武斗，以破坏选举。我们知道这个情况以后，认为会一定要开好。于是决定我们全体同志，党、团员及同情我们的左派都要出席会议，保证会议胜利开好。右派曾经去请示孙中山，孙没有表态。胡汉民、汪精卫说，开会那天除极少数人留室办公外，其余的人都去。还让新闻记者去采访。当时上海有许多外报记者。当时执行部决定，这个会最主要的是要组织好，主席台不能乱，万一他们武斗，我们要出面制止，使他斗不起来。同时又成立了纠察队，严格控制会场，制止武斗。由王荷波领导组织了一个很强大的纠察队，从主席台到门口设立岗哨。布置好了以后，王荷波对我说，现在准备齐全了，他们如在外头闹，我们就在外头制止他。开会那天决定我担任区大会主席。第二天我们开会,右派就在外面扰乱,我们内外配合把会场控制得很严,流氓想进来,纠察队把他赶走。右派头子高冠吾多次捣乱都失败了。这一次斗争,右派失败了。他们不服气,在上海各报纸上写文章大肆攻击中共中央,攻击四区会会场主席,当时上海《申新》等报,曾记其事。

国民党执行部成立以后,继而成立黄埔军校,由是建党建军工作着著进展。在两党合作经过一段时间之后,双方冲突亦渐渐酝酿,逐渐产生和发展,至一九二七年而更趋显著。

各地建党工作纪要

中共北方区委

中共北方区委设于北京,区委工作范围包括下列各省市:北京;顺直(后易名河北),省会保定;河南,省会开封;山西,省会太原;陕西,省会西安;察哈尔,省会张家口;热河,省会多伦;绥远,省会包头;东三省,奉天(后易名辽宁),省会沈阳;吉林,省会长春;黑龙江,省会哈尔滨;山东,省会济南。山东原设有书记部,后合并于北方。铁路、矿山等产业工会均隶属北方书记部。以上可知北方区工作范围包括十个省及北京、天津、开封、太原、郑州、洛阳、西安、兰州、沈阳、长春、哈尔滨等。可见当时中共北方区是中国最广大的中共组织。其地理面积是黄河以北与长城内外,东至渤海,西至大散关,北至满洲里,南以江淮为界。在这个区域内,物资丰饶富庶,人口亿万,兼为中国铁路、矿山、重工业与轻工业的重要地区。

从党组织方面说,中国北方区委最初植基于北京共产主义小组之上,后来北京大学马克思学会与北方劳动组合书记部成立,党组织基础逐渐扩大,从青年学生转移到人民群众方面,由此不断发展,成立北方区委,是为北方党组织最高机关。与此同时,全国铁路总工会党团最高领导机关亦设在北方,其工作范围除北方区所辖各省市外,还有很多条铁路伸入南方各省市,因此,铁总党团工作又超越北方区以外而分布于全国铁路沿线的各城市。"二七斗争"光芒照耀中国与世界，是近代政治史上的重大成就，良非偶然！

中共北方建党工作

中共北方建党工作在工人中以北方书记部工作为基础，故党员分布在广阔产业工人群众地区，因此当时北方党员人数在全国所占数量最多，而党员中产业工人比重最大，有不少支部是清一色的工人支部。在学生方面党团组织是以马克思学说研究会为基础，该会网罗当时北京国立大专学校以及外省中等以上学校的学生三百余人，学会会员遍布全国各省，通过广大会员关系，先后在南北各省市吸收会员，直接、间接对于建党建团给予极有利条件。现就北方铁路系统中共党组织扼要简述如次：

北方铁路系统中共组织：当时北方党组织系统，凡纯系地方性组织则属北方区党部管理，凡属产业工会党组织则归书记部党团所领导，因此各铁路党部起初均直辖于书记部，后来则改属铁总领导，借以在罢工斗争中发挥统一指挥作用。全国铁路总工会党团成员：我（书记）、邓培、王荷波与史文彬。我兼任中共北方区委书记。兹分举各铁路党部委员会组织名称及主要负责人如次：

1. 京汉铁路：京汉铁路总工会党部以长辛店为中心，沿路十六站各有党的组织，直辖长辛店。其分布如下：长辛店：史文彬（书记）、吴汝铭、吴容沧、吴桢、刘宝善、王俊、吴春熙、陶善琮、李玉、杨诗田、崔玉春、陈励茂、张德惠、郭连登、辛克洪、葛树贵、李彬、洪永福、杨顺起等；高碑店：康景星（书记）、王永富、刘秉波等；保定：孙殿臣、韩文荣、阎玉海等；郑州：韩裕山、凌楚藩（书记）、司文德、刘松、汪胜友、姜海士、赵健、王宗培、茅廷桢、廖寅生、韩祥桢等；许昌：林元成（书记）、周道隆、桂森等；信阳：胡传道、王作新、马尚德（杨靖宇）、钱贵良等；江岸：项德隆（书记）、曾玉良、刘文银、刘寿真、林才泳、徐廷发、张能广、罗澄等。

2. 陇海铁路：西北各省经济东南落后，自陇海铁路修至陕西境内，中共及工农组织先后进入陕甘边陲一带。首先是陇海沿线建立中共党团组织，并以洛阳为据点，向关中西安及陕北发展。陇海铁路中共党部中心领导机构设在洛阳，即特派员所驻地，该路特派员兼党书记最初为游泳，后为李大汉，更后为王中秀。郑州：郭启先、梁盛元、魏士杰等；徐州：赵兴国、张嘉铭、葛传庸等；开封：马禹夫、马景山、姜永和、范易、汪厚之、葛际云、陈勉之等；商丘：程胜贤、姚鼎三、常清发等；洛阳：王符圣、游天洋、白眉珊、李忠湘、汪盛才、李震瀛、王中秀等。

当时洛阳中共党团建立，北方区派人分循陇海、京绥两路进入陕西西安及陕北建立党与团的组织。刘天章、马文彦、魏野畴、高岗、刘志丹等均北京马克思学说研究会会员。回陕西后，先后分别在关中及绥德、榆林成立党与团的组织，政治榛莽地区渐辟蹊径。

3. 京奉铁路：京奉铁路总工会党部设在唐山，此外于山海关、天津、丰台等站成立分部。唐山建党工作始于一九二〇年，先由我赴唐山与阮章、梁鹏万等成立社会主义青年团，随后我介绍邓少山入党，一九二一年正式成立中共唐山支部（支部设唐山礼字五条七号）。唐山党部以邓培为书记，山海关党部以王瑞俊为书记，丰台党部以杨宝昆为书记，天津党部以王广元为书记（以上均指该党部创建时第一任书记）。各地党委主要成员如下：唐山党委：邓培（一九二七年四月十五日在广州牺牲）、梁鹏万、王德周、程帝炳、邓曜、李福庆、李显廷、甘达、邝炳义、李华天（一九二五年在天津牺牲）、王麟书（一九二七年在东北牺牲）、阮章（同上）、郑壮、萧仁义、刘玉常、阎福林、左志（在马家沟工作）、刘焕廷、袁大时、彭礼和、吴先瑞、李树彝、黄锺瑞（凝辉）、许作斌等；山海关：张再兴、何作霖、王瑞俊、程诰、柳正宜、鲁大忠等；天津：安体诚、郝立瑜、江运环、王广秋等；丰台：杨宝昆、孙可发、杨宝仑等。

4. 关外铁路：京奉铁路各站组织全路统一工会后，我与王瑞俊同出关到东中路、南满铁路沿线各大站建立沈阳、大连、长春、哈尔滨等城市的党与团的组织。一九二六年中东铁路五千人罢工胜利后，哈尔滨、长春、大连各地党组织成立，共计南满、大连党组织总负责人为王力，以次为尹逸然、魏南亭（金州南满路工人）、关向应、刘国愚（大石桥路工）等；沈阳：唐鸿景、柴友臣（邦沟子工会）、赵焕臣（新民屯路工）、纪郁等；哈尔滨：江英、江铭祥、刘斋勤（均中东铁路工会）、张德昭（哈尔滨工专）、尹致祥等。

5. 胶济铁路（济南－淄博－胶州）：傅书堂、郭恒祥（书记）、李青山、卢福坦、孙秀峰、王元璋等。

6. 道清路（道口－清化镇）：禅佳保（书记）、隋锡文、秦谦、景云芳等。

7. 津浦路：以下列五处为中心，即济南、徐州、蚌埠、滁州、浦镇。济南大槐树：李宝廷、魏福中、刘俊才、田庆复、张辰祚等；徐州（铜山）：姚文兴、黄必成、常兴沛、周克安等；蚌埠：刘基洪、王泽生、马秀等；滁州：徐鸿儒、皇甫云皆、祝连峰等；浦镇：韩连飞、孙章重、张拯成、李正己、王仲一、王荷波等。

8. 京绥路：以南口为中心。南口：张德臣、王净尘、王学文、何孟雄、马俊兴等；张家口：张汉清、傅政德、贾纡青、连有财等；包头：赵淮生、陆海文、史正德等；大同：井连升、程法和等。

9. 正太铁路：以石家庄为中心。石家庄：孙云鹏、袁子贞、高克谦、傅茂公（彭真）、张昆弟等；太原：杜晓、郭增昌、韩夕成、贺其颖（贺昌）等。

10. 粤汉铁路（武昌－岳州－长沙）：郭静笛（郭亮）、项连生（书记）、邓偕平、邬维臣、邢吉力等。

11. 株萍铁路（株州－萍乡）：李涤生（书记）、朱绍棠、宁迪卿等。

12. 滇越铁路（昆明—蒙自）：张至刚（书记）、龙润雨、王茂亭、吴度南等。

13. 沪杭甬铁路（上海—杭州—宁波）：沈干城（书记）、汪性天、徐梅元、贺威圣、谢继等。

14. 沪宁铁路（上海—南京）：孙津川（书记）、王亚明、谷晋余、袁祺、佘立亚等。

15. 南浔铁路（九江—回马岭—南昌）：熊好生、锺有贵（书记）、方筱川、萧家祜、刘文堂、王凤飞等。

16. 广九铁路（广州—九龙）：孙泉（书记，一九二八年牺牲）、吴绍澄、刘旭、方汉文、丘谌等。

17. 广三铁路（广州—三水）：曾广太、罗伯琦、黄潮（书记）等。

18. 潮汕铁路（潮州—汕头）：陶久清（书记）等。

以上仅就全国主要铁路部分党部组织扼要介绍，其他各站由于文献失征，未能详记，大概在二七前后铁总党团所属党组织党团员人数最多时达五千数百名，以后虽时有增减，但在中共全党比重中约占百分之二十五以上。又北方区建党工作大都分布于各铁路沿线城市，特别是在铁路矿山地区为数最多，这些地区党组织（附社青团组织）的分布是以工会组织为基础，因此书记部工作，同时也是建党的工作的一部。

北方各大城市、工厂、矿山、学校、机关、兵营、蒙旗等处建党组织：自一九二〇年开始，由劳动组合书记部北方分部、马克思学说研究会、社会主义青年团与非宗教同盟等团体协助进行，详细发展组织情况，可参阅有关各专题章（如劳动组合北方书记部、陇海铁路罢工、开滦五矿大罢工、天津、济南、郑州、东三省各专章）。

关于东北建党

中国共产党成立以后，我是中共北方区委和北方劳动组合书记部的主要负责人之一。由于工作的关系，一九二一年至一九二三年之间，我曾参与了筹建中共东北党的工作，并受北方区委派遣先行东北考察工运，宣传革命，建立联系，筹备建党。我回北方区委后，由于"二七"工潮兴起，我不能再去东北，所以北方区委和书记部派李振瀛、陈为人等去东北具体进行建党工作。不过，我对东北的建党工作是一直关心的。并从我们全国总工会系统，接连派出一些同志去东北加强党的工作。我还曾经几次到过东北，了解东北党的发展和建设。今天，正值中共建党六十周年之际，我把我所知道的关于东北建党的一些情况写出来，以示纪念。

在东北建立党的问题，是中共"一大"确定的在全国发展扩大自己的组织这个总的工作的一部分。中国共产党是中国工人阶级的政党，它一建立就把发动工人运动和发展自己的组织作为中心工作。中共党的"一大"通过的决议明确指出："本党基本任务是成立工会。"为了加强工运，党的"一大"后不久就建立了中国劳动组合书记部。我当时担任了中国劳动组合书记部北方部的主任。我们还创办了《工人周刊》，这个名称是按欧洲工人党的习惯起的，我负责编辑。这个刊物实际上是中共北方区委的党刊。

为了切实加强工人运动，迅速扩大党的队伍及其政治影响，一九二一年十一月党中央局总书记陈独秀以 T.S.CHEN 的名义发了《中国共产党中央局通告》，副标题是"关于建立与发展党、团、工会组织及宣传工作等"。《通告》指出："各区必须有直接管理的工会一个以上，其余的工会必须有切实的联络。"

中共北方区委在李大钊等同志的集体领导下，积极开展了工人运动，并且很快就在北京、唐山、南口、长辛店等地组织起了铁路工会，并建立和发展党、团组织。组织东北工人运动和筹建东北党的问题，就是在这个时候提出来的。我记得，北方区委和北方劳动组合书记部曾多次讨论研究，去东北发动工运和建党问题。主要之点如下：

第一、东北是我们去共产国际，来往苏俄的重要通道。党中央很关心东北工作的开展，同时我们北方区委在工作上也需要打通这条国际路线。

第二、东北的大产业比较发达，是我国产业工人的重要基地之一。因此，到东北开展党的工作也是有基础的。

北方区委在酝酿去东北建党的问题时，曾得到了共产国际代表和苏俄同志的关心与指导。共产国际代表马林和优林使团曾向我们建议，应重视东北的工作。因为那时白俄的残余势力还盘踞在北满，日本控制着南满，这不仅是对苏维埃政权的威胁，也是阻碍中国革命的反动势力。他们还提出他们在中东铁路的地下组织将帮助我们开展工作。

总之，在上海党中央的指示下和国际代表的建议下，也是由于我们北方区委在实际工作中的需要，北方区委和书记部决定着手进行东北工运和建党工作。

但是，到东北建党并不是一件容易的事情。当时东北不仅有北洋军阀的势力，而且北满和南满还有白俄和日本的势力。正是由于这几种反动势力的统治，所以东北革命运动迟迟不能发展；尤其是北方区委对东北的工运状况和复杂的斗争形势还都缺乏了解，与东北工人也没有建立联系。因此，决定派我先去东北考察联络，作为去东北建党的先行，作为筹建东北党的第一步工作。派我先行的原因有二：

其一、我是北京马克思学说研究会的书记，因此我在北京各校都认识很多同学，也结识了许多朋友，其中有许多是东北籍的。那时东北没有大学，北京大学的牌子又很亮，所以东北有很多高层人士、军阀、官僚之子弟都来北京上学，同时也有些平民子女考入北大的。他们毕业后许多都回到东北各地，我去东北可以直接找这些同学、朋友们帮助开展工作，这自然方便得多。

其二、我是北方劳动组合书记部的主任，那时我们在铁路沿线已经有些基础了，长辛店、南口、唐山、山海关等地都成立了铁路工会。我与这些工会的主要负责人都很熟悉，这就可以通过他们顺利出关，也便于了解和开展铁路工人运动。

北方区委给我的主要任务是：到东北考察工人运动发展状况，同时宣传革命，筹备建党。要尽可能地在一些重要地点，组织起革命工会的组织。我的行动路线是两条：一是南满，以大连和沈阳为重点；另一是北满，以哈尔滨为中心。

我记得，那是在一九二一年的秋冬之交[1]，我踏上了东去的征程。那时京奉路是中国的，中东铁路长春以南是日本的，长春以北各线是苏俄的。我在唐山和山海关铁路工会的帮助下顺利地出关了。先到沟帮子，在那里办了一个工人补习学校。之后进入沈阳。在沟帮子和沈阳，经过走访、座谈和组织工人补习学校，我初步了解到一些工人的情况。经过京奉路革命工会的协助，我又前往大连、旅顺，进一步考察工运，宣传革命，组织工会，物色党、团对象和工运领袖。我到大连认识了一个小学教员石三一，其爱人是一家报社的记者，叫刘建功，我就住在他们的小学校里。我现在还记得，他们家有一个双目失明的老母亲。我去大连主要是傅景阳协助我工作，他是大连工人运动的著名领袖，他曾陪同我走访了许多工厂、铁路车站、码头等，也到过旅大军港。在大连期间我还到过南满的"关东厅"，这是日本人的企业。在大连为开展工作的方便我还学习了日语，我的日语基础就是那时打下的。

我在沈阳和大连工作了一段时间以后，就在铁路工会的帮助下，北上哈尔滨。到哈尔滨我临时住了几天旅馆，随后就找到了北京马

---

[1] 此处可能记忆有误，作者此行东北，约在一九二二年的秋冬季节。

克思学说研究会的会员张昭德。他那时正在哈尔滨工业专科学校（即哈尔滨工业大学的前身），也是南方人，在工专住校。通过张昭德的关系我以学生的身份寄住到了哈工专学生宿舍，在这以后，我就以哈工专为据点，在张昭德的协助下开展工作，主要是走访调查，考察工运。

那时的哈尔滨是个典型的殖民地式的城市。除了中东铁路这个俄国的大企业外，还有日、美、英、法等帝国主义开设的工厂、银行、商店等。十月革命以后白俄纷纷逃集在这里，勾结帝国主义联军进行反对新生苏维埃政权的罪恶活动，哈尔滨是他们反苏的大本营。我到这里的时候虽然白匪和帝国主义干涉军早已被红军打败了，但是他们的残余势力仍盘踞在这里。我一到哈尔滨大有到了"异国他邦"之感，各式洋楼林立，大圆屋顶的教堂到处都有，哈尔滨真不虚传为"东方的莫斯科"。

我最先是到了三十六棚，这是中东铁路所属的铁路总工厂。有中国工人和俄国工人。中国工人多，而且基本都是力工，被俄国老板称为"黄色苦力"，他们的生活极端贫困。三十六棚的工人中有来自东三省特别是铁路沿线破产的农民，还有来自直隶和山东等省破了产来闯关东的农民和手工业者。我一到工厂所见工人都是衣衫褴褛，满身满脸的油污，简直就是奴隶一般。他们的劳动条件极差，多半都是繁重的体力劳动，有些工活就在外边大工棚子里做。工人的住区就在总厂的东北边，那里挤满了一排排的"人"字形大马架子，马架子周围拥挤着一个个的小土坯房子，这里是哈尔滨的一个最大的贫民窟。工人同志告诉我说："三十六棚，就是根据我们住的这些大棚子叫起来的。"工人们的工资非常之低，每天只有二十戈比，可是工人的劳动时间则长达十一小时，有时活忙，得干到十三四个小时。他们受着残酷的经济剥削和政治压迫，因此有很强的革命性。我了解到，他们曾和俄国工人一起举行过许多次的罢工。

我向工人宣传了中国共产党和中国劳动组合书记部的活动情况和关内工人斗争的情况。我说：我们中国工人应该组织起来，要有自己的组织，为自己阶级的利益而奋斗。

我还到了哈尔滨"戊通轮船公司"，这是一个南方资本家经营的船厂。这个公司很大，主要是经营松花江到黑龙江和乌苏里江的航运。这个公司里的工人南方人很多，我到这里通过一个同乡认识了很多南方工人，其中有一些是技术工人。我与一个浙江来的姓俞的工人相处甚密，他告诉我，他是闯了祸才到东北来的。他家乡有一个罪大恶极的姓沈的官僚，横行乡里，鱼肉百姓，他出于一时的义愤乘其不防将其打死。于是逃来关东，在哈尔滨隐姓埋名进工厂工作。后来我在上海的一家报纸上还确实看到这个案子的事。他还告诉我："这里的人多数都是在家乡没法生活才下关东来的。"我就是通过他，在轮船公司开展了工会的工作。那时我还到过秋林洋行，这是俄国人开办的大洋行。

我每天都忙得很，到处奔跑。什么地方工人多，我就到什么地方去。晚上回到工专就在张昭德的帮助下学习俄语。我在实际的工作中感受到了学习俄语的必要。哈尔滨俄国工人多，尤其是中东铁路及其所属各站、各厂，同时我还要与苏俄在哈尔滨的地下组织联系，因此学习俄语更是急需。

我记得，那时有个名叫怀特（White）的俄国同志，就住在南岗中东路办事处附近，他公开的身份是办事处的工作人员，通过他，我了解了一些俄国布尔什维克地下组织与俄国"老白党"在东北斗争的一些情况，以及中东铁路的俄国工人和中国工人的组织和觉悟的情况。我记得那时我们送往俄国学习的学生和工人很多都是通过这个人具体安排办理的。我为了学好俄语，还和一个俄国工人交了朋友，他的名子叫伊万契柯（Ivanzinko），他经常到我的住处用俄语同我讲话。因此我的俄语学习进展也很快，这就使我在中东铁路沿线的活动方便多了。

为了广泛了解情况，我还沿着中东铁路去过东北的许多地方，最远到过绥芬河，那时叫"五站"。后来我参加中共六大会时，由俄回国也是经绥芬河回来的。我在绥芬河还曾赋诗留念：

紫霞垂野暮山焚，皂帽桦鞋夕进军。
午夜星繁风正急，衔枚疾走渡绥芬。

在哈尔滨工作局面打开以后，我就由哈工专搬到了道外贫民区。戊通船厂的工人多数住在这里，居住这里的也有许多小商小贩，在那里我学会了很多工人的话，那时我常与工人同志们说"我是闯关东来闹革命的"。

我这次东北之行总计有几个月的时间。对东北工人的组织状况和觉悟程度及工运的情况，都有了较全面的具体的了解。于是我决定返回北方区委汇报，并进一步筹划下一步的工作。当时我根据走访考察的记录，写了一份《关于东北工人运动的状况和在东北建党的具体意见》的书面报告。遗憾的是我当年记录的笔记都散失了，只残存几篇诗稿。更遗憾的是，我交北方区委的报告也找不到了，本来似乎在北洋军阀时代出的《苏联阴谋文证汇编》中应该有此件或有有关的记录，可惜，因"原件被俄人用煤油引火焚毁，以致一部分残缺"（这是《文证汇编》序中讲的），所以未能找到。

我经过艰难的行程回到了北京。北方区委的同志们在北京大学校区某楼开会，听取了我的详细汇报。我汇报的主要之点如下：

第一、东北是全国工业特别发展的地区之一，工人多而集中，有很强的革命性。东北的工业分为两个中心区，南满和北满。北满以俄国人的中东铁路及所属的工厂为主，南满以日本的满铁会社为主，此外许多帝国主义在南满和北满都开办了一些较大的企业，也有一些中国官办和民办的企业。中国工人都集中在这些企业当中，是一支伟大的革命力量。东北的工人是来自本地和全国各地破产逃荒的农民，他们直接受着帝国主义和封建势力的残酷剥削和压迫，因此有很强的革命性，他们一直在进行着各种方式的斗争。

第二，东北工人觉悟程度比较高，他们较早地接受了十月革命和马列主义的影响。由于中东铁路这个特殊的条件，所以东北工人在十月革命数年前就受到布尔什维克的影响。早在一九〇八年中东铁路的中国工人就和俄国工人一道庆祝了"五一"国际劳动节。此外，一九一八年以后，曾有数以万计的华工陆续从俄国经哈尔滨回国，其中一部分人就留在哈尔滨谋生。他们带回了许多振奋人心的"工人国"的真实消息，还带回了许多苏俄的报刊，这些都使中国工人阶级受到了很深的影响。他们向往十月革命，向往"工人国"。在"五四"爱国运动中，东北工人曾以实际行动表现了自己的政治觉悟。在一九一九年五月和七月为了援助北京学生的爱国行动，他们接连进行了两次大罢工，以新的姿态登上了中国的政治舞台。

第三，东北的工人运动已有一定基础。据我了解，从一九一八年至一九二〇年中东铁路的中俄工人共同举行了许多次罢工，其中有几次是全路性的大罢工，这些罢工沉重地打击了白匪高尔察克之流和帝国主义干涉军及沙俄残余势力。为捍卫十月革命的成果，做出了巨大的贡献，在世界工人运动史上留下了光辉的篇章。

第四、东北工人得知中国工人阶级已经有了自己的政党和劳动组合书记部，倍受鼓舞。我的东北之行开展了许多工作，尤其是对工人中的先进分子做了大量的宣传工作，组织了自己的学校和工会。因此，东北建党的下一步工作已经有了实际的基础。

总之，东北工人阶级的基础雄厚，觉悟较高，有很强的革命性，并不断地进行着斗争，这是它的优点。但是，从东北工人运动的状况看，也有明显的弱点，那就是他们的斗争发展得不平衡，缺乏统一性，与全国的工运还没有连为一体，工人的斗争还没有明确的纲领和坚强的组织领导。因此，急需建立党的组织，切实加强工人运动的主观领导力量，提高斗争水平，并与党所领导的全国的工人运动连为一体，南北呼应，推进革命。

基于上述基本情况，我向区委提议，应立即派人去东北发动工运，并正式着手建党。区委几经讨论，同意了我的建议，决定派人去东北正式进行建党工作。

第一批派赴东北的有李振瀛（李大汉）、陈为人、王德三、王复生、王懋廷等人。这些人由于各种原因，不是一起出发的。首先出发的是李振瀛、陈为人，一九二三年春他们即身负重任开赴东北。李、陈都是全国铁路工会的干部。李振瀛原是天津南开中学的学生，他英文很好，也能讲点俄文，派他到东北可以在中俄两国工人中活动，开展工作。陈为人是湖南人，是我的同乡，又是同学，他曾到过俄国学习，懂得俄文。

我回北方区委后不久，"二七"工潮兴起，所以我不能与他们同去东北。我把东北建党工作就交待给这些同志了。我把南满和北满的情况及联络地点和联络人都告诉了他们，并规定了他们的行动路线。当时北方区委和书记部交给他们的具体任务就是：在东北建立赤色工会，在先进的工人中物色党员、团员，建立党团组织。

王德三、王复生、王懋廷原都是北大的学生，是马克思学说研究会的成员。他们都在北方书记部工作。王德三是北京马克思主义研究会的十九个发起人之一，他是云南彝族人。王复生是马克思学说研究会的法文翻译组组长，后来到书记部工作。他在哈尔滨工作时的公开身份是报社记者、中学教员，他工作能力很强。这"三王"在东北工作的时间都很长，搞学生运动、工会运动都很有贡献。现在中国革命历史博物馆还珍藏着一本王复生的日记，记载着当年的活动情况。

首批派到东北的同志,先到哈尔滨同各方面接上了关系。经过艰苦的工作很快就在哈尔滨建立起了党、团组织。一九二四年夏,大连党、团组织也建立起来了。在南满活动的主要有傅景阳,杨志云等。陈为人、李振瀛等也曾到过南满。

一九二四年党派吴丽石到哈尔滨做党的工作。在吴丽石等同志的努力下,一九二五年冬建立了中共哈尔滨特支,一九二六年哈尔滨成立了中共北满特委,下属有二十个支部。此时南满的工作也有很大发展,一九二六年成立了大连地委,有十一个支部。一九二七年党的"八七"会议后,东北党召开了第一次代表大会成立了满洲省委。

东北党建立后,我还曾几次到过东北,同时还因为东北党许多同志是我们全总系统派去的,所以我对东北党以后的发展情况还是比较了解的。一九二四年我与李大钊、王荷波等,还有几位工人同志一起赴苏出席共产国际五次大会时,路经哈尔滨曾停留了一段时间,同李大钊一起了解了地方党的工作。一九二八年我赴苏参加中共六次大会后也曾去哈尔滨住过一段时间,并在哈尔滨南岗一个中学向文教界的党的组织报告了六大的情况。参加六大会时满洲省委曾派张任光、潘廷德、朱秀春、于治训、王传璧、唐宏经六人出席。我们是先后回来的。这时期我所看到的东北党已有了相当的发展了。

当然,中共东北党的发展也不是一帆风顺的。"九一八"事变以后,东北党的工作受到王明左倾路线的严重干扰,他们不顾中日矛盾上升,而要求东北也与关内一样搞苏维埃革命。红军长征以后,满洲省委与党中央关系中断了,在苏联的王明、康生这时插手东北党的工作,撤销了满洲省委,东北党失去了统一的领导,使东北党所领导的抗日力量遭受了很大的损失。红军长征胜利到达陕北以后,迎来了全国抗战的新高潮,党中央与东北党恢复了联系,东北党领导的东北人民的抗日斗争进入了一个新的阶段。

建立不朽功绩者

在东北党的建立和建设中,有许多建立了不朽功绩的同志是我比较熟悉的,有些同志当时我还有诗文相赠。值此纪念之日,我写录出来以示怀念(前面谈过的不重复)。

吴丽石,江苏人,曾在北京俄文专科学校学习,一九二三年入党,后去苏俄学习,一九二四年回国后即被派到哈尔滨做党的工作。一九二七年离开哈尔滨后曾任中共山东省委书记,一九三〇年被捕,一九三一年被国民党杀害。

郭隆真,回族,河北人。早在"五四"运动时就是天津学生运动的组织者和领导者之一,是"觉悟社"的成员。她曾赴法国勤工俭学,一九二二年在法国入党,大革命时期回国工作。一九二九年被北方劳动组合书记部派到哈尔滨。一九三一年调往山东,同年牺牲。当时上海全总党团曾举行追悼会,我还在追悼会上致词,表彰了她的革命功绩。

赵一曼,原名李坤泰,又名李振坤,是四川宜宾人。早在大革命时期的武汉军校当过女兵。我那时是武汉政府中共湖北省委宣传部负责人,兼中共汉口市委书记,我与她很熟,因为她是一个积极宣传革命的热血青年。一九二七年大革命失败后她离开了军校。九月,党派她去苏学习,她临行时我曾赋诗送别:

渝州李振坤,巾帼显奇英。李寄名乡国,木兰作女兵。
纸坊曾拒敌,武汉战东门。惜别吴淞口,秋风满榭林!

一九二八年冬回国,曾在宜昌工作,一九二九年在上海党中央机关工作,后调江西,"九一八"后调往东北。后来成了抗日联军的将领,我们中华民族著名的女英雄。

童长荣，一九二四年入党。曾留学日本，一九二八年回国。先后担任中共上海沪中区委宣传委员、区委书记等职，一九三一年三月调到东北，担任大连中共市委书记，十一月到东满任特委书记，他赴东北时我也曾作诗送别：

　　工农有闯将，竞说童长荣。上马能驱敌，挥毫草檄文。
　　虬江留战绩，征戍向辽宁。万里关东去，白山显义声。

马尚德（到东北后改名杨靖宇），河南确山人，一九二二年曾任北方劳动组合书记部京汉路豫南特派员、中共豫南特委书记。参加了"二七"大罢工。一九二八年调上海中央工委工作，一九二九年中共中央派他到东北。曾任哈尔滨市委书记、满洲省委军委书记，全国抗战爆发后，他曾任东北抗联第一路军总司令。我当年也曾作诗话别：

　　尚德好男子，豪怀敌百城。信阳曾领众，焦作树功勋。
　　"二七"冲头阵，"五四"有令名。关东形势壮，万里奋风云。

一九四〇年马尚德在吉林蒙江与日军战斗中壮烈殉国，得此噩耗我曾写诗悼念：

　　赫赫威名震豫南，擎天北柱辉河湾。
　　蒙江战役安危系，亘古男儿马确山！

杨志云，是大连中华青年会的秘书，一九二四年在上海由李振瀛介绍加入社会主义青年团，后到大连任青年团大连特别支部书记，后任党的特支书记、市委组织部长。

张炽，一九二五年五月被北方区委派到大连地委任宣传部长，一九三二年在上海被捕，于南京雨花台殉难。

邓和皋（邓洁），一九二六年七月由北方区委派到大连，任地委书记。一九二七年五月出席了党的五大，同年八月大连地下党组织遭到破坏被捕入狱，在旅顺坐牢十年。

唐宏经，工人出身，中央工委委员，是南满铁路工会的负责人（唐后为"六大"中委，中央非常委员会常委兼东北区党委书记）。

中共南方建党

一九二三年至二五年间，中央局人数不多，仲甫坐守上海，寸步不离，中央及外埠重要会议与党组织建立及当地有关建团重大事项，大都责成我前往处理。（我当时任第三届中央委员会常委兼秘书，恽代英任 C.Y. 中委兼书记。）因此，我除参加上海建党工作外，并经常巡行各省区，负责亲理党组织与宣传工作，并督导各地工农运动。在一九二三年至二六年间，我的足迹遍历大江南北，周行苏、浙、皖、赣、鄂、湘、粤等省区。

上海市党与团组织当时系归中央直属管理。先是上海在一九二一年前后，工人运动尚未发动起来，因此上海小组成员为失业工人学生与失意政客（如戴季陶、邵力子、沈玄庐）等人居多，此外则为少数革命职业家如中共机关干部。自一九二三年三大会后，上海党组织开始建立在工人运动基础上面。当时上海市党组织干部主要成员如下：何今亮（汪寿华，上总党团书记）、项英（沪西工人俱乐部）、邓中夏（上海大学）、林育南（上总宣传部）、李震瀛（上总组织部）、王亚璋（上总女工部）、朱宝廷（海员分会）、孙津川（铁路工会）、孙良惠（上总）、江元青（纱厂工会）、戴起甲（内外棉工会）、郑振生（海员工会，后死于西牢）、陈杏林（海员分会）、谢庆斋（印刷工会）、张应尤（同兴工会）、王克全（内外棉工会）、林育英（沪东工人俱乐部)、张佐臣(上总)、陶静轩(沪东工会)等。上海党与团组织走向工人群众化以后,党团面貌为之一新,于是造成后来工人斗争的高潮,五卅运动由是勃发。

中共上海建党工作奠定初步基础以后,开始着手推动江苏境内各县群众组织与党团建立工作。当时江苏境内长江南部以南京、镇江、无锡与苏州为主(上海除外),江北以徐、淮、扬、泗、南通一带为主。中共中央会议几次提出此问题研究,结果决定由党团双方派定我和代英二人负责计划进行。我、代英遂首先到松江建立苏南党团组织据点。随后到江南江北各工业城市:无锡、镇江、苏州、南通、扬州、淮阴、徐州等处为建立党团及工会组织创立条件,最后决定在南京召开全苏会议。

松江会谈。当时松江城内有以侯绍裘、姜辉林、张应春等为中心的党团组织共计七人,所以我偕代英先到松江。侯绍裘时为松江中学教员兼教务主任(侯为南京高师毕业)。第一日由侯通知各组员在醉白池阁上举行会议,在中央党团代表讲话后,自由讨论健全组织与发动群众方案,会众发言极为踊跃,竟日未告完结,因此第二日又在城外荡湾村继续开会。在两天的会谈中获得一个当前发展党团与群众组织的具体方案,由侯绍裘同志建议,会谈后先由我、代英、绍裘三人共同前往苏南各城市分别召开座谈会,同时由南京党及铁路系统党团组织派人赴江北各地联络,一俟苏南、苏北各地组织粗具规模后,即实行在南京汇合召集全苏会议。

江浦集会。江苏全省会议原定在南京举行,嗣因为机密起见,临时将会场改在长江北岸江浦县某铁路工人宿舍内。会议经过时间三日,除政治报告及讨论占一日外,其余时间大都为各地党团组织代表报告当前情况,及讨论各项决议与工作实际问题。同时在会上选出南京党委机构及各县党组织执行机构,并整理建制各项群众组织,包括工会、农民、青年、妇女协会及国民党建党工作。参加江浦会议中央及地方负责人名如下：罗章龙（中共中央）、恽代英（少共中央）、侯绍裘（苏南负责人），以及孙津川、姚佐唐（徐州）、贺瑞麟、高文华（无锡）、史砚芬（南京）、史家贞、万益（宜兴）、徐鸿濡（滁县）、陈兆春、张振成（江浦）、张应春（吴县）、顾衡、温禹成（江苏少共）等二十余人。在江浦会议上正式建立苏南、苏北各城市中共与共青团组织，并先择工业地区成立地下工会，建立江阴、宜兴、淮安、无锡、江浦、滁县等地农民小组。上述党团与群众组织及宣传工作都被列入各个专项决议之中。会议并决定，在江宁成立中共及少共委员会，主持全苏党与群众组织工作。是年八月，少共在南京召开第二次代表大会。

　　侯绍裘——江南革命彗星。侯绍裘字墨樵，松江人，与我同年生，身材颀长，天姿开朗，刻苦强学，且赴事具胆识，苏南各地党组织与宣传均其擘划经营，卓具成绩。又对党外联络刚柔兼济，故同时团结国民党左派而为其重心。侯绍裘中西科学各有本源，文思敏锐，奋笔草文，顷刻成篇。当我、代英与绍裘三人自上海循浦江至松江时，由绍裘向友借用摩托汽艇一艘，沿江东进。汽艇入松江后忽遇大风，白浪滔天，艇身颠簸，危在顷刻，驾驶者为青年学生，平日素未经历狂风巨浪，至此仓皇失措，面无人色，手颤心摇，几失操纵能力。绍裘见状急越至前座，代其掌舵，因应风势驶入港汊，始转危为安，其临危不乱如此。绍裘在松江中学任教，常为学生讲述乡贤夏完淳父子创立"几社"事（夏允彝为明末"几社"创始人，其子完淳有神童之誉，二人共仕南明，清兵下江南，松江陷敌，父子陷狱。完淳《南冠草·狱中诗》有句云：英雄生死路，却似壮游时)，并率领学生到镇江登北固山，又至吴淞炮台，讲述乡土地理与历史，同时启发学生积极参加工农运动，争取民主政治，时被称为江南革命彗星！谓其生命飘忽，光芒如火花一瞥即逝。

中共浙江省委全貌

江苏江浦会议结束后约二星期，我自上海偕共青团中央特派员张秋人，前往杭州出席中共浙江全省代表大会。先是浙江中共及共青团组织人数不多，且多属省会学校成员，自中共全国第三次代表大会后，决定全浙建党工作方向，应着重发展宁波、湖州、海门、温州以及浙西、浙南各县工人运动及农民协会组织。我们一行首先到宁波，正式建立当地党与团的组织。

宁波建党与胡焦琴（陈焦琴）。宁波中共组织以当地女中及纱厂小组为基础，主要成员为胡焦琴、金志成、席咏怀、卓兰芳、陈鸿等。胡焦琴为女中校长，天姿隽秀，学行卓绝，为全浙宗师。金与席均为该校高材生，卓兰芳与陈鸿为纱厂工人。胡、金等经常穿工人服装到纱厂及码头，向工人进行组织工会与斗争的宣传，在极艰困的情况下，成立宁波地下工会，在海门成立农民协会组织。温州方面在青田、瑞安等处成立秘密农民革命组织。

舟山群岛渔民与农民组织。我等与金志成从宁波赴海门、镇海，商定组织舟山群岛的渔民计划。当地渔民主要集中在沈家门一带，岱山为渔农兼作地区。金导我在普陀登陆。当地渔民云：普陀相传为善才第二十八参观自在菩萨说法处，全岛居民数千，无一妇女。岱山农民及渔民组织常隐蔽在山上寺庵中进行活动，因此渔农组织即在该地区建立小组。时陆铁强自海门来会，因在镇海成立农村联络组织。我们一行从宁波返杭，绕道诸暨，与本地同志举行座谈，停留一日。我回到杭州后，与当地区委商议召开浙江全省代表会议问题。

当时中共浙江区委负责人为于（俞）秀松、葛汉臣、沈乐山、赵济猛、席咏怀、徐梅君、沈干城、沈玄庐等。于担任区委书记，老成练达。赵为印刷工人，沈干城为城站铁路工会主任，葛为杭州市工会主任，沈乐山为闸口工会主任。赵为省委宣传部长。唯沈玄庐本身为官僚兼大地主,却刻意深入劳动者中生活,其率先对佃户李成虎实行退佃退租,并参加衙前农民斗争,因此引起大家刮目相看。我在沪杭甬铁路开会时,沈闻讯骑自行车,头戴雨帽,皂衣布鞋,暗夜中赶到郊外数十里道棚参加开会。沈在会上倾听大家讨论,并发言道:"我们很早就听说过书记部与共产党来人到工人区后,便像春雨后竹林一样,一夜工夫,毛笋就冒出苗头来了。"随后,沈把革命道理用当地土语譬解,深入浅出,听者无不动容。在会毕后,沈手推脚踏车,步行随着大家走回城站,边走边谈,好像完全忘了疲倦似的。秀松云:"沈时年四十许,其平日养尊处优,极少夜出至郊外远行,自入党后,言行与前判若两人。"

浙江全省会议在杭州举行,实际会议地点临时改在杭州城外钱塘江对岸西兴某姓大院内,参加会议者:中共中央方面有罗章龙,C.Y. 中央代表张秋人,李求实(求实家时住杭州),省委为于秀松、沈玄庐、沈干城、宣中华,海门为陆铁强,定海为金良玉等,宁波为胡焦琴、卓兰芳、陈鸿、樊仲甫、杨眉山等,温州为张农等,共三十余人。会议主要议程为:党中央代表报告,组织问题讨论与决议,职工运动问题讨论与决议,农民渔民问题讨论与决议等。

中共浙江省委起初成员以学生为主,西兴会议以后,浙江省委工作渐渐转入工厂、农村与渔村,省委大都从事工会运动与农民运动,并建立若干工厂支部,以铁路纱厂为主干,不少中学教员与学生均直接参加工农群众工作。这次转变在一九二七年革命高潮中发生过重大作用。现就浙江省杭州与宁波党重要成员简介如次:杭州市:于秀松、沈干城、沈玄庐、金佛庄(军官)、宣中华、宣铁吾、王家谟、张秋仁、谢继善、贺威圣、汪性天、沈乐山(闸口工会主任)、赵济猛(宣传部长)、贝介夫、葛汉臣(杭总工会会长)、徐白民、宣中禅、潘枫涂(组织部)、何赤华(农运)、王宇春、郑采臣等;宁波:卓兰芳(纱厂工会)、陈鸿、樊仲甫、杨眉山、李崇照、陈良义、王鲲、胡焦琴、金志成（学生会主席）、王家谟（市委）、池耕襄（工会负责人）、陈铁强（海门书记）、朱效巡、曹阿堂等。

西兴会议后不久，当地工人运动与农村工作逐渐开展，杭州市国民党左派组织亦同时建立。因当时浙江军阀卢永祥向国民党输诚，一九二四年九月三日江苏军阀齐燮元、孙传芳与卢永祥发生战争，结果卢败，十月出走。一九二四年十月十六日，孙传芳部夏超在浙江杭州酝酿独立，中共杭州省委实策动其事，夏超独立事谋泄，被孙军袭击失败，夏败死，中共党员贺威圣与汪性天被俘，为孙传芳所杀。又浙江省委金佛庄，于一九二六年北伐时从南昌赴浙江杭州，与中共浙江省委接洽，途经南京下关时，被缇骑所获，亦为孙传芳所害。（金佛庄通晓西文，曾创刊《责任周刊》（萧山出版），译有《劳动与工资》在该刊公布。）经过一九二七年国民党清党运动，以及一九三一年前后中共党内长期残酷斗争，结果，浙江省委中共与少共干部几乎全部牺牲，靡有孑遗！

钱塘江行

江北会议后，全浙江工作会议接续在杭州召开。时于秀松、贺威圣、沈仲九与我共寓湖滨旅馆，商谈全浙江会议有关各事，深夜未散，越朝泛舟游湖，经岳坟步行登山至南高峰而返。舟中并分别起草会议文件，交互参阅，事毕续谈。于等三人均健谈，于人生宇宙，上下古今，滔滔不绝。于云："四度空间，心灵活动不在内，其义未免不周。"沈云："心灵活动，亦不限于地球人类，其他星界又不可知，如何才能周？"贺云："古人有天问与天对之作，究其所问与所对，亦多謦说。"其他类此，不尽记忆。仲九所谈多涉及文艺，评论《新青年》、《向导》文风奇情壮采，笔阵轰严，各擅其胜，颇有独到见解。并说："仲甫废诗未免矫枉过正，我弃人取，当造成他日损失。"秀松云："书记部人多属莽夫，宜其我党斯文变虎。"玄庐聆语纵声大笑。众谈笑间,诙谐杂作,贺忽戏呼仲九为"沈大官人"。沈云:"一足踏进官门,九牛难以拉出,此话不啻为我写照,所以我只有向劳农悔罪求救。"(仲九曾任云南沾益县知事,沉于声色货利,为大地主,有沙田几千亩,后乃变产业,领导衙前农民运动,带头退租。)秀松说:"沈仲九颇有文思,其所作浣沙女诗有句云'古衣道貌富心机,文绣膏粱藏诈气',深含忏悔意。"

杭州会谈以后,众人相伴赴浙西,登会稽访禹陵。大家引导我出诸暨南门望苎萝山,泛舟浣江,登浣纱石,访西施故里(即施夷光所住西村)。但见孤帆淡淡,江水明鲜。咏怀说:"一代政治姑娘,造成千秋话柄,可谓人杰地灵。"有人提议再去桐庐览"七里滩头,秋风钓叟"之胜,因时间匆促,未多留连而返。

席咏怀原在上海女校习英文,后赴北京升学进北京大学英文系,与缪伯英友善,参加马克思学说研究会并任译事。其父闻讯,函令返家结婚,咏怀不遵命,其父大窘,然亦无如女何,遂允解除其女婚约,并不干涉其自由。咏怀乃返浙省亲,但未及仍只身离家北行。一九二七年乃至武汉中共中央担任鲍罗廷夫人翻译,后鲍夫人乘兵舰回国,过南京为山东督军张宗昌所拘留,解往北京入狱,咏怀乃赴京营救鲍夫人出狱。

两湖波澜壮阔

湖北区委。武汉居长江上游,东通吴会,西连巴蜀,兼为南北通途,北接郑洛,南界湖湘,近百年来武汉三镇乃为工商业荟萃之区,形势与中欧莱茵流域大城相仿,故为中国南方中部革命波澜壮阔之地。

武汉中共小组成立甚早,其前期参加中共建党者有李汉俊。李为留日学生,归国后与仲甫结识,付以编《新青年》编辑职务,李复引进同乡董用威、刘芬（伯垂）、陈潭秋等加入组织，成立武昌中共组织，时间是一九二一年夏。湖北区委以武汉三镇为中心，党与团组织成员大部为中等学校教员与学生，当时主要成员为林育南、施洋、李求实、陆沉（卢春山）、庄有义、刘光国、许白昊、唐际盛、林育英、项德隆、何恐、张心余、吴德丰、李子芬、刘昌群、李书渠、刘胤、萧楚女、魏以新、恽代英、黄子通、黄负生、刘芬、夏子栩、徐虔直、陈比难、沈葆英、杨子烈、杨子玉等是。

武汉在大革命时代地位非常重要，革命政权发挥过很辉煌的业绩，为革命史上放射异彩。

湖南中共组织脱胎于新民学会，先是一九一八年新民学会会员十余人赴北京留住，一九一九年三月，毛泽东自北京经上海回湘，主持新民学会，七月中旬创刊《湘江评论》（出至五期停刊）。一九二〇年二月复北上参加驱张运动，四月去上海，七月复返长沙，九月设立长沙文化书社。一九二〇年春，北京发起马学会，是年十月乃在长沙成立马克斯研究会，主持人毛泽东、何叔衡、萧述凡、夏曦与郭亮等，地址在第一师范附小，十二月乃成立湖南社会主义青年团。

湖南共产主义小组成立后，继北京、上海之后，成立劳动组合书记部，书记部负责人为毛泽东。各地成员：长沙毛泽东、郭亮、夏曦、易礼容、谭影竹、杨福涛、蒉去病、欧阳梅生等，从事工人运动，安源袁达时、李立三、刘少奇、汪泽楷、黄五一、萧劲光、余江涛、朱少莲、朱锦棠、易礼容、谢怀德、宁迪卿、蔡增隽、向五九、易足三、何保贞、唐际盛、李涤生、毛泽民等，水口山刘东轩、蒋先云、贺恕、朱舜华、毛泽覃、戴晓云、黄静源、夏明翰、陈勋等，锡矿山萧石月、邹健武（觉吾）、刘炎等，平江余贲民、罗纳川、毛简青等，浏阳陈昌、王德吾、王首道等，湘潭罗学瓒、贺尔康、陈佑魁等，益阳夏曦、刘一华、袁铸人等，湘乡王基永、龚际飞、萧述凡等,宁乡熊亨瀚、姜梦周等,宜章颜秉仁、李佐民等,常德滕代远、滕久忠、粟裕等,石门袁任远等。

江西等地建党

江西建党后于两湖,但其进展颇速。

一九二一年间,江西学生在南昌成立鄱阳湖社,后易名改造社,主其事者为二中学生袁玉冰、黄道、邵式平,大同中学学生邵秀峰,甲种工业学校学生方志敏,第一师范学生邹努等。该社出版《新江西》,提出劳动神圣和改造社会等口号。先是江西南丰赵醒侬流寓上海时,与上海书记部人交往,获读北京、上海中共所刊工人运动书报,赵即在上海参加工人运动,并加入社青团。一九二二年十月间,赵醒侬自上海返南昌,与方志敏在东湖席公祠瓦子角开设新文化书社(一九二三年被封闭,一九二四年改为明星书社),并于一九二三年成立社会主义青年团江西支部,在一年间先后在江西省各县内成立团组织。方志敏原为南昌甲种工业学生,后赴九江南伟烈大学(即同文书院)附中读书,不久到上海参加社会主义青年团工作,同时又与北京马克思学说研究会通讯,受北京马克思学会委托于一九二二年回到江西,在心远大学成立马克思学说研究会,一切规模均与北京马学会相仿。

一九二四年一月,赵醒侬来上海亲向中央报告江西社青团工作日有进展,希望最近成立中共江西区组织。中央会议同意江西同志要求,并派我偕醒侬返南昌,协同解决江西建党有关问题。二人同船溯江而上,经过九江,沿南浔铁路赴南昌。南浔铁路工会组织,经醒侬介绍,会见其负责人。一九二四年二月,共产党江西区党部在南昌成立,赵醒侬任书记,曾天宇、方志敏、刘俊山、罗石冰、袁孟冰、冯任、黄道、王枕心、于溟涛、陈赞贤、王环心、王凤飞、邓鹤铭等为委员。工人运动方面,赣州陈赞贤负责,南浔铁路工会负责人为熊好生，划驳工会魏恨秋，海员工会为冯任，拣茶工会为涂克群（女）。江西省委自一九二五年开始开展本省农民运动，最先由方志敏在其家乡弋阳县建立塘湖村农民协会，一年后组织逐渐扩大。一九二七年，方志敏到武汉湖北省委参观湖北农运工作，居数月返赣，策动农民武装斗争。

江西党组织成立大会完成以后，醒侬送我自南昌至九江登轮，并在九江成立码头驳船工会小组，使与铁路工会联系。沿江轮船往来九江频繁，同时成立轮船工会小组。不久，遂联合成立九江党支部，后来参加收回租界斗争。

两人事毕，在候船期间，醒侬建议登匡庐一游。二人乃挂竹杖轻装怀茶饼数枚，步行登庐山，攀上绝顶汉阳峰，临含鄱口，时雨后新霁，白云来去湖上，偶从云隙中窥见鄱阳湖小舟如蚁，荡漾波心，如星点水珠，云雾四合，瞬息便失所在。顷刻间忽隐忽现，变幻无定。醒侬见状大乐，云，此景平常很难见到，自云："参加南昌建党大会乃个人生平最值得纪念事，首次登匡庐睹此奇景，更快胸怀！"此日薄暮，二人遂相偕下山抵九江，时轮已到埠，我遂别醒侬登舟东下，驶向安庆而去。启碇时，醒侬尚在趸船东首伫立，挥巾致意。自九江分袂以后，二人即未再会。我到安庆停留期间，从当地同志处闻悉特立夫妇在北京被捕消息，乃匆匆东归。

一九二六年八月十五日，南昌中共党支部被破获（在黎民中学），赵醒侬被捕，九月十六日被军阀邓如琢杀害（详情见《向导》一七五期悼赵醒侬文）。赵被害后，方志敏赴上海报告，一九二七年四月中共乃派陈潭秋赴南昌代理江西省委书记。

安徽方面中共最初组织为高语罕（笔名李中）等所发起。高原任安徽芜湖第五中学教员，一九二一年五月，高等组织芜湖学社，社员有李宗邺、王萧山、王岳庐等，后渐增加江常师、柯庆施（怪君)、茅廷桢(保定军校)、严季陵(灵峰)诸人。此外,在芜湖方面有万诚,阜阳方面有薛祚汉,潜山方面有佘大化等。

福建福州最初由北京马学会会员成立社青团,由罗明、郑学稼等所发起,后渐及厦门、漳州与闽南。罗明、郑学稼、谢濂清、罗怀盛、郭滴人、阮山、张凯、张高旭、林心尧、兰为仁、兰为龙、张鼎臣、邓子恢等为当地党与团的负责人,一九二七年后主要在农村方面发展。

四川的中共党与团组织。先是黄日葵自东京返国转学北京大学,即在北京入党,黄谈东京留学界思想近来极静,无波澜,惟四川王右木与江溟涛颇杰出。守常即令其写信,嘱王等归国时来京一晤。黄去信后久无覆音,越二年王右木归国,过上海忽往访我,时日葵已返广西,我亦忘前事,经王说明,始知王归国后遍寻日葵不得,因北京马学会宋天放介绍转辗来沪,到上海书店得悉我的通讯处,经过时间已逾一年。后中央即派王右木回川筹划建党与团事宜。一九二四年王右木到成都,时在成都高师担任教员,仿北京大学办法组织马学会,研究革命理论,先建立社青团(C.Y.)组织,随后又发展为中共小组。时成都方面有吴(玉章)、王等数人另组中国青年共产党,吴为当地官僚,政治经历丰富,请求两党联合,王右木据以报告上海中央,中央未理。吴乃走北京,在京时偶遇赵世炎,遂以同乡关系向赵游说,赵乃允其加入党,时称中共第一个大官僚党员。尔后吴运用纵横捭阖手段,一帆风顺,历任显职。

四川成都至重庆一带有大量矿山、盐井及手工业工人,上海中央原拟派王荷波入川协助当地中共党团组织发展工会及农民组织,但因西陲交通未便,迟迟未果行。五卅运动发生,南北局势大变,人手不够,此议遂告搁置。当时四川党负责人为:王右木、漆树芬、刘子青、郑右之、杨闇公等。王右木语我云:"'天下未乱蜀先乱,天下已定蜀后定',这是历史经验之谈,希望中央眼光烛照及此,多派几个能手,进入巴蜀奥区,将来一定会有惊人的成就!"从此以后,中央渐重视西陲问题。

云南地处偏隅,交通未便,最先有腾越路及个旧锡矿工人加入北方书记部,随后书记部先后派王懋廷、张延瑞等进入云南组织工会与成立党支部。当时云南昆明支部主要为张至刚、沐璆、王复生、龙润雨、吴度南等。张至刚,河北人,北方书记部成员,自请到云南工作。他说:"云南虽属边远地区,但滇池洱海,形势天成,且毗连国际通途,铜矿与锡矿,驰名遐迩,地位重要,矿工众多,是革命火井,可资割据一方,建立'劳动人民大理联邦'。"张后不幸为龙云所杀。

广州共产主义小组发起人为谭平山、谭植棠与陈公博,三人均北京大学学生,最先加入北京大学哲学会与新闻学会为会员,后又加入北京马克思学说研究会。谭等毕业后遂返广州,时仲甫任广州教育委员会委员长,因北大关系,均被延请到教育委员会工作,在广州从事宣传马克思学说,后来乃组织工会,并进一步成立党小组。广州成立中共小组,后渐扩张成立省委,主要成员为:谭平山、苏兆征、林伟民、何耀全、翟汉奇、杨殷、罗绮园、冯菊坡、陈炳生、杨匏安、彭湃、刘尔崧、梁复园、阮啸仙、罗珠、杨章甫、郑全、白浩之、黄平、陈郁、兰裕业、江秀珠、梁桂华、马骏、陈延年、李森、烂风炉(陈发)、周文雍等。

广西中共党团工作由广东区委兼理,首在桂林与南宁成立党团组织。当时桂林方面党组织主要成员为:谭寿林、梁砥、马骥、黄日葵、韦佩珠等。南宁为雷天壮、雷沛涛、周仲武、梁六度等。

国共两党争衡

国共两党从其理论、政纲、历史渊源与组织各方面观察，俱鲜共同处。其联合反对当前敌人，本属一时权宜之计。故两党分歧乃属事理当然。开始表现为局部冲突，后尔渐渐显著，最后各思控制全部政权，国共争衡便循此方向向前发展。现就国共双方自一九二四年至一九二六年间（北伐前），矛盾与冲突初期发展情况简述如次：

斗争序幕

国民党上海支部为执行部直属支部，所属党员成分，大部是寄寓租界的国民党元老与中级干部，及上海大专学校教员、学生，人数约二千多人。上海支部党员大都是改组时重新登记取得新党证的人。但有一部分元老自恃功高望重，为了保持个人威严起见，不愿重新登记，暗中鼓动一部分党员与执行部对抗，此即当时所谓右派，其主要人名为：谢持、冯自由、何世桢、喻育之、童理璋、周颂西、高冠吾、缪斌、陈群、陈德征、倪弼与周佩箴等。

执行部改组时经过会议决定，对于国民党旧党员举行重新登记，进行甄别，须经常过组织生活。起初多数旧党员观望不前，胡汉民与汪精卫乃以身作则，带头进行登记，其他老党员无可奈何，只得遵行，但亦有少数人如谢持等不愿填表，以示反抗。

当上海支部成立时，国共双方推举我出席该支部成立大会，监临指导选举支部委员会，成立新机构。时支部中右派分子计划夺取支部领导权，闻讯到场参加，在会议进行中，右派分子嗾使高冠吾等出头与指导员寻衅，有意制造纠纷。当场高等见到本派党员票数不够，乃决意破坏上海支部成立会议，当场指挥预先纠合的流氓打手冲上主席台，意在绑架执行部派来主持会场的我。会场纠察队为维持秩序起见，乃立起制止，将右派领队高等扭住禁闭，并将流氓驱逐出会场，才免肇流血事故。

上海支部斗争结束以后，国民党右派分子不甘失败，时思报复，夺回支部权力，后来乃不断发动进攻，雇用流氓刺客，谋杀中共党员，后来中共党员黄仁被右派杀死，上大学生林钧被殴伤。右派分子在上海失败以后，谢持等乃到北京组织西山会议，并搜罗一部分政治失意青年参加西山会议，称太子派。又缪斌在广州参加三月二十日事变，继续与中共及左派做斗争，中共干部在斗争中时有伤亡。

双方争执

广州一代会上国民党代表有人提出，总理曾说过：三民主义包括共产主义在内，因此国民党可以容纳共产党。但共产党参加国民党后如仍保持自己的党的组织，在国民党发挥党团作用，则国民党将不能容许。右派以此为借口，鼓动会场反共。因此，守常立即向大会声明说："第三国际所属支部共产党员以个人资格加入国民党而非以党团作用加入，加入后服从国民党主义，遵守国民党党章，参加国民革命。"会后党内有人责守常所说过于迁就，守常说："不如此不能转圜。"某代表说："话虽如此，但是中共与国民党究竟不能合穿一条裤子走路，我们应有以自处。"守常旋悟，并加意戒备，随后在北方，国民党右派分子许宝驹、王汝璂等竟对北方中共展开激烈斗争，使北京中共组织蒙受极大损失，最后演出交民巷苏联大使馆案，均与北京国民党右派分子活动有关。

在一九二四年至一九二六年间，中共中央与国民党间发生过多次笔战。如一九二四年九月间，国民党右派借口让社青团团刊七号所载三个决议为中共政策要瓦解与吞并国民党，乃印行《共产党破坏国民党证据之一部》公开散发，攻击中共。独秀乃以"我们的回答"为题，在《向导》八十三期刊布一文，答辩指出右派错误为：1）反对为工农利益而奋斗。2）集中全力于军事行动。3）反对蒙古民族自决。4）与帝国主义妥协。5）与个别军阀妥协。6）反俄及所订的中俄协定。7）诬蔑共产党受俄运动费等。

国民党右派以胡汉民、张静江、戴季陶、孙科、叶楚伧为巨擘，胡、叶、戴等初虽一度参加国共合作，但一代会后故态复萌，而以胡为最显著。因为胡汉民对国共合作事最初反对甚力，屡向孙进言说："苏俄与中共狼子野心，不可与共事，前途堪虑！"孙云："有我在，他们不敢捣乱。"胡默然。但胡对人尝云："俄居西北，今之鬼方也。昔殷人伐之，三年始克。吾人引鬼入室，将大不利！"但因孙中山另有计量，坚持联俄以张声势，并利用中共为做群众工作，胡难与孙抗，遂隐忍持重，勉为其难，出任执行部组织部长。胡对苏俄及中共，时觉如芒刺在背，惧祸及己身。后赴俄考察，归国人问其留俄感想，他说："苏俄乃一个革命独占的专制国家，党以外不容他党存在，党以内不容异议存在，这是值得国民党学习的地方。"因此提出"党外无党，党内无派"口号，以制服中共。此理论后为蒋介石所采纳，作为施行党、政、军独裁基础。

国民党在宣传战线上坚持与中共对垒者为戴季陶。戴脱离中共后，即欲自起炉灶，出人头地，因捧孙为大圣，想吃冷猪肉。读其文者谓戴文体有呼风唤雨、飞刀杀人意气，与吴稚辉为文阴阳怪气，有异曲同工之妙。先是一九一九年孙中山在上海设立中华革命党事务所，胡汉民、汪精卫、廖仲恺等麇集上海，刊行《建设》杂志，未几停刊。至是恢复，改名《新建设》，由代英与我等撰文（撰文见该刊第一卷各期），戴恶该刊对己不利，勒其经费，未久即告停刊。

当时戴季陶在理论上攻击中共最力，仲甫于一九二五年八月三十日亲草长函与戴辩论，长达万言，从理论上驳斥戴文缺乏革命观点，并诬枉民众事实，戴理屈词穷，无法自辩，转请求笔下超生。（据云：戴季陶接仲甫信不胜羞愤，时正饮茶，立将茶杯掷地，对座客邵某云："请转告陈先生笔下超生，我戴某誓与中共不同戴天！"人言戴号天仇，至此始获真诠。）

一九二六年九月张静江为北伐筹款等问题致函仲甫质问，词色甚严，仲甫乃于九月十三日作答，坚持原则不让，谓北伐不能牺牲民众利益，张乃默然。

一九二五年十一月萧楚女以抽玉笔名刊行小册一本，题为"中国国民革命与中国共产党"，批评国民党右派人物，词旨甚厉，国民党大为震动，拟大兴问罪之师，以此为借口，主张两党分家。当时中央有人亦不以萧个人自由发布意见为然，中共于十二月二十日在《向导》申明，该书为个人意见党不负责，以推卸责任。

黄埔军校壁垒森严

黄埔军校是国共双方争夺军权的焦点，国民党向来是以策动军事政变为主要策略，因此他对军校怀有独占的野心，不愿中共插手。但是在建立军校物质与精神方面，国民党必须依赖苏联援助与中共的支持，所以在建校之始，形成双方对峙局面。同时也在酝酿着冲突，经常保持剑拔弩张的紧张状况。

先是，国共合作开始时即考虑到建立革命军队，而建立革命军队又须从培养军事干部着手，因此在国民党一代会后即决定设立黄埔军事政治学校。设立军校首须解决经费、武器与军事、政治教练干部等一系列问题。在上述方面是完全依赖苏联供应与中共支持。关于经费问题，鲍罗廷到达广州时立即交付现金十万卢布作为军校开办费，随后又续交五十万卢布，二者合计为六十万卢布。在武器方面，当时广州有中型兵工厂，每月只能生产步枪及马枪约八百支，子弹一百万发，因此对于当前需要实属缓不济急。于是苏俄决定供给军校步枪八千支，于一九二四年十月运到广州，并即利用此项武器镇压商团暴动，事平得商团步枪五千支，盒子枪四千三百支，手枪六百六十支，各种枪弹四百三十万发。当苏俄政府金钱武器源源来到中国时，中国国民党与广州国民党政府欢声雷动，有人竟说："这是天赐其便，'远方漂来涨水财'！"

蒋介石于一九二三年曾到苏联作军事政治考察，归国后主张中国实行共产主义。蒋说："实行三民主义就是实行共产主义，反对共产主义，就是反对三民主义。"因此建议国民党应加入第三国际，成为共产国际支部。鲍罗廷对蒋言论极赏识，许为军人中左倾中心，即提出以蒋介石任黄埔校长，邓演达任政治部主任。一九二四年春季即在上海执行部招生，由各省、市国民党选拔学生报名投考。在上海执行部考试，第一次招生录取蒋先云、陈赓、刘子丹、胡宗南等四百六十名，其中有少数安南、朝鲜、蒙古及华侨学生如崔庸健、朴太熔、黎铁雄、黎鸿峰等是。黄埔军事政治学校遂于同年五月五日开学。黄埔成立时，苏联派遣军事顾问：克拉却夫（Krachof）、赤里般洛夫（Chilipanof）、波沙什民可夫（Bocachminkov）、加列里（Karely）、户林（Furin）、卜里别列夫（Pripelev）等，到校做建校工作。中共派遣谙习军事党员：郭增昌（山西人）、金佛庄（浙江人）、胡公冕（浙江人）、张隐韬（河北人）、茅廷祯（安徽人）（以上均保定军官学校毕业）及烟台海军学校的李之龙（湖北人）、郭寿昌（福建人）等，担任黄埔教练职务。并同时派遣若干中共民运工作人员担任政治教官。

黄埔成立初期，由于苏俄慷慨布施，国民党对苏俄与中共依赖正殷，蒋介石对鲍罗廷尊敬如同师傅，遇事言听计从，双方关系尚称融洽。但是随后蒋介石羽毛渐丰，遂心怀异志，一反以前言行，凡关涉双方权益事项，事无大小，斤斤计较，锱铢在所必争，造成壁垒森严的阵容。当时国民党蒋介石占据军事教练的主要地位，在这方面教官有李济琛、王柏龄、何应钦、刘峙、顾祝同、钱大钧、陈诚、邓演达等。学生中拥蒋有关麟征、胡宗南、贺衷寒、康泽、邓介民、邓文仪、酆悌、刘咏尧等，组织孙文主义学会等与中共对抗，双方从展开笔战以至直接冲突。当时黄埔方面中共政治教官有：恽代英、高语罕、颜昌颐、萧楚女、安体诚、王懋廷、周恩来、张秋人、聂荣臻、杨其纲、熊雄、廖化平等十余人。学生方面在一九二四年黄埔第一、二两期起有中共党员蒋先云、陈烈、周逸群、陈赓、段德昌、李鸣珂、陈恭、俞墉、王一飞、李之龙、徐会之、熊受暄、许继慎、余洒度、苏先骏、林彪、刘志丹、李天柱、粟裕、罗荣桓等二十余人。至于校内朝鲜、安南、蒙古学生，其中一部分（如黎铁雄等）参加中共，另一部分参加国民党组织。时李瑞（后改名阮爱国，即胡志明）、胡松茂、崔庸健等均在广州活动。

黄埔军校在军事干部训练方面，自一九二五年起加紧进行，依苏联军事顾问沙波什民可夫的建议，提出训练营、连、排干部计划。一九二六年春特设下级军官训练班，是年夏季又设政治训练班。黄埔军校全体学生三千人，战时编成两个学生军教导团，因此发挥着高度的战斗力量。中共党组织在黄埔军校学生中人数虽然不多，但在两次东征中，却发挥了重大的推动作用。据蒋先云告我说："一九二五年二月第一次东征惠州时，陈炯明及其同盟军约五万人以上，我方以少击众，得到广九铁路工人援助，运兵迅速，二月十日淡水之役，组织敢死队肉搏坚城，中共军官党员踊跃参加，党员蔡光举、张隐韬、刘畴西、冷欣等率队冲锋，蔡光举中弹阵亡。棉湖之役与敌军林虎主力鏖战，死伤惨重，我方炮兵连奋勇破敌，击溃敌军。四月间东江之敌大部肃清，俘敌七千余人，五月底战事结束，敌军万余人向江西溃退，中共党员连长郭俊、刘畴西等阵亡。一九二五年十月第二次东征，占领海陆丰，克惠州，中共党员团长刘尧宸、营长谭鹿鸣、唐同德阵亡，营长蒋先云负伤。在东征战役中，中共党员英勇善战，使蒋介石喜惧交集，既喜中共党员效命疆场，可为国民党服役，又惧中共在军事方面势力膨胀，今后将难以控制，因此数月后即有三月二十日事变。"

三月二十日事变

国共冲突以一九二六年三月二十日蒋介石采取突然袭击，夺取中山舰为发展到最高峰。三月二十日事变以中山舰为导火线，因此首先应将广州政府海军改革情况附带说明。

先是，广东海军组织非常腐败，由广东系海军军官欧阳格、欧阳林、舒宗鎏等盘踞。一九二五年六月成立海军局，以苏俄西曼洛夫（Simanlov）为局长，哥勒尼（Koleny）为顾问。海军局为清查现有海军舰艇、器材、武器、弹药起见，乃建立军需监督制度，对海军进行彻底整理。国民党当时对西曼洛夫局长并赋以整顿与建立海军的全部权力，用意在希望从苏联方面获得舰艇补充，因为当时广东政府仅有四百吨以上级军舰七艘，一百至四百吨级军舰九艘，一百吨以下炮艇四十四艘，共计有大小炮一百二十五座。但苏联认为当前迫切任务是北伐，海军还在其次，所以未注意及此。在航空方面，广东政府原有旧型飞机七架，内一架为水上飞机（法国制造），虽聘西尔哥耶夫为航空顾问，但在国内战争中亦无重大作用。当时海军局为增强主力军舰战斗力起见，乃派李之龙为中山舰舰长。

李之龙为湖北沔阳人，初在武昌外国语学校肄业（与李求实同学），后考入烟台海军学校（与郭寿生同学）。一九二一年初因参加学潮被开除，一九二四年考入黄埔军官学校，取得中共党籍。当时中共党员学习海军者只有李、郭二人，由于工作需要，任李为海军局政治部主任，至是乃改任李为中山舰长。由于中山舰是主力舰，装备居各舰首位，所以国民党海军旧人阴谋复位，策动反抗，匪朝伊夕。同时蒋对中山舰的炮火威力时感恐怖，认为威胁国民党及自身的生命线。在事变中，李之龙受蒋愚弄，被诱捕，中共第一回合遂告失败。（李之龙素缺乏革命斗争经验，平日生活浪漫，与名伶某结婚。挥霍无度，被党处分。三月二十日事变后乃脱党携妇赴香港做寓公。一九二七年回武汉工作，武汉政府崩溃后，李于一九二八年春潜回广州，被广州军警逮捕杀害。）

三月二十日事变，独秀时在上海，数日后接到事变详细报告，已无法采取有效措施，后乃函蒋介石责其败盟。蒋见目的已达，故仍在口头上向鲍罗廷发誓表示忠诚，鲍见事已如此，无可挽回，只得承认既成事实，忍让了事。一九二六年六月四日独秀致蒋介石信，晓以革命大义，说："国民党于三民主义共信之外，应有别信，中共对冯玉祥尚且爱护，何况蒋。"劝蒋不应自绝于革命。蒋接信后仍是抵赖敷衍，毫无悔过诚意。

三月二十日事变后，蒋见鲍对己优容，乃组织黄埔实力派以植私党，并大肆排斥异己，拉拢中共不肖分子。又借口黄埔军校政治教官高语罕有讥讪蒋介石言论（说高曾向黄埔学生演说，要打倒北方段祺瑞，就要先打倒广州的段祺瑞。）逼高辞职，高遂于五月二十五日被迫离开广州。当时独秀认为小不忍则乱大谋，中山舰事已吃大亏，语罕问题比起来还小，不应坚持，因令高为文辟谣。某曾批评独秀此举亦属蛇足，独秀亦未置辩。

三月二十日事变，《向导》屡刊文揭露国民党右派分子缪斌等反动罪行，缪不自安，因央人向〇〇〇说情，冀和缓其事。〇〇〇受缪重托，遂为缪投函辩诬，中共中宣部大哗，认〇〇〇为缪说项，可谓敌我不分，陈延年尤为不满。缪于一九三九年与王克敏、江亢虎、汤尔和、高冠吾等狼狈为汉奸，日本投降后缪被处刑。

大革命高潮及其危机平行进展

国共合作初期争衡局势发展略如前述，但就全域观察，当时国共双方在打倒北洋军阀共同要求之下，内部冲突发展受到相当限制，因此还不致完全破裂。同时就主动合作的中共本身言，当时尚能盱衡全域，以掌握工人运动为革命主力，同时发动农民群众，建立革命群众基础，以与敌党相周旋，尤为重要者厥为当日中共内部团结一致（时东方大学首次组成彭述之等小宗派尚未抬头），实力充沛，故在运用剥笋策略时，颇收以左制右之效。从国民党方面观察，国民党从一九二三年至二七年间，内部不断分化，使中共得以从容应付，推动与领导国民革命斗争稳步向前发展，遂形成一九二五至一九二七年的革命高潮。但自一九二七年后，情势逆转，两党所处形势急转直下。时国民党内部冲突虽然存在，但在与中共对立情形下，却促成内部团结，保持对中共一致，逐渐增大右派实力，对中共反守为攻，而此时中共内部在斯大林控制下，长期党内残酷斗争，实力日削，客观上帮助巩固着国民党的统治优势，大革命危机平行进展，最后革命失败遂成定局。至一九三一年以后，中共党本身组织竟全部瓦解，革命路线远离轨道而蜕化变质，此后革命斗争精神与实质，方之一九二七年前中共革命遂成两橛，而面目亦全非。

关于所谓两条路线（即上海路线与广东路线）：一九二七年鲍罗廷回国，经过二年后鲍向苏联科学院做中国革命问题的报告，回溯三年前往事说："三月二十日事发，时上海与广东路线不同，本人对蒋主张制裁。"因此发生所谓大革命前两条路线问题，其实当时鲍在广州负政治全责，季山嘉被逐，蒋首先背盟向苏联顾问攻击，鲍如果认为应该制裁蒋，便应当机立断，立即下令反攻。广州、上海间电讯往返还须经时日，事机迫切，胜负决于俄倾，当时上海中央断无遥为制止之力。不过如果反攻，广州将立陷于炮火之中，胜负未可预断，鲍素持重，所以未出此。三月二十日事变，中共中央及国际代表对蒋介石一致同意采取容让政策,意在赢得时间,完成北伐。蒋长期观察,看透了鲍罗廷心理,所以敢于出此冒险行径。事后国际来电同意此举,鲍回国述职,转回上海时向中央做报告,亦未言及国际对此有何异议及纠正意见。又依常理推断,如国际对此事不同意,对鲍一定给予处分,并撤换其领导工作,对中共中央亦当有所批评或处理,但国际当时既无表示,事后亦无文献可凭,因此,所谓两条路线,显非当时实际情况。因此对蒋介石反共阴谋鲍与中共早悉其奸,党内同志亦洞若观火,当时问题只是选择适当时机,以膺惩蒋。事后判明,最好时机应在蒋进入江西遭遇挫败之际,当时武昌已克,独蒋军一路不进,如乘机撤销其军职,则名正言顺,蒋亦无力反抗。此机一失,遂遗后日大患。

欧洲十国行纪

一九二四年六月，我因事到杭州参加浙江省委会议，会议正在进行中，沈玉城从上海来，转达中央电云："有急事须即日返沪。"我于会毕偕秀松返沪。下车后往见仲甫，坐甫定，仲甫说："前晚魏尔德送来莫斯科急电，国际五大会须中共代表出席，又将于八月在德国汉堡召开国际运输工会会议，大家希望你代表中国党与工会前往出席。"（先是二月间，运输国际曾函我谈及此事。）我因问："何时启程？"仲甫说：此行须在莫斯科出席第三国际第五次代表大会，会后须到德国汉堡、柏林、巴黎等处，顺便接洽及处理许多问题，所以早些动身为宜。为了节省时间，决定经过西伯利亚铁路、波兰华沙前去。因立即通知召开中央会议讨论与文虎此行有关任务。中央会上当即决定我在往欧洲时应该处理的各项事务。

行装与护照

行前，仲甫到瑞兴里找我，因问："行装准备齐全吗？"我淡然答道："没有甚么可准备的。"秋人笑说："你总不能穿着旧蓝布衫和布鞋，在柏林大街上踱方步呀！"随见荷波夫人阿绣捧出衣服一包送给我，说："这是荷波结婚时做的西装，因嫌小，一向没有穿，你带去吧。"我试了一下，却还合身。阿绣向我道："你正忙，我比着你的身段到石路估衣铺给你买两件衬衣就是，袖扣领带等就不必再买了。"仲甫说："这样也好，只是出国护照一事，昨天秘书处派人去接洽,回报说要经几国领事馆签字,数日之内,恐怕拿不到手。"我说:"此事已由张宝泉介绍,托寰球学生会朱少屏去办,大概可以快速办好。"仲甫说:"那就叫秘书处派人去催取,你忙你的事去。"说罢,大家方同散去。

我先到国际代表处,要他先回电给莫斯科及柏林方面知照,并通知北京苏联大使馆优先签证入境护照,护照所用名字是罗求远,职业是上大教授,任务是游历与考察。事毕,当到环龙路四十四号关照执行部。时胡汉民与汪精卫均在办公室,见我有事远行,知不可留,乃决定请我将所遗留工作暂由润之代理,希望事毕早归。越二日,寰球学生会送来德、法、荷、比、瑞、奥等国领事所签护照,沿途均可下车停留游历。

交民巷初见加拉罕

我将中央工作交代清楚即登车北行,春熙与长荣等深夜到上海北站相送,火车沿途未停,到北京正阳门下车,即往城内与北方区委诸人见面。相别一载,暂获聚首,并知在此期间北方区男女同志陷入囹圄者又有多人,忧思如焚,彻夜不寐。北大旧同学闻讯来寓晤谈者亦竟夕留连,不忍遽去。我到京后,即驱车到交民巷苏联大使馆办理护照签证,加拉罕(L.I.Kanalhan)大使因事先已得电,亲出招待,不一会手续办理完竣,加留我共餐,畅谈各事及通过波兰、拉脱维亚、立陶宛等国境时应行注意事项。我见加拉罕器宇开朗,颀长白晰,微有髭髯,仪容甚美,其夫人亦堪称绝代佳人。见其谈吐磊磊,卓尔不群,确是政治界峥嵘人物。

我自北京西站登车一路出山海关后转南满铁路、中东铁路至西伯利亚,共行驶约二星期始达莫斯科。在西伯利亚国际列车中偶遇瑞士表商母女二人,同行赴柏林,大半月的旅行生活就在互相漫谈中度过。她拿出一本旅行地图,绘有 Daysy 图案,自称乃其本人名字。地图中附全球各地时间差距,其中"苏联时区"详图,记载自苏联国境极东角,中经伯力、赤塔、伊尔库次克、阿姆士克、乌发、莫斯科以至列格勒,每经一处时间辄相差五分,前后共差五十分钟。我到莫斯科在卢克思(Lox)旅馆晤守常。休息十数日转车经华沙、里叨等城,途中稍有停留,经过一星期始达德国西北海港的汉堡。

汉堡会议

我到汉堡时已届深秋,下车后即偕舍哈罗夫斯基(Cha-chanorsky,赤色职工国际代表)、西马温往访国际运输会议负责人菲门(Fim-men)商谈有关会议诸问题。这次会议原是欧洲运输工人国际宣传委员会所发起,该会为产业组合性质的工会,所属工会包括十一国铁路工会及八个国家的海员工会,其主席为荷兰人菲门与英人威廉(Wieliam)二人,共有会员三十万人。出席会议代表凡二十三人,其中苏联运输工会的代表因入境护照未就未到会,临时改由赤色职工国际代表出席。开会前正值国际运输工人协会亦在汉堡召开会议,因此菲门与威廉提议联合举行,但该会讨论结果只允许中国、爪哇及苏联代表参加,不欢迎其他国的代表,理由是中、苏、爪哇代表在国际方面群众斗争颇有地位。中、苏、爪代表不愿单独行动,结果未参加该会,仍照旧分别举行。此次会议期共历一星期,自八月十二日起至十八日止,结果左派势力大增,我当选该会书记兼会刊主编。

(关于我出席汉堡国际运输会议讨论与决议情形,详见其所做报告,在一九二五年五月《中国工人》第三期刊布,可参考。)

汉堡自中古以来即为欧洲古汉沙同盟(Hansa)最大的商港,旧为不莱梅汉沙同盟商业战场,对世界一千多个港口通航,有航线二百多条,每年进出口船舶约一千五百万吨,每月出航轮船约五六百艘,码头装卸起重设备一律是自动操作,因此号称世界运输工人重大基地。同时也是德意志共产党领导工人斗争的重镇，这里的斗争是与德意志共产党相关联的。德共成立于一九一九年一月，是年一月十日，不莱梅成立苏维埃共和国，同年一月十五日李卜克内西与卢森堡被杀。同年四月十三日至五月巴伐利亚暴动成立苏维埃共和国旋即失败。一九二三年十月二十三日至二十五日汉堡工人武装起义，不久即被镇压下去。在汉堡起义失败后，一九二三年十一月希特勒在慕尼黑发动武装暴动，同遭失败。一九二三年十一月二十三日爱伯特（Elbert）下令解散德国共产党，德国共产党转入地下活动，台尔曼出走。一九二五年十月十二日，苏联与兴登堡德国签订苏德商约，由是德国工人革命渐告停息。汉堡运输会议的时候，恰是德国正处在资本主义相对稳定时期，也就是说一九二三年十月下旬汉堡起义的群众斗争苦战三天，方被压服以后不到一年，当时反革命派趾高气扬，普遍实行降低工资、延长工作时间，增加劳动强度。因此大会上一位工人向我说道："计件工资等于谋财害命。"会毕，国际运输工人协会邀请我做报告，我以"远东工人革命"为题，讲了二小时，听众五千人。《汉堡日报》记者甄尼（B.Jeny）向我详询关于中国革命诸问题，并谈到一九二三年的"二七"斗争。她说这次罢工引起欧洲人士很大的注意，中国军阀是暴力占上风，你们却获得道义上的胜利，道义将是最后的胜利。有一位运输协会会员于听后与我攀谈，自言常出航到中国上海、天津各埠，如有需要可以相助，并可设法秘密运送武器等。我回国后派人经常与汉堡进口航轮取得联系，获得帮助不少。

阿姆士特丹重晤马林

马林自离中国后即返荷兰担任码头工会秘书，他于会后约我到荷京阿姆士特丹（Amsterdam）访问，约经一周时间，即暂寓其家。其夫人热忱招待，有如家人弟兄。荷兰是世界闻名的航海国家，其海员工作效率为欧邦先进。阿姆士特丹，港政修明，足与汉堡相埒。但见海上艨艟巨舰，往来如织，工人组织极严密，生活与文化均极可观。马林尽数日工夫陪同参观造船厂、堤防工程以及近郊农场，其牛奶奶酪蔬菜生产量丰质高，不愧为欧洲诸国的厨房。东方专制大国毫无民主，视此蕞尔小邦，经济、政治、文化均远所不及。马林对中国革命备极关怀，他告我："中国是农业大国，无民主习惯，推翻一代统治者在中国历史上极平常，但要建立民主制度却有重重困难。通过工人运动可以接近民主，纵有困难，不宜灰心，舍此以外更无达向民主的道路，可谓徒劳！"我住马林家连夕倾谈，多涉及中国革命往事。

在汉堡时有同志自比国来请我过卜鲁舍尔与当地同志接谈（熊雄等在比国），因时间不足，中途停留二日，即登车南行赴巴黎。

巴黎十日

我自荷兰回航转车直赴巴黎。先是，C.Y.旅欧支部已从上海得信知道我现在汉堡，因直函我，接洽赴法事，我遂决定先赴巴黎再回柏林。火车进入法国国境后，大战疮痍经过五年尚未平复，有些地方仍然是一片荒墟。（在第一次世界大战中，法国十分之一国土为炮灰平毁，私人住宅三十万所，公共建筑物六千所夷为平地。铁路二千四百公里，公路五万公里毁坏无余，无家可归之难民二百余万人。）但进入巴黎则歌舞升平，一片繁华富丽景象。昔人云："人生不到巴黎，枉活一世。"所以世界富翁无不腰缠十万，航海航空，来到巴黎，虽尽数日之欢，胜居乡土十年。

我到巴黎寓十三区意大利广场附近小旅馆内，翌日召开支部全体会议，在会上报告国内政治及党的政策与工作约半日，余时与旅欧支部同志谈工作及转学东大问题等。时留住巴黎支部同志有邓希贤（小平）、聂荣臻、刘伯庄、周维真、李鹤林、赵世炎、陈毅等均四川人，另部分同志如王人达、陈闻福、汪泽楷、萧子璋、李富春、李维汉等均湖南人。支部出版《少年周刊》，由任卓宣主编，油印发行。勤工俭学在法国分裂为若干政治派别，蔡和森等组织工学世界社后脱变为 C.Y. 法国支部（陈乔年、陈延年为无政府主义，李立三、罗汉为工团主义）。曾琦等组织青年党，徐特立组织社会民主党（徐原名懋恂，自费赴法），还有些人加入国民党及其他政党。一九二一年二月二十八日勤工俭学生结队示威要求生存权与求学权，被警察驱散。十月学生发动占据里昂大学，被军警包围，拘押于炮台内，后来学生一百零四人遂被军警押送登轮，强迫回国。勤工俭学运动至是宣告失败。新民学会会员陈绍庥、杨楚、陈馥梅、冯斌、朱子文等因穷困客死巴黎，熊光楚、邹彝鼎等不知下落。至是我与支部会议决定，所有支部同志一律送东方大学学习，支部解散。

时陈启修亦在巴黎（陈留学东京时曾舍身拯溺，蜚声于时，后为北大教授，中西学问均有根底，在北方区加入中共为党员。大革命失败后，改名豹隐，不问党事），与我同寓，暇时常出外游览枫丹白露、凡尔塞宫，登艾非尔铁塔，塔高三百米，凡一千七百级，又同访芦花博物馆、蜡人馆等处。我并代表中共中央访问法共中央于《人道报》馆，与塞马（Semard）、加香（Gachon）等会谈。据《人道报》主编谈，他们常译载《中国工人》周刊及劳动通讯社消息。

游历德国

科隆（Koel），乃德国西部工业重心地带，乃德国人文荟萃之区，曩读哈罗德咏莱茵诗令人神思飞越，故留科隆三日，以遍游附近教堂博物馆等处。科隆又德国各派自由思想策源地。马克思及其论敌"自由人"（Freimann）派领袖包叶尔（Bauer）等均在莱茵河岸活动。特里尔（Trier）在莱茵地区，为马克思故乡，乃往访问。马翁生于特里尔市，柏来根街（Breiken St），故居为二层楼房，十分寂静，不为当地人所重视，与荒烟蔓草为邻。古人云："千秋万岁名，寂寞身后事。"信不诬矣。一八四二年一月马克思创办《莱茵报》即在科隆出版，布鲁洛（Block），鲍尔三人共任该报编辑，一八四三年一月被封闭。是年秋，马克思离莱茵亡命巴黎。五年后，（一八四八年五月）重返莱茵，主办《新莱茵报》。一年满后（一八四九年）又被逐出境。一八四九年六月，马克思移居英伦苦读著书，历十五年未参加实际斗争，至一八六四年始重新参加革命活动，建立第一国际工人协会。至一八七二年国际工人协会分裂，其活动亦告终止。综观马克思一生，一受困于敌人，再被迫于同志。一八五〇年他在共产主义同盟竟被后起的"同志"将他斗倒，驱逐他出盟。论者谓其敏于见事，昧于知人，信然！

在德国居柏林时间较长，初寓动物园旅馆（Hotel Zoo），后移居哈罗登堡，居停主人为古亨夫妇。古亨为柏林大学图书馆员，家藏典籍颇富。休假日共同驾车出游，因此得遍观博物、图书，参观科学文化、剧院、学校、医院，获益良多。曾特访薄次丹（Potsdam）弗里德里希第一王宫，并畅游珊沙西宫（Sans souci，即无忧宫，与南京莫愁湖同义），泱泱大国，风度非凡！宫殿巍峨处，见有旧风磨一处立于路旁，乃弗里德里希时遗物，象征司法独立与尊严。汪湖（Wansee）景物亦极清幽，荡舟其中，尘嚣悉泯。

当时德国共产党已转入地下工作，柏林仅有《红旗报》司对外联络事。我曾秘密与德共商谈双方在汉堡互相联络与交换书刊文件等事。经德共介绍，我曾到爱森（Essen）参加鲁尔（Ruhr）工人大会，并会见台尔曼以次几位德共中央的同志。因为台尔曼是汉堡人，所以大家都很有兴趣谈到汉堡暴动的事。台尔曼后被人所胁制，深为党内斗争所苦，德共力量大为削弱，最后于一九三二年为希特勒所拘，囚于枫林集中营，凡五年率被害死。

居德国时，曾偕御秋等游览欧战遗墟。先到东线考察，临观德俄双方大军交锋处。其最大战役为坛仑堡战役（松山战役），Tannenburg 为德俄边境一个山城，双方主力集中会战于此。德军方面统帅兴登堡，设谋诱敌深入，一举而俘虏俄军三十万人。俄军既溃，德军遂转东欧直薄南俄，订结 Litorsk 条约而还。东线战役结束，德主力随又转趋西线。当时德军如飘风骤雨，突破法兰西重重防线，迭克名城。

在德法边境沿线行径 Sedan、Maitz、Feuerbach、Balf 等城镇。此诸地区乃五十年前普法战争大战场。据当地文献说：一八七〇年七月十九日法国对普鲁士宣战，一八七〇年八月上旬，双方战幕正式启开。法国方面动员八个军约二十五万人，由拿破仑第三亲自指挥。普鲁士方面共十四个军约四十万人，由 Molke 指挥作战。双方在亚尔沙斯、福尔巴赫激战，法军战不利，后退。最后色丹要塞陷落，法王路易·波拿巴出降。这次战役，普军俘虏法军官兵共十余万人，缴获尤多。毛瑟如林，巨炮千门，辎重山积。色丹战役结果，使欧洲霸主易位。又经此一战，德国遂以"善战"（战争行家）驰名于世界。德意志国歌有云："德意志啊，凌驾万邦！Deutschland ueber Alles！"即原于此云。

奥地利　瑞士

奥地利在第一次世界大战前以奥匈帝国而称霸东欧，大战以后声光渐暗淡，但其立国规模、物质与精神均有独特之处。因此维也纳乃西欧音乐、绘画、文化名城，兼产名酒，驰名寰宇。我所到之处，当地同学聚餐欢迎，并晤王彦章夫妇。归后又往巨人山（Riesenberg）游览经旬。

从巴黎返德国途中到瑞士，在苏黎世与日内瓦盘桓数旬。瑞士兼行德、法语文，经济先进，政治清明，且为永久局外中立国家。境内风光旖旎，人物殷庶，为世界旅游事业中心。钟表输出供应世界，每一个工人生产价值百什倍蓰于普通人民，故人民生活优裕，政简刑弛。此行亲见到《威廉·退尔》（Wilhelm Tell）剧中所描写的湖光山色。导游者言："威廉·退尔为中古瑞士历史英雄人物。彼原为普通猎夫，偶携子从乡进城，因未向王冠脱帽致敬，被国王训斥，乃令其子立在数百步外，头上置一苹果，然后命令猎夫去射落苹果，如射中，即免其罪。退尔弯弓命射，一发而苹果落地。国王见其箭袋留有一箭，因问猎夫何用，猎人答道：'如果未射中苹果，即当用箭相饷。'国王大怒，命拘猎夫，旁观市民数千人，群表不平，齐起斥责国王，猎人乘机号召全市人民起义。市民从之，结果驱逐国王，成立新邦。"此事使历史戏剧化，令人神往！

东欧诸邦

东欧诸邦自地理与政治经济方面言，独辟境界，自成风气，素为世人所瞩目。巴尔干半岛为第一次世界大战触发地，由于当地民族复杂，犬牙交错，招致国土分裂，千百年来几人称霸，几人称王，群雄力竞，纷争未休。

一九二四年正当第一次世界战争结束后五年，大战疮痍犹未完全恢复，东欧罢工浪潮高涨，革命此起彼伏！整个世界仍在动荡不安之中，东欧诸邦形势也是这样。我逗留柏林、巴黎与莫斯科的时间较长，但来去均经东欧诸邦，下车访问，留连光景，博访异闻，阅历亦多。如所周知，波兰、捷克号称名藩，实东欧经济政治重心所在。波兰首都华沙（Waschaw）为东欧四战之地，二次被列强瓜分。（按：波兰被瓜分始于一七七二年。）但其人民发奋图强，学术、文化、音乐、艺术戛戛独造，前途正未可限量，今后半世纪内，波兰在东欧地位还当居重要地位，成为大国逐鹿之场，可以断言。过捷克京城布拉格时见其科学发达，人物殷阜，工业先进，政治开朗，民主运动高扬，令人兴感。我们会见捷共地下组织负责人，并出席市工会欢迎会，对捷克革命发扬怀有高度评价。

在东欧还有一些幅员较小，人口不多的小国，其立国精神亦有不可侮者在。如拉脱维亚（Latvia），立陶宛（Lithuania）均弹丸小国，国际列车进出国境需时甚短。中国古代传说海上有"十里之侯"，仿佛类似。他们国土虽小，但有金本位货币制度，国事警察与关税员服装齐楚，绶带辉煌，剑履鲜明，颇具威仪！旅客游览里加，但见市容整洁，沿街鲜花满圃，同时更可以见到上等旅舍、剧院、博物馆与图书馆、大学等，设备光华夺目，游人如织，毫无简陋之感。最后特别提到塞尔维亚，她是上次大战的导火索。世界驰名的煞拉热阿，位于博斯拉河畔，是一个历史名城。一九一四年六月二十八日，奥太子斐迪南在塞尔维亚煞拉热阿被刺，德、奥、匈集团即以此为借口，于同年七月二十八日发动第一次世界大战。四年间苦战，十数国参战，造成千万人的死亡。德、奥、匈帝国与俄国沙皇专制同时瓦解。

莫斯科

我从德国柏林回到莫斯科后，仍寓留克斯旅馆。在留驻莫斯科期间，主要是向卜洛芬特尔（Provintel）报告汉堡会议情形（当时舍哈罗夫斯基尚未返国），并商谈中国工人运动有关事务。同时出席第三国际会议，向东方部商谈东方大学及有关中国革命的具体问题。当时住在留克斯者有日本共产党负责人佐野学，印度罗易（Roy），爪哇西马温（Simaone），朝鲜金◇◇以及其他国家共产党、劳动党等负责人。第三国际、职工国际、联共党、东方大学等负责人时常往来于留克斯间。留克斯为帝俄时代国际性大旅馆，馆内陈设富丽豪华，有波斯地毯，罗马希腊雕刻绘画，餐厅、舞池、浴室俱备。用餐时有乐队伴奏古典音乐，食桌上罗列白脱、面包、鱼子酱、香槟等。最新式汽车，阿卜拉大戏院包厢座位票均优先供应留克斯客人。据估计每一个代表的消费相当于数百农民一年的用费。

我第一次到莫斯科时（即乘国际列车路过莫京停留时间），正值召开第三国际第五次代表大会。中共党正式派定代表为守常、我与荷波三人，会期为六月十七日至七月八日。会议原定在克宁姆宫举行，时帝国主义国家虎视眈眈，正在加紧攻击世界革命，苏联政府为远嫌起见，乃临时决定禁止国际新闻记者采访。会场约可容千余人，代表席上装置"译意风"耳机，同时能听到俄、英、法、德、意、西等国语言。会毕组织代表到果尔基、列格勒、南俄参观。参加大会代表中被邀约赴汉堡出席会议者，尚有赤色职工国际代表舍哈罗夫斯基，苏联代表托姆斯克、里卜西士莫尔吉斯、布里士金与爪哇代表西马温等。舍哈罗夫斯基声称中、爪代表分途出发，到达柏林汉堡时可到苏联领事馆出示预定口号，取得联系。当时远东国家中，只有中国与东印度在国际革命工会占有代表地位，所以此次东方国家并无其他代表前往参加国际运输会议。

在宁静的留克斯旅馆生活中忽发生一震惊全旅馆的事件，就是东方大学三女生因游船不慎，覆舟灭顶。事由是某星期日东方大学学生多人在莫斯科河上荡舟，舟小人多，载重逾量，舟行至桥边忽告倾侧，水从舷侧灌入，顷刻即沉。其中女生三人不谙水性，惨遭灭顶。虞卿目击覆舟之祸，据云乃由于女生心怯，且无人掌握舵所致。三人均于次日火葬，其中一人为长沙周南女生，乃罗亦农未婚妻。亦农悲不自胜，愤言："何必东大然后革命！"我闻此事数日不宁，并常往亦农处闲谈，以抒其忧。亦农时时谈到东大支部情形，从亦农谈话中透露，东方部时时怀疑东大支部核心组织以外的中国学生，对斯大林是否忠诚拥护。至于国内原地工作之人未到东大学习干部，乃是天然的异己分子。亦农关切地向我进言："你的一切条件，特别是群众工作在国际工运的地位是很有利的，但是你如果不能多花工夫靠拢国际，那么只怕有人随便一拨弄，就难免要猛栽筋斗哩！"我聆言，对道："我行我素，管不了那许多！"

我留莫京时久，心绪不宁，时思东归，乃就商于守常。守常不以为然，对我语道："你数年来奔走工作不息，劳累过度，致身体极度虚弱。今可暂留此一些时日去医院检查身体，把胃病先治疗一下，并可一同赴南俄休息二周再行回国。"我将中央工作久旷，亟须回国的意愿向守常陈述，守常无可奈何，只得同意，我即日动身回国。我出国时正当盛夏，现经年之后，已届冬初，仍着秋装，一时无法张罗。翌日清晨，守常推门入室，手持衣服及食物各一包说："昨有人自乌拉尔来，言西伯利亚已霏雪，我昨叫一飞到街上买了两件棉毛衫给你途中添用。"谈了一会，罗觉（亦农）亦到。三人遂同乘汽车赴车站，汽车正待开动，守常匆匆下车，又从自己床上取来毛毯一条给我，并说："听说现在软席铺位没有被褥供应，你把毛毯带去御寒吧！"我坚不肯受，连忙说："那你怎么办？"守常说："你甭管，我自有办法，你要知道沿途中是不能买到毯子的，我不能让你冻坏！"随后又嘱咐我在车厢中尽量休息，过国境后速来一电，以释悬念。汽车进站，距开车只有几分钟，守常仍陪我走进车厢，找定铺位，才握手连道"珍重"作别，下车而去。我与守常共事多年，他的才华、修养、实践和气量均为一般同事所敬佩，公认他为益友良师，当之无愧！我在车窗中远远望眺守常及其他送别同志渐远渐逝的形影，感到无限怅惘！（守常送我毛毯上绣 L.S.C. 三字，大概是守常名字，该毛毯我珍藏多年，直到一九三一年党内斗争时，全总机关印厂被临中派顾顺章查抄，当作敌产没收，不知下落。）

西伯利亚

西伯利亚有些关隘城镇来时匆匆，不及细加观察，回程就决定多停留些时日，因此在伯尔姆、喀山、乌拉尔、海兰泡、海参崴等处均有耽搁。这些地区如 Perm 是沙皇时代流放革命人士的集散中心地，号称东方的玉门关。回想当年成千万人流亡载道，镣声鞭影，一片凄凉景象，真是"几人此路得生还"！过喀山时曾邂逅李慰农等。

途径乌拉尔在欧亚二洲分界处，见有石碑屹立山头，上勒欧洲与亚洲分界处字样。丰碑巍峨，高山仰止，脚跨东西两大洲，瞬息之间，风云万变，顿觉天高地迥，识宇宙崇高与无穷！同行者争摄影留作纪念。初来时值盛夏季节，在贝加尔湖淹留一日。贝加尔湖为世界最深湖泊，特产一种乌鱼，为他处所不见。远眺贝加尔湖北岸，高山环列，山顶为雪线，中层为白松林，近山麓处杂花生树，风光绮丽，风景奇绝。国际列车绕湖南岸，蜿蜒行十数小时，穿山洞大小近百处，工程浩大，有如万里长城，叹为奇境。

最后到达极东大港 Vladivostok，海参崴地处苏联、中国、朝鲜与日本间。海水一泓，连岗四面，气象宏伟，确为远东大港。居海参崴时，何今亮来晤，导游全市及港湾，并出席当地工会会议做报告。淹留经时乃作归计，浮海而南。直航上海，数万里征途，暂告结束。三年以后，再度出国远游，人事变迁，未遑悉纪。

〖附记：以上"欧洲十国行纪"，原稿共分十章，最先由恽代英与李求实（恽任《中国青年》主编，李任副主编）取去，预定在《中国青年》杂志分期发表，已刊出一章，旋《中国青年》印刷局忽被上海法租界巡捕房查抄，全部稿件均被抄去，印厂主事者亦锒铛入狱，全稿遂石沉大海，渺无消息。因此，本文所述十国游纪内容疏略，良深遗憾。我另有欧游十国纪事诗二十五首，对于当时游踪所及，略见轮廓，特揭出于此（见本书"附录"——补注），以备参证！〗

莫斯科东方大学

中共在建党之初，参加革命工作之干部，一般是从工农运动斗争阵地直接涌现出来，经过长期学习与工作后，各量才德予以任用。

自一九二一年起，乃采取选送工人学生干部赴俄留学办法。先是第三国际民族委员会东方部在莫斯科设有东方大学,专为培训来自中国、日本、朝鲜、印度、蒙古、爪哇及其他殖民地革命干部之用。

中国学生赴莫斯科通常分水陆两路前往,陆行自北京经中东铁路出满洲里至赤塔西行,人数较多时,一般经上海北航到海参崴。通常苏联义勇舰队商船在解冻期间定期到上海吴淞口外石头沙停泊,因为苏联在黄浦江无自用码头,租赁帝国主义码头每日赁费奇昂,故轮船在长江口外抛锚,乘客须搭乘驳轮前往吴淞口外登轮。登轮后以招募工人名义编组出发,互不交谈,严守生活纪律。船离吴淞后,直放海参崴,自此乘远东省铁路赴莫,时间约五十日左右。

东方大学开办时规模不大,中共自一九二一年起始送第一批少数学生前往该校学习。至一九二三年名额逐渐增加,一九二三年十月间,上海苏联领事馆魏尔德(B.Wild)交给我一电,内称东方大学决定本期招收中国学生四十名。我据以转告中央,中央颇感诧异,谓过去每次送学生不过十余名,此次何以竟有这许多名额。我当即出示电文,确为四十名。以后每年连续选送学生前往东大,岁以为常。一九二七年秋,因大革命失败,一次选送达百名以上。而由欧洲、德、法支部前往东大之中国学生为数亦多。

由中国境内赴东大学生第一批有彭述之、罗觉、尹宽等十余人。第二批有任弼时、李仲武、许之桢、周兆秋、傅大庆、王一飞、萧劲光等十余名。第三批有王警东、黄逸恭、汪奕年、梁鹏万、刘俊、王鹤寿、张琴秋、彭桂秋、李沛泽、张锡瑗、沈泽民等四十名。第四批(一九二五年)有向警予、高其度、陈比难、杜叔林等二十名。第五批(一九二七年)有曾锺圣、刘伯承、熊受暄、罗章凤、王壬、夏曦、陈昌浩、于芝生、徐特立、江浩(养元)、王铁城等一百余名。

由法国支部第一批赴东大者有:赵世炎、陈乔年、陈延年、王若飞、范易、高峰、陈九鼎、王人达、黄平万、陈闻纳、李季达、郭隆贞等。第二批从巴黎赴东大者有邓希贤(小平)、马玉夫、汪泽楷、李慰农、郭大陝、任卓宣、汪盛荻（浩）、欧阳钦等，前后亦有数十人云。由德国赴东方大学生有李季、萧子璋、廖焕星、熊雄、王人旋、朱玉阶等（朱在东大未久留，即归国）。以上均一九二七年前事，时我留驻巴黎与柏林，曾经手办理留德、法学生入学事。

东大校长原为 Radaek，博学有革命功勋，德意志历史学教授，一九〇七年以来他与列宁共事，曾出席一九一五年德国 Zimmerwald（为德国社会民主党左派）会议，为会议主持人。一九一七年参加十月革命，后为第三国际委员，被任为东方大学校长。当时东方大学对东方各国（中国、日本、朝鲜、越南、印尼、印度等国来的学生，实行助学金制度，每月发六十卢布，并择要发给日用品，学习期间通常为三年，有时则按工作需要加以增减。中共所选送学生，其中有些是中共高级干部子弟或革命烈属子弟。除在东大学习外，还有一部分学生在苏联学习军事技术，如刘伯承在陆军参谋学校，罗章凤与朱瑞在炮兵学校，还有人进航空学校和工程学校从事专业学习。在早期国内工农分子送往东大学生，其中大多数品德优良，对革命工作有贡献，但是，后来由于东方部用人不当，主其事者易为米夫（Mif），利用职权在校内进行宗派活动，培植私党，排斥异己，垄断学校行政，弄得全校乌烟瘴气。不少学生在 Mif 影响下学习松弛，政治质量低劣，不断闹无原则纠纷，如前期归国的彭述之等人所组成的小组织，后期的二十八个半布尔什维克便是显著的例子。

苏联在国共合作期间又成立中山大学（孙逸仙大学）。一九二五年前后，由国民党系统选送学生一百五十名，内广东学生居半数，计七十余名，次为湖南居五分之一，约三十名，其他北方各省四十名（其中女生十多名）。中山大学学生中，部分是国民党中央级干部子弟，另一部分是国民党省级以下子弟及其附属亲随或杂牌反共分子。其重要分子如：康泽、邓文仪、贺衷寒、梁干乔、蒋经国、邵力子等。（蒋经国乃蒋介石之子，于国共合作时往东大学习，加入共产党，后转学军事，一九二七年蒋介石反共后被作为人质，经国乃公开发表反蒋文告……）

一九二七年国共分裂，中山大学名义取消，一部分学生送回中国，所余学生并于东方大学。由是东大内部派系复杂，国民党与国家主义分子等兴风作浪，喧宾夺主，这些就是王明、博古、张闻天、潘闻宥、唐虞、宋明诗、殷鉴与汪浩等一伙，所谓东大支部二十八个半布尔什维克。后来米夫在东大发动夺权斗争，自此以后，米夫独霸东大，关于学生进退、政治生活全归米夫党徒掌握。米夫家庭出身原是犹太商人，逢迎上司，玩弄阴谋诡计是其所长。他成立宗派后，大批排斥优秀革命干部于党外，从次以后，东方部对中国党独裁专断，坚持宗派统治，经常弁髦党章，排斥异己，一意孤行，而对于中国革命本身及中共命运等重大问题反而置诸脑后，漠不关心，其结果遂延长中国革命，使陷于长期溃败的绝境，至一九三三年后而城市工作全域瓦解！所以自中国革命考察，东方大学培训政策在米夫领导下，可谓全部失败！米夫本人亦于一九四二年因◇案被杀[1]。

---

[1] 米夫被斯大林整肃约在一九三八年。

重返北方

中共第四次全国代表大会

先是我在京时，闻悉胡景翼已于十二月十一日进入郑州，乃决定铁总大会移至郑州举行。正筹办间，忽接中央通知，中央决定于次年一月中旬在上海召开全党第四次代表会议，要我立即赴沪参加大会筹备及主持大会会场事务。北方区同意我赴沪，会毕仍返北京转郑州。我遂于一月初乘车南行。到上海时伍廷康等均已先在，国际并派来中国顾问团，工作人员有加仑等数十人。四大会于一九二五年一月十一日在上海公共租界威海卫路某里举行，出席代表七十余人，各小委员会连夜开会工作不辍，二十二日结束，前后经过十二天。

大会集中讨论继续国共合作问题，提出国民会议口号以对抗段祺瑞的善后会议。大会通过主要文件为对民族革命运动决议，对职工运动决议与对农民运动决议，分别由仲甫、我与润之等人执笔，并由国际代表参加意见。关于职工运动主要是加强北方、上海、广州产业工人运动基础，特别注重开展组织南方各省农民协会运动。

中共第四次大会宣言全文约三千字，宣言内容要点如次：1）直隶系与反直系（张作霖、段祺瑞、冯玉祥等）各勾结帝国主义互相冲突。2）中共号召对帝国主义迎头痛击。3）共产国际、赤色职工与农民国际已经组织了无数万工人农民与资本主义斗争。4）中国革命日见高涨，中共号召全国人民反对段祺瑞的善后会议，拥护国民会议促成会。宣言提出口号是：打倒国际帝国主义侵略！推翻国内军阀！国民会议万岁！中共万岁！共产国际万岁！全世界工农反资本主义同盟万岁！（宣言全文见一九二五年一月二十二日《向导》第一百期。）

四代会中委名单　四代会选举陈独秀、李守常、毛泽东、罗章龙、邓培、张国焘、王荷波、史文彬、彭述之、陈延年、邓中夏、谭平山、刘尔崧、项德隆、陈潭秋、蔡和森等为中委，中央委员会互选陈独秀为书记。

北方工作开展与深入并重。第四次全国代表大会结束后，中央局授权守常与我以中委身份继续参加北方区工作。我于会毕后第二日专程直赴郑州举行铁总二代会，登车前，我辞别仲甫，并交换对北方工作意见。仲甫说，对目前北方工作布置应扩展与深入并重，党内加强团结，以免敌人乘虚而入。其次谈到孙中山在北京活动应多方拉拢其左右，汪精卫、张继，无使滑脱。谈到对国民党统一战线问题，决定派往执行部工作同志一律撤回，北方应采取同一步骤。最后说："北方区应对冯玉祥留心，此人太不可靠，谨防上当！已派往国民军工作同志应随时考查，以免被人家拉走！"

四大会后全党团结一致，努力奋斗，在很短时间即爆发五卅革命高潮，弥漫南北及全中国，为一九二六年至二七年北伐与武汉国共合作革命高潮开辟广阔的坦途。

受命北旋

我自一九二四年奉命出国工作，主要出席共产国际大会（中国代表为守常、荷波与我）同时到汉堡参加国际运输大会，在汉堡会议上被选为书记。大会共选出执委会书记三名，即菲门（荷兰）、舍哈罗夫斯基（苏联）与我（中国）。由于工作需要，我遍历欧洲诸邦，工作十分繁忙。一九二五年冬季，我在佛兰克福旅途中忽接中共中央急电说：有重要事务要我立即回上海商办，我接电后当即向国际运输执委会告假，获准后匆匆整装回国。在中国风云动荡中，我便从海道东航回到上海。沿途在各重要海港有所耽搁。当所乘法国皇后号巨轮到达吴淞口外停泊，我迫不及待换乘小轮到外滩公园附近登陆。中央秘书处王春熙、任左明、Wild 夫妇等同志到埠头迎接，即夕往晤仲甫，共同谈话，从别后中央变化情况，谈及世界革命大局，认识到中国革命前景极为开阔，同时也还存在不少困难和问题，约定即日出席中央会议并正式报告欧行十国的经过，和解答各项提询的问题。在中央会议上，仲甫已先到，向我事先谈及会议日程。他说：你长期旅途劳顿。本应休息些时，但目前诸事丛脞，实在摆布不来，你可到我那边暂住，一边商谈，一边休息，尽快地把要写的文件完成，随后便可以商讨正式展开全域工作诸问题。两人对坐间，我凝视对方面部清癯，白发几丝，苍斑数点，足征长期以来工作操劳，为革命憔悴，宛然在目，声音笑貌已远非畴昔北大红楼时代模样！话虽如此，但他双眸炯炯，英气勃勃，仍然不可逼视。仍给与我们的工作带来无限希望！在中央会议上北方来人报告，北方区工作万端待理，处处需人，提纲挈领。仲甫久有嘱意我及早北旋，分担重任之意，自表赞成。至此提出另开会议讨论，经过会议讨论，结果一致同意我重任北方区委书记工作。仲甫说：此项决定足纾中央北顾之忧。这是后话。

会毕，仲甫问我："何时启行？"我答："事不宜迟，即日动身！"仲甫即叫秘书处购北航船票。

特立入狱与出狱

二年前（一九二三年），当我离开北京来到上海中央局工作时，原先北方工作曾经决定由守常与特立共同负责。我到沪后，特立即赴北京。特立赴京首要任务为召开全国铁路第一次代表大会，继续"二七"前后各路工会斗争与组织工会。一九二四年二月七日（即二七纪念日），全国铁路代表齐集北京，秘密举行集会，发布宣言（宣言见一九五九年《中国工会历史文献》卷一，第六十五页）。先是，特立是首先反对国共合作的人，他估计国民党如无共产党相助，她的组织一定由萎缩走向消灭。这样中共一肩担承革命前进，政治革命会更单纯些，革命成功也会更有保障。他既坚持己见，因此与仲甫几次发生顶撞，有时二人竟口角起来。三次大会后，仲甫仍留他在中央工作，他表示坚决不留，请求下放到工会工作。仲甫无奈他何，只得央他到北京负责铁路总工会工作。并让我劝告他心平气和，勿发风动气。是年秋冬，特立回到北京后，一心做工人运动。

一九二四年五月，特立在北京被捕。中央得悉后，派我前往北京组织营救并安排机关破坏后的善后事宜。这次特立被捕原因，据悉是由于国民党右派、西山会议分子伙同工贼向北京军警告讦，于是军警搜查腊库胡同铁总机关，捕去特立夫妇。当时北方区委在敌人严密监视下，活动备受限制，北京京畿卫戍司令王怀庆出告示宣称："宣传赤化，主张共产，不分首从，一律处死。"北方区机关连续被搜查，捕去同志多人，守常亦不得不暂避昌黎。不久，我与守常共赴莫斯科出席共产国际五大会，为此，守常在莫斯科时即语我，回国时务先将北方区问题率先向中央提出，加强人力，充实机构，否则目前局势无法展布，以后困难将愈甚。但中央局当时无人可派，北方问题遂悬而未决。

特立居狱凡五月，备受折磨。至是年十月北京政变，曹锟下野，经北方区营救出狱。时中央闻讯立电特立南行，他遂于十一月间偕杨子烈、彭礼和、史文彬等行抵上海，参加中央局会议（亦即前段所述的会议）。在会议上，特立表示本人到北方后一年以来，并未完成党所交付的工作任务，愿意重返北方继续做工人运动。中央会议讨论结果：留他在南方做国共合作工作（他此时已不再谈坚持反合作问题）。至于北方区工作将单独开会讨论安排。

北行任务"到北方抓群众去"

会后,仲甫留我研究北方问题,咨询意见。我说:"北方问题久悬不决,拖延对革命发生极大影响,中央究做何打算?"仲甫答:"我对此事考虑很久,除你以外,再无适当的人可以去负此重责。但目前你又怎能离开中央,所以很是为难!"我说:"中央工作固属重要,但目前重心应该到基层组织工人群众,打开北方的沉闷局面,无论如何,不能再延了!"仲甫说:"对!你到北方抓群众,该是目前第一等任务。现在就请你提出一个北方工作方案,明日中央会议详细讨论决定,如何?"我见仲甫同意我去北方,当晚即召集中央工委及特立、文彬等共同商谈北方问题。经过大家商议提出了一个发展北方党工作的初步方案,俾便向中央提出。次日中央会议专门详细地讨论了北方问题,并有北方区的代表参加。会议结果,对我所提方案做了补充,立即通过施行。同时中央又接守常来信,要求国焘、文彬等速返北京。否则,需另派得力干部前来。特别提到:"北方工人运动仍缺支柱,一时撑不起来。"中央至是正式决定我重回北方工作。

当时中央会议决定我到北方任务是:召开中共北方扩大会议,广泛研讨目前局势与行动问题。

1. 北方政局变化后,应重新部署全面工作,并加强陕西、山西、河南等省联系,共策进行。

2. 天津党组织新遭破坏,江震寰等十余人被害,应设法善后,救死扶伤,妥善安置被难家属。

3. 迅速恢复北方工运,加强铁路、矿山工会组织并筹备第二次铁总会议。

4. 按照国共合作政策加强京、津、察、热等地党与群众工作,及长城口外农民武装斗争。

5. 加派干部王荷波、吴树敏、王春熙、黄平万、范易、李季达、粟泽、王度、吴汝铭、茅延贞等二十人到北方区工作。

6. 整饬北方区共青团工作。

7. 派人开辟关外工作，在奉天、吉林、黑龙江等地建立党团与工会群众组织。

王春熙同行

我行前正在摒挡行李，决定由海道北上，仲甫忽来商讨北方区人事调动与分配等各问题，经过一番斟酌损益，确定了最后名单。时王春熙正好在座，见未提及本人工作事（其实已决定她到北方工作），乘间向仲甫请求赴北方工作，仲甫关切地道："你患病初愈，目前身体仍很虚弱，北方生活艰苦，恐吃不消。再说，你爱动肝火，当地条件险恶，怕应付不了局面。"春熙听后不以为然，说："艰苦生活我不怕，从今以后，我也不再闹脾气就是，难道不闹脾气就活不成人！"仲甫含笑云："果真不发脾气了，那么，就一道去北方工作吧！"春熙见仲甫应允，喜形于色，随向仲甫说："我呢，偶然发点小脾气，总还不会像火山爆发那样大模大样的！"（仲甫平日性情易怒，外号火山，故云。）仲甫见她好胜心强，少不得又向她嘱咐说："北方生活与工作不比上海，一切会更艰苦些，此去风险极大，要加倍注意大家安全才是……"春熙郑重作答："我一切谨慎小心，决不有负中央重托。"说罢自觉眼圈潮润，幸尚未被人察觉，乃转身室外，立即到自己房中收拾行李并伙同大家一齐准备旅中医药用具等事而去。

下午，中央秘书处任同志来问："何时动身？"我说："有班轮就走。"老任说："北洋线现有两条轮船，一艘为不定期航船（号称野鸡船）明早启碇，另一艘为大古公司定期班轮，后天晚上开，请选定一船。"我考虑正待答话，适春熙来告有同志来访，遂他往。

春熙听老任说后，不待我回来，即做决定说："两船既然相差三十几个小时，还是乘坐先开的轮船好，如此可以先到天津，于工作有利。"老任聆悉，说："这样也好。"遂匆匆告别，办理买船票事去了。我因与另一批出发北航的同志谈话，事毕及回室，老任已去远，春熙顺便将方才所谈买船票经过告诉我，我见已做决定，便不再说。行前仲甫约我们几位同志到他家晚餐。我同春熙前往赴邀。仲甫同夫人出席殷勤招待，席间交谈甚欢，他平日事忙，素来不谈生活琐事，这次夫妇二人当筵谈了一些风云儿女的诗话和故事，气氛十分活跃进！餐后春熙透露，他们夫妇关系，波诡云谲，非同寻常，今昔会晤，却十分和谐，前所罕见，可称幸事！

是夜，中央诸人再度齐集我室中，座谈中央会上未尽之事，以及两批到达后彼此联络等若干技术问题，忙乱了整个通宵。次晨我和春熙往辞仲甫及其亲友，来到杨树浦码头乘轮。码头上送行男女，熙来攘往，闹成一片，登轮后约半小时船便鸣锣开拔，时为一九二五年十一月中旬。春熙倚在船舷凝望黄浦江流与十里洋场，对十余年生长的上海不胜依依，掩不住离情别绪，唯恐被人觑破，乃强作宽解自语道："人间到处是家乡，我才不难过哩！"春申江畔一别，直到一九二七年四月始在武汉再度与仲甫相见，共同工作。

轮船启碇离埠头，向东行驶，出扬子江口，过崇明岛北航。近海处渔舟出没，千帆如织，船行离陆地渐远，海面渐呈寂静。是日天气晴明，波澜不兴，春熙静坐甲板上，镇日看云，舟行甚疾，风静旗动，别有一番意趣。天垂四野，云水难辨，遥瞻天际，蜃气空蒙，幻影城郭村舍隐约可以辨认。春熙忽然遥指天末惊问："为何我舟正朝陆地驶去？"谛视之，果见天际似有陆地横在舷前，田园庐舍，望之俨然。但舟行径时，与陆地距离历久不变，二人睹状均以为异。久之始悟古有"海上神山可望而不可即"之说，眼前所见，殆即神山，实乃由海上云景幻境构成。春熙云，既经沧海，身历幻境，海上三山之事似亦言之有因，但如无适当天候及云层折光条件亦不能成此云景幻境。我数度航行南北洋，以此次所见较为真切，以地望测之，亦与古人航行东海所见神山相类。近数载间我南来北往，乘轮航海已经多次，风涛生活已司空见惯。春熙却初次航海，所以眼帘接触，为大海所陶醉，一切均感到新鲜，兴趣盎然。她自言："在扬州生长十年不出家园一步，到上海后又十余年，足迹亦不离长浜路与吉斯菲尔路一带，此次航旅，视野顿阔。尝思周游世界，博访寰区。"因此要求我为她讲述旅行欧洲诸国见闻，自谓将来一定要学好几国文字，自由旅行，知己遍天涯，实人生胜事。

当时所乘轮船排水量约二千五百吨，船长姓傅，宁波人，海上生活已历十五年，紫棠色脸，手脚刚劲，对工人讲义气，能共艰苦，故船工三十余人间，上下情感融洽，工作效率颇高。水手中有阿杜，颇能书写，善识海图，熟悉水情。铜匠林宝符，能说英语，有医疗常识。木工阿谢，农村青年，天真浑朴。船工尝云：船员生活有三态，即神仙、猛虎与牯牛。当海上风波无阻，航行安全迅速时，水手工作逍遥快乐，有似神仙。倘遇猛风恶浪，风雨交侵，大家奋不顾身，工作仿如猛虎。航行中如遭受海难，粮尽水绝，工作仍不能休，则吃苦像牯牛。

一天早饭后，我正在舱内写文，春熙匆匆自外走来，神色惊异，低声说道："阿谢昨宵急病（急性阑尾炎），治疗无效身死，船中途无寄泊港，据云，阿谢家乡无亲属，船长按照死者本人遗嘱及伙伴同意，决定实行海葬呢！"我闻耗大惊，急起身往船长室探望，只见船工旅客一群人环绕水手室外围观。有倾汽笛长鸣，船长命大车降低速率，桅梢上悬半旗，船工旅客一律排队肃立甲板上，向阿谢遗体（装在一个密缝帆布袋中，外系巨块石炭）静默致哀。即有老水手二人挥泪将帆布袋缓缓移动，推坠海中。船长下令船开慢车，环阿谢绕行一周，然后掉转船头，向北急驶而去。是日，阿谢海葬事引起全船不宁，工人数日不欢，旅客各怀重忧！妇孺歌声顿寂。春熙见我不怿，作壮语道："人生倘能以大海为归宿，葬身奔涛雪浪中，亦是快事！"我漫应之。

次晨（海葬事后第二日）天气晴朗，众人方聚甲板上闲谈，时见东方半边朝霞灿烂，海宇生辉，仰瞩天际，有镰状白云，舒卷自如，弥漫海空。又见长幅度波浪自东向西，缓缓推进。水手们惊走相告，谓是台风征兆，不久当有风暴来袭，乃各奔工作岗位，作抗风准备。约经半小时后，阳光昏暗，灰云布空，遥瞻天末，有强大黑风长宽数十哩，挟海水旋转，腾空而至，状若陀螺，自转不息，海水自下而上矗立天空，此即所谓龙卷风，龙卷形成水柱高千百公尺，插入云霄。有倾风涛溢厉，高浪蹴天，猛风鞭海，船身震荡，忽行且止，甲板上水花溅飞，桅樯动摇，人从船窗隙中外望，但见茫茫巨浸，叠浪崇峰，天旋地转，目眩神惊，不能立足。特别是海宇蒙茫，腥气触鼻，令人欲呕！正纷扰间，忽然二副报称船尾舵已失灵，船身左右震撼不能自主，因航行中无法修理，乃择地抛锚，听船漂浮，如此数日，无法前进。

正当狂飚疾劲，海浪翻腾，扁舟失舵，千钧一发之际，也就是全船乘员旅客惊慌失措，人人自危，预感到海难即将临头的时候，我忽发高烧，头昏背痛，以手探腰际，隆肿如阜，由是卧床不起，寸步难移。我自知病重，初犹强自镇静，冀其自愈，数小时后，卧床转侧维艰，痛不可忍。春熙见状大惊，乃出体温表测量病人体温已逾四十度。因问起病情形，我闭目不语。此时春熙方寸大乱，泪承于睫，遂不断以手巾热敷，冀稍抑病人痛楚，但毫无效果，背疮肿胀益猛，状若巨瓠，我偃卧昏迷，渐失知觉。春熙见状束手无策，乃往告傅船长，船长即偕阿林同来诊视。林云："此乃'背发'，如无他变，涂敷伊比膏数日后可以减轻，但须防恶化。"（"背发"乃中医书学名，林云，昔范增患背发，没于彭城，乃急性痈疮。）春熙说:"病人高烧四十一度,已入昏迷状态,安能听其自愈!"阿林说:"为速愈计,可用刀划开,脓胞放出血污与脓,立可止痛,但船上无麻醉剂,病人如愿忍痛,我可一试。"春熙见舍此以外,别无良法,因乘病者痛昏入眠时,请阿林速行切开手术,春熙从旁协助进行消毒及安排敷药等事。只见阿林持刀在手,沉吟有倾,忽出病人不意,聚精会神,猛施一刀将背疮切开一巨口(长约寸许),急用双手团团紧压,将脓挤出,但经过十余分钟,疮内余脓,藏在深处仍无法排出。此时,我虽惊醒尚忍痛不声,阖目咬唇,听其所为。但因痛楚逾恒,肌肉颤动痉挛不止,春熙见状感到痛澈心髓,额际汗如雨下,乃先用消毒水漱口后以吻就疮,闭目用劲猛吸两口,将最后残脓吸出。阿林急以黄碘散敷疮口,经过严密包扎,简易手术便告完成。事后我责春熙猛浪,谓如果病毒入口,危险实不堪设想。春熙微哂云:"没有甚么了不起,前岁我母亲在乡间曾患此症,医生告我此法,我当时遵嘱一吸而愈,这回包你会好的。"果然,经过手术后,痛楚立止,随后创口渐合。我病愈后偕春熙前往傅船长及林宝符处道谢(船长曾送食物及内服药),阿林局促不安说:"不用谢我,没有王先生的勇敢果断(阿林只知春熙姓王),我是拿不动刀子的!"春熙为了感谢阿林施手术,酬以现金,阿林坚辞不受,春熙乃从身上脱下毛线背心送给阿林嫂以志纪念。

狂海既清,我背疮渐合,惟因连周饥饿,周身困乏,忽见春熙在侧,形容消瘦,与登轮时丰腴体态判若两人。我偃卧静思,此行倘无春熙作伴,困难将更不堪设想。春熙舍身拯人,一切忧烦均为己而发。正在凝思,春熙忽外出,旋匆匆入告,谓船已过成山角,在龙口将停泊一日,可以发信付邮,我精神为之一振,乃披衣起坐,猛忆瑞俊尚居青岛,乃请春熙代书,将北来情形简单告知瑞俊,并口占一绝附在函后。同时春熙预写一信致廉思母女,报知旅途所遇。到北京时接廉思回信,全文甚长,盛赞春熙壮游,健羡无已,同时勉春熙努力读书求进。最后对疗疾一事，廉思竟调侃春熙"自讨苦吃"！遂令春熙懊恼，久不作覆。据阿林谈，从上海到天津共计七百四十四曼儿（Meil 即海里），合一千三百九十公里。船过黑水洋始遇飓风，造次颠沛，船至成山角风浪渐息，已行四百五十曼儿。我背发病愈时，正通过渤海海峡，驶抵龙口，离天津尚余一百七十曼儿。从此尚遭遇另一种困难。此船在风浪中飘流，已超过航行定期，船行至最后二日，船上储水已罄，粮食蔬菜亦空。船长下令从货舱中取出温州桔子十数篓，分饷船员及旅客。当初船员乘客，用罐头饼干充饥，食物告罄，便只吃桔子。春熙每日挤桔子水数杯共饮充饥。因在船中饮桔水过多，以后见桔生厌，所以春熙逢人便说："我这辈子永不吃桔子了。"

春熙与我抵天津紫竹林时，第二批出发同志，已齐集在码头上相候，他们已先三日抵埠，到埠后多方打听，不知我所乘轮船下落（当时船上还没有无线电设备），因此，先到同志大家感到一场虚惊，见面后问明情由，女同志们抱怨春熙患急性病，先行后到，劳大伙惦念。当时春熙有委屈难诉，但亦不申辩，并以目向我示意，悄语道："我保证过不发脾气，阿对？"（"阿对？"是上海方言，意思是你说对不对？）

京东会议及北方区全体会议

自一九二一年起，北方工人革命初兴，动势渐增，范围日广。至一九二二年而发扬蹈厉，如日方升，虽成败互见，但大势所趋，人所共喻。"二七"以后，中国工人运动被军阀残酷镇压，自由尽失，工人处于暗无天日军事统治下，时思恢复失去之自由，有如瞽者不忘视，矮人不忘起。中国工人厄运直到一九二五年始见转机，北方工人革命乃于此时重见曙光。

十一月下旬，我到天津后，即日召集天津、唐山、开滦、山海关、丰台各地党组织负责人举行京东联席会议，参加者主要有梁朋万、韩麟符、于方舟、安幸生、李培良、李季达等。我在会上传达中央最近政策方针，并商讨当地各项具体组织工作。会议连续举行两昼夜，先后分别在租界两处房屋举行。会后与各方代表分别接谈，事毕始赴北京。抵达北京后，到石驸马后闸会见守常，守常首先提到曹锟下野，保定狱友，均庆生还，可称"洪福齐天"。遂与出狱留京诸人见面，劫后重逢，畅谈革命见闻，其喜可知！史文彬等陷保定监狱，囚二十二个月，出狱后在北京休养四十五天，后经北方区委会重新分配工作，其余被囚工人一律恢复原任工作。

到京次日，北方区委召开全体会议，地点在东城南河沿某号。时国际代表来京，亦参加北方区委会议。在会议上由我报告中央工作近况，政治形势及北来任务（见前八点）等。会议进行讨论，经过时间约三日（晚间小组讨论）。参加会议者有北方区委及各城市党组书记，工会系党团书记共三十余人。会议讨论组织问题时，决定北方区委上层组织照旧，中、下层组织扩大，把工作重心放在工人运动与国共合作方面，因决定在最近期间内充实北京、天津、郑州、开封、西安、唐山、石家庄、保定等城市工会工作及其群众组织。留京中委在分工方面：我抓全北方工人运动，守常抓国民党工作。北京以次各城市工作分别由刘伯庄、赵世炎、李季达、吴汝铭、韩麟符、于方舟、范易、黄平万等负责。当时北方区及其所属省市党组织主要成员如下：李守常（中委兼书记）、罗章龙（中委兼工委书记及铁总党团书记）、刘伯庄（北京市委书记）、赵世炎（北京市委组织部）、陈乔年（北京市委宣传部）、范鸿劼（北京区委），余略。

北京市工会党团代理书记陈为人，工作人员：刘俊、舒大贞、刘铭勋、萧鸣、于国贞、董学仁、林维翰、陈楚梗等，当时北京市工会地点在南池子小苏州胡同五号。

在京东会议及北方区全体会议后，北方党与工会工作有了一番新部署，气象为之一新。我此时本拟立即赴河南，但因中共中央决定召开第四次全国代表大会，我乃临时改变行程，先行赴沪参加大会工作，会毕始返郑州。一九二五年二月七日，全国铁路总工会第二次大会在郑州钱塘里（即二年前京汉铁路总工会成立旧址）举行。大会自七日开始，至十一日闭幕，全国各铁路有十五路代表五十人出席会议。大会推举我和史文彬、邓培与王荷波等九人为主席团，由我做国际工人运动报告（包括出席德国汉堡运输会议，赤色职工国际会议及太平洋国际工会报告），史文彬做中国政治报告，王荷波做中国工会运动报告。报告毕，讨论工会宣传、组织、职工教育、工人纠察队（包括工人武装问题）等问题。通过决议十余起，选举全国铁路总工会中央执行委员会。大会通过行动纲领共十条如下：1）恢复所有曾经组织的工会。2）整顿现有工会，建立巩固的组织基础。3）力谋工会统一。4）确立经济基础。5）救济失业。6）确保以前罢工争得之条件全部实行。7）争取工人切身的经济利益。8）争取集会、言论、罢工的广泛自由。9）参加国民革命，并参加国民会议。10）加强工会训练与教育。当时大会详情见铁总出版"二七"二周年纪念专刊（《一九二五年的中国工运》一九二五年出版），又《向导》一四五期所刊布"二七"三周年纪念追溯一年来铁路工会运动的发展（章龙作），可供参阅。

豫陕地区普遍建党

铁总会议召开激发了河南、陕西地区党与群众组织的向前突飞猛进。一方面建立豫陕地区党与团的组织，同时又扩大了当地工农群众组织。当时郑州党组织主要成员为：李渤海、王度、郭大陞、彭树敏、茅延贞、王春熙、廖寅生、黄春和、郭启先等。开封为范易、李求实、马景山、马玉夫等。确山为马尚德、蔡益勤等。信阳为毛作新、钱贵良、王克心等。洛阳为游泳、王中秀、戴培元、黄天白、白眉珊等。与建立河南郑州、开封等处中共党组织同时，并在陕西西安及陕北建立党与团的组织。西安中共组织主要成员为：刘天章、武止戈、马文彦、张世兴、张景僧、屈武、刘含初、陈九鼎、黄平万、雷晋笙、吕佑干等。陕北中共党与团组织主要成员为魏野畴、高岗、刘志丹、刘澜涛、贾拓夫、谢子长、杨明轩、李子洲、史唯然、石谦等。山西太原为：贺昌、王仲异、韩少成、杜晓、赵宗佑、郭增昌等。

当时铁总驻在工人集中的城市——郑州，同时发动河南及其附近地区矿山、铁路、纱厂等产业工人参加革命斗争，组织全省赤色工会。在一九二五年一月间，铁总派赴各铁路的特派员，已先后在各铁路召开各路代表会议，恢复各路工会并成立各路总工会。以铁路工人为首的经济与政治性斗争一时风起云蒸，弥漫中州。河南全省总工会遂于二月在郑州举行群众大会，宣告豫总正式成立。到会会员群众共计五万余人。会场主席均为粗布衣衫，科头跣足的工人农民。主席台悬有一联云："六代绩沉，英雄破梦；中原天晓，民众登台。"（河南省会旧为五代与北宋都会，故称六代。）

一九二四年十一月二十六日，冯玉祥倒戈后占领北京。十二月二十日攻下天津，由是国民军夺得京津二市及河北、河南两省地盘。由国民一、二、三军分据之。北京政变以前，由北方区介绍冯向苏联输诚。冯自称为泥水匠儿子，倾向共产主义。一九二五年冯开始向苏联取得军火物资援助，其运输路线经过库伦，军火运输由骆驼二千匹，汽车一百辆组成。自一九二五年四月间起至一九二六年三月止，整整一年间向苏联输入武器，分别交给国民一、二、三军接收使用。内计国民一军获得三寸口径大炮二十四座，炮弹二百四十万发。机关枪九十挺，步枪二万六千支，子弹一百五十万发。国民二军获得大炮十二座，炮弹一百二十万发，步枪三千五百支，子弹四百万发，机关枪四十挺。国民三军获得步枪三千支，子弹三百万发，机关枪五十二挺，大炮十二座，炮弹八百万发，迫击炮十八座，附炮弹一千八百发。据一九二六年八月十五日冯玉祥在莫斯科亲笔借据，计开收到步枪三万一千支，子弹五千一百万发，机关枪二百二十七挺，大炮六十座，炮弹五万八千发。此外尚有军用飞机十架，铁甲车八辆等[1]。国民军对苏联运来军械由冯玉祥实行郊迎大典，并同时迎接苏俄派来军事顾问十七人，分驻各军所在地，协助国民军改进军队素质。计第一军顾问为乌斯马洛夫，参谋长西尔哥耶甫，喀尔边科。孙良诚顾问为赛福林，方振武顾问为安特尔士，弓富魁顾问为洛加等（余略）。但冯玉祥后见大批军械已到手，于是对苏俄态度渐变，冯玉祥对（毛子）顾问采取敬而远之的态度，平日使其单独居住，与军队隔离。中共派往国民军工作人员，冯除暗中拉拢一部使为己用外，对于不接受冯牢笼的中共党员则公然排斥，不令接近国民军，甚至采取非常手段对付。冯尝向郭名忠说："国民军对中国各政党都可讲合作，惟西披手段毒辣，最难做朋友。"郭闻言大恐，遂投冯以求自容。一九二六年春国民军全部兵力约二十五

---

[1] 以上数行所述军火数据共二十四例，根据《苏联阴谋文证汇编》所载《交付国民军物品及价目表（极要第一百二十卷第二十二页极密）》和《至一九二六年六月一日止交到国民军物品及价目表（极要第一百二十卷第二十页极密）》核对，完全准确的十三例（一军得大炮二十四座，机关枪九十挺；二军得机关枪四十挺；三军得步枪三千支，子弹三百万发，机关枪五十二挺，大炮十二座，迫击炮十八座，炮弹一千八百发；冯玉祥借据收子弹五千一百万发，机关枪二百二十七挺，大炮六十座，炮弹五万八千发），可视为笔误的三例（一军得炮弹二百四十万发，实为二千四百零四发；三军得炮弹八百万发，实为八百发；冯玉祥借据收步枪三万一千支，实为一次三千五百三十支，一次二万七千九百七十支，小计三万一千六百支），略有出入的四例（一军得步枪二万六千支，实为一万六千四百七十支；一军得子弹一百五十万发，实为一千八百零五万七千一百发；二军得步枪三千五百支，实为一千五百支又加三千五百支，共五千支；二军得子弹四百万发，实为九十万零六百发又加四百万发，共四百九十万零六百发），不可核实的四例（二军得大炮十二座，炮弹一百二十万发；冯玉祥借据收军用飞机十架，铁甲车八辆等）。

万人，占有直、热、察、绥、陕、甘、豫等。后奉直联合攻冯，冯为战略关系，是年三月十八日，国民军与三军退出北京与天津，国民二军退出河南，此时冯仍拥有庞大军力，割据自雄。一九二六年九月，冯玉祥军队共编为七军，计二十个师，合计十余万人，这便是冯玉祥后来（一九二七年）联蒋反共的基本力量，且为苏联所供给的精良武器所组成。

冯平日熟读《三国演义》，深谙权谋，一切言行规仿孟德，军中号马二为活曹操。冯到郑后，曾经大量发行军用票，但市面不易流通，冯大窘，乃微行，偶然遇一小贩提篮卖烧饼果子，冯出军用票十元向小贩买饼，小贩无法找零，冯大怒，喝道："原来就是你在破坏我的军用票！"即叫大刀队将小贩砍死，悬头示众。有人问冯，小贩何罪至于死，毋乃罚得太重。冯说："这是借头政策，否则军用票就行不通了。"当时为此事曾引起罢市，冯大感狼狈，托人出面转圜了事。

国民二军军长胡景翼，字笠僧，在陕西三原时原隶属靖国军，中途投降直系。胡行径大类冯玉祥，一贯以善于倒戈著名，时于右任曾以诗嘲云："时去难为穿寨主，时来争做降王长。"胡于一九二四年十二月，进入开封，向铁总送旗匾，表示友好。胡在豫西与刘镇华、憨玉琨军作战时，要求铁总派交通队助胡作战，又由车辆厂代胡制造迫击炮弹，修理军械汽车等。胡对于工人群众组织力量，颇有认识，但毕竟不脱军阀习气，一切唯冯玉祥马首是瞻。一九二五年四月十三日，胡手腕患疮进医院施手术，不慎毙命。

国民军驻河南时期，中国南北各派军阀代表及政客等均云集郑汴，政学系李根沅亦为胡笠僧座上宾。这些政客们除与国民军进行自身交易企获取本派利益外，其共同目的是反对中共与正在勃发的工人运动。冯玉祥尝对其左右说："对付西披问题我心中有底，不劳旁人代谋,你们以后瞧着吧。"因此国民军头领与中共双方均感到貌合神离,所谓合作只是虚有其表,后来竟发生中共党员茅延祯被刺杀的事。

茅延祯,安徽人,保定军官学校毕业,国共合作期间期派到河南国民军任联络工作,经常与俄国顾问到各军视察。茅被刺前一周,春熙从他方面获悉冯玉祥近对茅延祯与俄国顾问接触频繁,表示猜疑,谓茅有刺探国民军军情嫌疑。我闻讯,立嘱茅注意,并建议茅暂时离开郑州,候查明实情后研究对策。茅坦然道:"马老二等不敢把我怎样,你放心!"正谈话间王度亦至,告我,春熙所云确属实情。因此我仍嘱茅速离郑州,且行动须十分机密,勿令对方知悉。茅勉表同意,但称尚有他事须办理,事毕即行。但当茅决定动身时,由于行踪被对方探悉,茅于赴车站时即遇刺。据目击其事者称,茅匆匆行赴车站途中,于僻静街道转角处忽遭遇二军人拦住去路,一人出盒子枪向茅射击,一弹即中要害,倒地毙命。凶手身着军服,但自摘去符号,行刺毕,袖枪扬长而去,军警不敢阻拦。事后我偕宫云涛到出事地点察看,并转请地方军警机关缉拿凶手。郑州警察局长摒人告我道:"此案案情蹊跷,凶手并未远扬,但恐怕难得归案。"言讫摇头不止。后经查明,此事实系国民军方面主使,铁总曾向冯请严惩凶手,冯阳诺,竟未理落。中共同志及工人无不义愤填膺,乃暂厝茅柩于郊外,派宫云涛经纪其丧事。又茅延祯被刺后,旋发现散兵骚扰铁总办事处,幸经纠察队制止,未肇祸。

洛阳为陇海路总工会所在地,河南西部重要城市。我一九二五年八月与王中秀同赴洛阳,重建当地党与工会组织。当时,铁总特派员游泳(天洋)、工会党团书记王中秀、洛阳市戴培元与黄天白分别负责当地工农运动,并迭次与当地军阀、地主、资本家展开激烈斗争。在茅延祯遇害后一年,一九二六年三月,王中秀、戴培元与黄天白先后被洛阳驻军残杀。(详见一九二六年七月《向导》一六二期,章龙所写吊文《悼我们的战士——王中秀同志》。)

孙中山北上之一幕

一九二四年十月,冯玉祥纠合胡景翼、孙岳在北京发动政变,迫曹锟下台,拥段祺瑞出任执政。孙中山乃乘机北上,同行者有汪精卫与张溥泉等。孙中山到北京后各军阀均虚与逶迤,冯玉祥独避不与孙见面,直到孙去世时为止。因冯欲独树一帜,意在与孙分饷苏联军火。孙中山北上动机原思与段祺瑞谋取妥协,时段受帝国主义控制,故孙北上前绕道日本,取得日本同意。正因为这样,《向导》(八十三期)初刊布反对孙北上文章,后来中山北上已成事实,遂听其所止。孙于一九二四年十二月到达北京,次年一月病发,肝痛甚剧,困顿床褥。孙自知病重不起,乃预立遗嘱处理身后财产,有卖履分香之思,其房产等均留归其妾氏继承。当时国际代表及守常乘间向孙左右进言,孙应别立政治遗嘱,否则无以显示革命政治家风度。汪精卫乃执笔草政治遗嘱,后称为总理遗嘱。又代草致苏联电文,时孙已神昏语乱,于三月十一日签字后,次日孙即逝世。罗敬谓倘当时无此一著(指政治遗嘱),孙便是白白死去,北上更毫无意义可言。当时国民党右派乘机大放厥词,谓孙中山被中共劫持,乃有此遗嘱,实非孙本人旨意。后左、右派妥协,乃将错就错了事。孙逝世后在中央公园举行追悼会,段祺瑞推故不到,陈炯明亲挽以联云:"为英雄能杀人活人,罪首功魁,留得千秋青史在;与故交曾一战再战,公情私谊,全凭寸许赤心知。"

石家庄与南口地区事变

我于三月初偕黄春秋等自郑州返至北京,路过保定、石家庄沿途下车。保定乃京汉铁路大站,为机车房所在地。城内育德中学党与团有人数较多的支部,主要成员为:王仲强、张廷瑞、张至刚、陶永立、彭桂秋、王鹤寿、王净尘、马素英、章锡琛、章锡瑷等。石家庄地处京汉与正太两路枢纽，军阀势力极为雄厚。当地党组织负责人为孙云鹏、张昆弟，会同铁总加派高克谦、傅茂公等充实石家庄工人运动阵营力量，并与当地军警展开极激烈斗争。一九二五年九间，在斗争中高克谦同志不幸牺牲，使革命遭受重大损失。

高克谦（一九〇六～一九二五），字允恭，直隶省无极县人。一九二一年入保定育德中学，加入北京马克思学说研究会，一九二三年转学正定第七中学。一九二四年张兆丰领国民三军第三混成旅驻正定时，铁总派高克谦到石家庄铁路工会工作，他为捍卫工会组织曾与工贼刘廷元、裴乐臣发生激烈斗争。正太铁路法国总管向当地驻军奉军旅长窦联芳（李景林部）及石家庄警察厅长吕正朝进贿款七千元，窦遂捕高克谦。我得讯往营救，已不及。于一九二五年九月二十三日深夜，高克谦被杀害于石家庄郊外东里村，年十九岁。

一九二五年三月，我偕何孟雄到张家口、包头一带恢复工会组织，在京绥路对敌斗争中亦发生特派员王净尘被敌谋害事。此事发生在京绥路罢工以后，时何孟雄、张世清被交通系告讦几被逮捕，幸为工会救护脱险。半年后乃有王净尘被害事发生。

王净尘（一九〇一～一九二五），直隶密云人，北京大学学生，北京社青团团员。北方劳动组合书记部部员兼任京绥铁路西直门分会秘书。时工会主席为张得臣与王同乡，相处极融洽，对交通系斗争极烈，一九二五年九月被敌谋害死，年二十四岁。（其夫人马素英亦北大学生，马克思学会会员。参见《劳动英烈传》。）

青济风云　意外挫折

在叙述青济风云以前，应略介绍山东方面工人革命运动的基本情况及其斗争发展的由来。

青岛与济南乃铁路、矿山与纱厂等轻工业荟萃地区，素为北方工运重镇。青岛日本纺织工业集中在四方及其附近沧口,计有八个工厂,中国资本纺织业有华新厂等。此外有制油、面粉、火柴等工厂,工人约计十万人。在一九二一年间,山东境内已有津浦与胶济铁路工会组织。在津浦方面,一九二二年八月济南大槐树机车厂工人一千余名,为了要求发给全部工薪及以前积欠薪水,举行罢工一次。组织罢工者为党员李宝成与李广益等。罢工经过一星期完全胜利,厂方均付出全薪,欠薪亦清。但是八月二十七日,路局交通系设计捕去大厂工人党员薛永顺、白兴诚、张吉平及书记部工作人员宋天寿等,送济南督署军法处关押。当经书记部派人设法营救,乃于半月后全部释放。在青岛纱厂方面,一九二四年北方区协同山东省委,开始在青岛纱厂地区阎家村开办工人子弟学校,最先派陆伯俊任教员,成立华新纱厂工会小组,是年夏天开始做经济斗争,获得初步胜利。陆伯俊介绍李德根、阎昌举、阎学春等成立党团组织,后陆伯俊在济南被害,由王星五继续做纱厂工会工作。李德根被捕后在青岛监狱逝世。但是,青济工会仍在地下环境坚持不懈。

青济风云始于胶济铁路与青岛纱厂工人的联合行动。先是一九二五年二月八日,胶济铁路工会在铁总特派员王元章、伦克忠为路局开除圣诞会会员及恢复工会事,举行罢工。经过十八天,结果承认五条件胜利复工,其主要条件为加薪释放会员、恢复工会等。继此而起者有同年四月十九日至五月十日的青岛纱厂同盟罢工,结果取得九个条件胜利复工。上述两次斗争可说是联合行动的先河。一九二五年初,我受中央局命前往山东、青岛、济南等地,同行者有卢夫旦与王春熙等。到济南后即召集山东省委、济南与青岛地委扩大会议。当时,济南、青岛中共党委主要成员有王瑞俊(在病中)、李慰农、王元章、王复元、王翔千、王哲、王崇五、杜华梓、李渤海、卢福坦、刘俊才、孙秀峰、魏福中、伦克忠、李宝成、韩文玉、郭恒祥、李青山、李青士等。在山东扩大会议上广泛讨论发动全省反日帝、反资本斗争等问题，当通过决议组织山东全省铁路与纱厂联合行动，具体决定是六月间实行胶济铁路全路大罢工与纱厂同盟罢工，立即组织联合罢工指挥机构，由中委、省市书记及委员亲身参加。会毕，我召集市委商订详细罢工执行方案，并联络青岛大学学生会组织罢工后援会，更与新闻界通讯社记者胡信之等交谈有关斗争中宣传鼓动问题，一切部署竣事后立即发动。时山东书记王瑞俊方患结核病，离职休养，王寄信给我，我乃同春熙到青岛汇泉医院探视瑞俊病，见其病情严重，忧思如焚，不幸于七月一日竟逝世。时山东全省联合行动正在开始，北方区守常来信云：天津有要务嘱文虎立即返京。我见山东局势紧张，迟迟不欲行，并集合慰农等计议当前局势，慰农说："就目前情况言，山东省委组织人力颇足，只要按预定计划与方案做去，保证斗争可以无虞，北京、天津既有要事处理，文虎可速归。"因此，我遂专程返天津。

我离鲁后，青岛、济南联合行动一切按预定计划进行，初尚顺利，但最后却遇到意外挫败，并发生重大伤亡。当时首先是胶济铁路举行罢工斗争，结果扩大了经济胜利。在四方纱厂方面，按原定计划于一九二五年六月十九日上午十时青岛纱厂举行同盟大罢工，罢工大队游行示威时，在四方被张宗昌军队及日厂武装警察开枪射击，当场死工人七名，重伤二十余名，并先后捕去李慰农与胡信之二人下到大狱。旋日本纱厂主以重贿嗾使张宗昌杀李、胡二人以立威，纱厂工潮暂被压平。

李慰农，安徽怀宁人，一九一九年留法勤工俭学生，后转赴莫斯科东方大学，一九二五年归国后，被派到山东工作，兼铁总胶济路特派员。慰农不矜不伐，谦虚谨慎，到鲁后与瑞俊共事，相处甚洽，其做法着重青济工会基本组织与训练，工会实力大为增高。时彭述之、王若飞等企图发动党内斗争，以扩张己派势力，到处游说他入伙。据慰农说，若飞曾向他说过："仲甫、守常、文虎、平山、中夏均北大旧人，他们无形中自成一派，我们也不能毫无组织，否则一定见制于人。"慰农不为所动，王遂与慰农反目，称慰农不识抬举。但慰农守正不阿，努力向前。当慰农罹难消息到上海时，中央正在开会，仲甫闻讯，宣布停止开会默哀，党内知与不知，无不恸悼，谓东鲁革命遽失长城云。山东党自一九三一年四中全会以后内斗不息，有破坏而无建设，至一九三三年组织归于消灭。

胡信之，为北方劳动通讯社兼青岛《公民报》记者，在青岛纱厂同盟罢工时采访新闻被捕。我在淄博时，据工人谈张宗昌受日本领事指使，为保护青岛日人工厂利益起见，历次缉拿外省来鲁煽动工潮的学生，久不得手。某次有一南方学生来济南游历，在城外遇警探盘问，学生戴深度近视眼镜，惊惶失措，回身急跑，警探在后厉声呼喊令其止步，彼仍不理，警探向其开枪，立负伤倒地，被抬往医院，不治身死。警探乃以拿获乱党上报了案。此事旋为胡信之所闻，乃据实报导，并谴责张宗昌残民以逞种种罪恶，刊诸京、沪报纸，张遂对胡怀恨，隐伏杀机，至是借口煽动工潮，将胡杀害。

伦克忠，北方劳动组合书记部青岛特派员，为山东中共党部后起之秀。伦克忠山东章丘人，胶济铁路四方车站大厂工人，幼年失学，但登坛演讲声震四座，极具鼓动力量。克忠每次在罢工斗争中必英勇向前，人戏称为吕温侯。青岛纱厂惨案发生后，克忠率胶济路全厂工人二千余人组织游行示威，沿途讲演，要求惩办杀人凶手。游行队伍通过聊城路及市场一、二、三路后，整队归厂，张宗昌闻讯，乃于六月二十六日派兵一营以武力封闭胶济铁路总工会，捕去驻会办事人员。胶济铁路总工会乃召集紧急会议，推举伦克忠与韩文玉赴北京向铁总报告。七月伦、韩二人到达北京，住铁总招待所，时北方区委、铁路总工会、北京市工会、北京学联会等团体为六月青岛大罢工事，于一九二五年八月十六日在北京天安门召开驱逐鲁督张宗昌群众大会，到会学生、工人四五万人。伦克忠登坛演讲，历数军阀张宗昌武力专政，残害自由，屠杀善良，禁锢工人，摧残工会十大罪状，听众大为感动。大会通过决议请北京政府罢免张宗昌，会后并游行示威。时有山东省政府驻北京办事处处长某，乃将天安门大会目击情况报告张宗昌，张得报后大恚恨，必欲得伦克忠而甘心，乃派副官张斌即张黑子率兵一排到北京，会同北京军警捕拿天安门大会主犯。某日上午，我、春熙、克忠、文玉四人正在大中公寓（位于东皇城根迤北，地近沙滩北大第一院，该公寓有房数十间，住客大部为北大男、女学生。听第一院钟声起落，上课、下课憧憧往来不绝），我与克忠、文玉谈话，商讨山东有关问题，忽见春熙仓皇从外入，低声说道："胡同外不静，速散会。"我乃令克忠、文玉由后门出去先行（因他二人非学生），自与春熙殿后，迨克忠、文玉出去后，春熙忽闻外面吵吵嚷嚷声亟，乃引我至公寓偏院北大另一同学住室暂避。适同学外出上课，侍役因识春熙日常至该室谈话，故开门延客入座。坐定，即有军人自外入院察巡看。我伏案阅书，春熙坐床上织毛衣，了无他异，遂未加查问而去。逻者既去，春熙恐其再至，即促我起身快避，二人乃各挟书本从偏院角门离开公寓向沙滩红楼课堂走去。后始闻知克忠与文玉离大中公寓后行方数步，即被张黑子上前识出，将二人捕去并留一队军警转身进公寓内搜索，但无所获。克忠与文玉既被捕，即解往济南军法处由张宗昌亲讯，严诘北京方面主使人，克忠破口大骂，二人遂被投狱中。此际中共北方区委动员各公法团体纷纷电鲁营救，张益怒。克忠既下狱，张宗昌副官某与克忠有乡谊，思营救其出险，因向张宗昌进言："伦克忠为一工人，能到北京天安门纠集几万人大会反对督军，其人才勇可知，督军如果使克忠为己用，则可以逢凶化吉。"张意为动，令某向克忠游说，克忠答："你的意思我很明白，不过督军衙门是容不下我这个工人的。我是主张打倒日本帝国主义，推翻军阀统治，组织工人自由国家的。"某闻克忠言，知不可强，据以回报，张遂于旧历中秋节前下令处克忠极刑。克忠从容就义，被害时年仅二十七岁。文玉被提审时，张见其年幼（文玉时年十六岁，外貌不过十四五岁），乃处徒刑三年。克忠被害后，铁总派人赴鲁料理丧事，葬于四方车站附近，后由四方工会在被难地点立碑以资纪念。张宗昌后于一九二六年在北宁路被刺丧命。

与伦克忠先后被害者有宫以明、房沉、林培武与张怀清。四方纠察队长赵石可亦被捕，后判徒刑，刑满释出。

"五卅"以后，我与烬梅、慰农有事于山东半岛，时偕东晓、春熙等往来青岛、济南间，羽书檄驰，目不暇给。时寓东流水王兰英宅，出门不远即临趵突泉，朝夕徜徉其间，遥望千佛山，历历如绘，尘襟尽洗。

济南中共党团员大部参加山东工人运动，在大槐树设立工人子弟学校，主任刘俊才、教员王崇伍、庄春晓（女）、孙秀峰等。山东同志精诚协作，大都智勇深沉，内无私斗，外无全敌，蔚为风气，号称革命坚垒！从济南党委可见当时王姓党员最多，时人戏称"琅琊诸王"。又益都魏福中家祖孙数辈同时参加革命并入党。山东党委重要人物为王瑞俊、王翔千、杨明斋、邓恩铭等。其中死事最烈者为李慰农、伦克忠、胡信之等。

邓恩铭，原籍云南昆明，随父宦历城，父死贫不能归，遂侨居山东历城，学生时代好学问，有权谋，壮思文采，以帝师王佐自期许，入党后投身工人运动，刻苦自励，履险如夷，至是旧名士习气，一扫而空！后因于芝生告密被捕，陷济南狱中而死。

在一九二五年北方革命重光中，北方党同志在战斗阵地牺牲外，尚有不少同志积劳殒命或因公致死，使党蒙受重大损失，如王瑞俊即其著者。

王瑞俊（一八九八～一九二五），字烬梅，亦称尽美。山东莒县北杏村人。幼聪慧过人，入北杏村小学，品行成绩优异。一九一八年考入济南省立一师，好学不倦，誓为良师。越三年，即一九二一年五月，北京大学马克思学说研究会成立时，瑞俊到京参加，后即回济南成立马克思学说研究会，学会举行多次讲演会讨论中国革命新方向问题。瑞俊写革命之真谛一文，内有云："我们山东是军阀产生的地方，枪炮如林，军官如雨，枪炮多则造成对内屠杀，造成天灾人祸，社会贫穷，万恶渊源都悉由此起。好战的军阀，天生是专制独裁的胚子，政治黑暗与专制是互相影响的，民主政治与军阀的枪杆子是不两立的。社会革命的起码要求就是推翻武力政治，争取近代文明国家人民所应享受的自由平等的权利，既无任何剥削形式的劳动自由，无任何形式限制的居住自由，言论出版自由，集会与罢工自由，因为这些自由是人类尊严所托，同时是军阀统治下最不容许的，所以我们要起来从统治者手中夺回一切人权与自由。我们的手段是用生产人民的团结力量推翻军人统治，同时要以生产人民为实体（不是假藉劳动人民的名义），组织没有非生产人民参加的劳动民主政治，一劳永逸地实现真正的民主，使武人专政根绝不再为祸患于中国。同时使一切假藉民主实行专政的非劳动人民的政治无由篡夺与得逞。"（见《工人周刊》五期。）

济南马克思学会有会员五十余人，受瑞俊思想言论影响甚深。一九二一年六月，瑞俊与恩铭赴上海参加中共一代会，在会上附议北方代表意见，党应以全力发展工人运动。回济南后，成立山东劳动组合书记部。一九二二年一月，瑞俊出席莫斯科远东会议。一九二二年十月，中央决定山东劳动组合书记部合并于北方劳动组合书记部，调瑞俊任北方劳动组合书记部副主任兼秘书，后又兼京奉铁路特派员，驻唐山、山海关工作。自是以后，瑞俊与我一九二二年间先后指挥京奉路、开滦五矿大罢工。一九二三年京汉铁路大罢工前后，瑞俊均在书记部积极参加工作，以致积劳致病（肺结核），于一九二四年回济南做短期休养。一九二四年至一九二五年五月间，瑞俊在山东主持党及工会运动，主编《晨钟》报及山东《劳动周刊》，病势渐沉重，缠绵至一九二五年七月一日在青岛病逝，年二十七岁，计参加革命前后历五年之久。

瑞俊才华俊秀，革命出于至诚，宁静有远谋，克敌致果，守正不阿，文学修养深湛。其余事，兹就其生平重要行谊略书数事。瑞俊工作认真，生活不苟，明斋称其为鲁男子，乃革命中上上人物。有人问他孰为下流人物？明斋答："以'革命'为敲门砖，欺枉民意，便是下流人物。"众称杨为知人。当孙秀峰闻李慰农曾将彭述之等在党内闹小帮派问题的事转告瑞俊时，瑞俊聆悉大愠，告慰农说："这种行为是中国军阀、官僚、交通系、国民党的余孽，我们应该斥责他们，千万不能附和他们，否则亡党之祸就在眼前，那时革命也就要衰落下去。"慰农闻言，肃然起敬，遂不附和彭等所为，彭气为之夺。

瑞俊病重时，以书驰告我，我乃专赴青岛省视其病于汇泉医院。瑞俊见我面有喜色，但自知病将不起。我见瑞俊形销骨立，悲怀难抑。瑞俊道："我们的事业虽然艰苦，但这几年来的方向总算对准目标进行，虽劳而有获，所以也就无愧于劳动人民。今后要注意的还是一心一意扩大工人组织力量，一切其他手段都不必理睬。"又说："虎兄，我们书记部人大都怀有政治洁癖，易为小人所乘，今后可能要付出超革命以上的代价，成败之事固难以定论，但民主自由是革命归宿，只应尽其在我而已。……"时胶济铁路与青岛纱厂同盟罢工事正亟，瑞俊知我不能久留，对我语道："我病中能见兄一面，于愿已足，兄不宜久留，免同志久候。"我遂匆匆与瑞俊诀别，一周后遂逝世。瑞俊身后，党与工会派人经纪其丧事，并开追悼会以致哀思，各工会代表自四方云集北京，我为诗以诔之。

王瑞俊

一九二五年瑞俊病逝青岛汇泉医院。

忆昔书记部，东鲁萃群英。王门三杰士，俊才与恩铭。
五君皆魁秀，各领方面军。岩岩泰山峻，泱泱黄海云。
青齐兖泰间，风起复云蒸。方圆亘千里，车马久经循。
攻守大槐树，转战皇姑屯。罢工曾卧辙，布檄竞飞文。
凡此诸战役，与君同经纶。君绩愈益重，君体愈益轻。
积劳染沉疴，心力交相侵。予闻君病厄，一再临海滨。
访君汇泉院，见君神志清。遗语不及私，肝胆为摧崩。
医术诚不竞，百药竟无灵。夺我党之良，昊天何不仁。
叹息斯人去，群工泪为倾。此恨何时已，沧海欲生尘。

（王门三杰指瑞俊、像千、元章。俊才即刘俊才，恩铭即邓恩铭。大槐树为津浦铁路济南大厂所在地，皇姑屯为京奉铁路关外大厂所在地。）

津沽、焦作工潮

是年六月中，我自青岛来到天津，住英租界教堂后张宅（张溥泉之弟张毅住宅，张毅时任师长驻防漳州，经溥泉介绍暂寓张宅），与天津市委计划发动纱厂罢工斗争事。当时天津市委地址在张庄大桥义庆里十七号，其主要成员（包括一九二五年至二六年）为：郝文廷、李季达、卢台亭（纱厂工会）、于国桢、郭隆真（女）、李培良、江浩（竹元）、李永声（锡九）、吴汝铭、辛璞田、李希逸、李志新（印刷工会）、张兆丰、安幸生（工运）、于方舟、叶善枝、粟泽、卢妙根、韩麟符（军运）、解学海（农运）、杨春林（农运）、杨自立（农运）等。时天津市委以全力组织纱厂罢工并计划联合海员、铁路等企业共同行动，结果，裕大纱厂等企业于七月实现同盟罢工，为了对抗镇压，群众采取直接行动，反抗资本家进攻，相持数周，双方均遭受了重大损失，死伤十余人。

当我驻郑州时，用全力发动河南省境内工农群众成立革命组织，主要为成立河南省总工会与豫西、北、东、南各县农民协会，红枪会与大刀会。中州风云，剑气升腾，飞扬振奋，路矿与城市产业工人斗争，互相支援，此伏彼兴，扶摇直上！

当斗争面临高潮的时刻，我偕荷波曾亲自组织以铁路、矿山、新乡、卫辉、郑州、洛阳等处纱厂工人为主体的共同斗争，其中以焦作煤矿联合大罢工，规模宏伟，波澜壮阔，自六月至翌年一月间，前后坚持达八个月之久。焦作矿山工会罢工指挥部纠察队曾占领福公司办公大楼，控制全区矿山及道清铁路，迫使资方同意工会方面提出主要要求，按等增加工资，改善工人生活等。由劳资双方代表（工会代表为吴光荣、冯金堂、龚一清等），举行对等会议，签订二十二条，胜利结束罢工，我于签订该项条约后始离开新乡北返。又在此次矿山工人大斗争时，当时随我到矿山工作的同志有吴光荣、张兆淮、张隐韬（河北南皮）、王忠秀（河北保定）、马尚德（河南确山）、张景曾（陕西韩城）等十余人，并派遣工作人员到安阳六合沟采取联合行动。唐山煤矿、开滦矿区工会亦同时派工作队到豫协助一切，成立后援会，给予人力物力，支援焦作大罢工，取得相当成就，并补发罢工期内工资。

焦作矿山罢工的胜利，使福公司受到重大损失。当时北方区委认为是："失之东隅，收之桑榆。"但一九二六年罢工结束后，工作干部罗士威、吴光荣等被当地军阀谋害。

（关于焦作矿山罢工事件，近代史及中共党史文件均无详记，本文除著者亲历所纪外，详情可参考福公司档案。）

一九二六年北京印厂案

京津青济广大地区革命高潮以伟大胜利开始，更以重大牺牲结束，这是出人意料之外的。当时整个北方形势陷于低潮，中央为了新的部署，即集中全力于北伐起见，对北方乃采取退守政策。为此中央乃决定要我与守常离开北京到南方去。在中共中央执行这个政策时，北京忽然爆发了一个重大事件，即北京印厂的案件。

　　先是，北京区委由于革命宣传业务有了很大开展，通过一个民营印厂即北京印刷厂承印一切有关革命报刊，数量颇大渐引起外间注意。工人中有一个工人张镇兴因事请假缺勤，厂方照例扣发工资，张不满。双方发生争吵，结果张为泄愤起见，乃向警署告发，说印厂印刷北方劳动组合书记部书报。警所得报，先派便衣警士前往该厂侦察，获得旁证，乃下令往捕经理。经理闻讯出走，乃传去工人及学徒数人，并派人搜查，得到该厂承印文虎所写铁总报告及其他北方区委所印行报刊、小册等数十种，数量甚巨，堆满半间屋子。被捕人员初审过后，警所乃派警士缉拿主犯文虎严办。

　　当时即一九二六年八月，我正居住在北京东城乃慈府胡同如意胡同一号内，同住者有铁总秘书王鹤寿，及其他干部工作人员。王为河北唐县人，保定师范生，原是共青团员。王是奉我命经常向印厂联系接洽印件的人之一。另一奉命工作的人为陈楚梗（湖南醴陵人，北大旁听生），当警所眼线捕我时，在沙滩东口将王捕去。陈楚梗闻讯逃往天津（后在天津被捕解京牺牲）。王既被捕，警所晓以利害，王动摇，立将我的住址供出。王并引领警士前往如意胡同一号搜查，当查出文虎所写报告手稿文件等，及其重要证据，一切证实王所供是实。搜查时间为八月二十九日上午八时。惟我因事前二小时奉北方区委命离开如意胡同，搬到苏联大使馆居住，当时脱险。北方区委之所以能于事先通知我走避，主要是区委守常及时从《顺天时报》记者最先得到印厂被搜查事，乃用妥速方法告知怀龙转告我。（后《顺天时报》曾报导印厂案。）

　　与王的行动同时，尚有郑州铁路工会干部魏士杰又被卷入印刷厂的案内。魏士杰原是一个普通工会干部，是年五月郑州工会发现京汉铁路南段驻军寇英杰师长对铁总发生不友好行为，当时工会败类分子南段总管张有通敌嫌疑，铁总乃下令扣留该总段长，暂给停职处分，等候查明事实，再做正式处理，旋在审查中发现魏士杰有附张言论，魏不自安，乃进京求见我藉加解释。当魏士杰到达北京如意胡同时，该房正被军警搜查，魏从外闯入时，即被军警扣留，带往警察厅究办。当魏被审讯时，见王已将铁总及北方区委情况输敌，自知不免，乃供证我为北方区委及铁总主持人。此案性质遂定为叛国罪。法官倪弼宣布主犯文虎继续通缉归案严办。王与魏士杰输情于敌，当时外间不知。王后被任为冶金部长，四十年后揭发出来，真相始大白。

再说，我进驻交民巷大使馆兵营后对于北京印刷厂案一面派杨善南（北方区委组织部干事）前往办理营救被捕人员出狱（王等禁一月后保释出狱），一面会同守常详细报告北方近日发生情况，建议今后进一步做法并请示进止。随后中央派使者松石北来，提出新的建议，大意是说：自五月北伐出师，节节顺利，现已通过岳州，攻克汉口，中共中央决定前往武汉办公，并以全力注意武汉方面的发展。因此中央决定我与守常立即回上海转武汉中央参加中央常委工作。

当时对于中央决定，守常原则上同意，但执行方面有分歧。守常认为北方区工作繁重，二人同时离开是不相宜的。因此他主张我且先行，他本人候公私各事（包括他个人方面事务）处理停当再离开北京。我此时坚决执行中央决议，并称必要时我自己宁可以留守北京，而让守常先行。此事我虽向守常再三说明，但守常仍坚持己见，要我先行，他自己殿后。这样我又在京停留几天，以促守常同行。惟守常终不同意，最后我乃偕松石离京赴沪转武汉而去。（后来守常迁延未赴沪，一九二七年乃发生大使馆案件。）

于此应提及一事，即：我在离京前与守常商议将北方区委建制做了一些适应北伐战略的部署。为了防备万一起见，我建议大使馆兵营留驻人员应尽量减少。临行时我将北方区委积年以来所保存党内外文件、刊物、档案等文献大部分委托韩晋先（太原同志）特制大号木箱四只，寄存第三院北大学生储藏室内（用北大哲学系罗璈阶名义）以保永久。但此项文献箱在日寇进驻时，为北大继任校长汤尔和查出，盗毁尽净。

黛茜

当我孑然一身回到离开久别的北京大学，此时此地北大人事已发生不少变化。中夏、特立等已远走高飞，北大同学云南三王已毕业离校，天放、王铮等均已回南方，马学会已升华为伟大的党的战斗集团了。仍住在马神庙西斋宿舍，虽然室小人阔，但人事殷繁，生活时有失衡之意。正在此际，于茫茫人海，仕女如云的北方名都中，偶然从南方来的谢怀龙到北大上学。

谢怀龙原名黛茜（Daisy，译意"勿忘侬花"，为蓝色花朵），杭州西兴人，其父为丝绸商人，怀龙是独生女，父视若掌上明珠。十五岁入上海伊莫麦女学肄业，学习中文和英文，成绩优异。幼年家庭代订婚事，见男家富有而质量平庸，黛茜对婚约不满，婚前乃逃婚他适。二〇年独往北京求学，进入北京大学英文系听课，参加班会活动时结识石评梅、缪伯英等同学。伯英经常送书报与黛茜阅读，黛茜思想渐左倾，尝写北京文学界消息投稿《密勒评论》，上海英文《大晚报》，并将浙江故乡丝厂女工消息投函《工人周刊》，她便中了解北方书记部一些内幕情况。旋父母来信促其南归完婚，黛茜惶恐不自安。后乃回信拒绝，申明婚事问题如不解约，誓不返家。伯英见状问何故拒婚，黛茜以实情告伯英，伯英十分同情她，戏问，"那么你今后打算同谁结婚？"黛茜戏答："我愿意同舒奇铺（即书记部）结婚。"伯英大笑，转告我，我漫应之，未深询其事。

陇海路罢工斗争既起，我孑身往洛阳指挥，孟雄留守北京，循伯英之请，请黛茜任书记部秘书，黛茜遂加入共青团，时年十八岁，自后伊工作十分努力。我回京后与Sliufnied◇◇商量筹办《远东日报》于北京，由我主编中文版，评梅与黛茜共编英文版（该报旋停办）。

一日，黛茜、评梅到马神庙西斋北大宿舍来访我，商谈《远东日报》西文版出刊问题。谈毕，伯英从外入，说："我今天请你们到第一春（北大附近小餐馆）便餐，我有很重要的问题向你们提出。"评梅因事先走，于是伯英、黛茜、我三人同往第一春。座中，我专心致志看随身带来的信和文件。黛茜、伯英二人谈锋极健，热烈辩论。正谈话间，伯英忽转向我，云："你为什么老不说话呢？难道是专等着吃才来这里吗？"黛茜云："他对我们所谈的事怕不感兴趣，你莫勉强他。"伯英云："他工作以外素不关心他事，这固然是优点，但未免过犹不及，也应受批评。"伯英忽把话题一转，谈到黛茜家信中愿与书记部结婚的问题，大家围绕这个问题说了一阵闲话。饭后，由伯英建议放假半天，先到陶然亭一游，游毕再回到孟公府黛茜处休息。

三人到南城远足一遍，然后返回北城，归途过孟公府时，御河桥畔柳外浓云渐起，天忽下起雨来。伯英说："我先借黛茜的伞回去，等一会我再送伞来接你吧。"黛茜说："你不必送伞了，雨停后，他自雇车回宿舍去。"等伯英去后，黛茜拿出她所写的作品（发表的文章锦集本）请我过目，我浏览一遍，见其中英文小说、小品文译作颇富，且有不少佳作，颇做到信、达、雅的标准。因细心阅览，欣赏不已。黛茜在一旁正襟危坐，沉吟不发一语。阅毕，黛茜忽然向我说："近年书记部总算有些成绩，今后最迫切的事是应多方延纳四方才俊加入书记部共图进展。"我聆语，心颇折服。谈话继续深入，越谈越远，像游骑奔驰，漫无止境。

天色已近黄昏，雨仍不止，远处柳岸轻雷，渐近渐大，隆隆如滚车。未几，迅雷烈风挟倾盆大雨而至，院内远近沟壑皆盈，不能出门一步。黛茜笑云："雨势飚忽，不必急去，今宵坐待，点烛长谈，等明朝雨过天晴，再走不迟。"我无可奈何，只得暂留。这样二人对坐，直谈到天明始散。第二天清晨，伯英因接上海急电，送伞来，把我接走开会去了。

从此以后，我在北方一方面过着惊涛骇浪的斗争生活，同时也在日常生活方面得到黛茜照顾。黛茜协同北方区委对当时为革命牺牲的李慰农、茅延贞、伦克忠等二十余位革命同志善后及家属抚恤、子女就学就业等事做了妥善安置，然后遵循中央来信意旨，安排进一步的工作。

一九二六年九月初，我偕黛茜离开了北京苏联大使馆，乘车赴天津时，车中她提议到沪下车时先往见仲甫，然后再回杭州。我欣然同意，但两人下车伊始，即遇仲甫临时失踪之事。事出意外，伊只得宁静心静以待极缘。仲甫即脱险，两人乃重商会见仲甫问题，结果决定次日中常会后，二人同往见仲甫。

翌日，我孑身先到中央开会，仲甫精神已完全恢复，主持全会经过良好。中央会毕已正午十二时许，荣盛请仲甫回家吃午饭。我见仲甫左右无人，向仲甫提出怀龙的请求，并将她的简历介绍给仲甫。当时仲甫显示亲切说："你同她一道到我家进便餐吧！"我立即出门到附近咖啡座找到怀龙，同去见仲甫。她喜出望外，嫣然一笑，立即动身前往。三人见面时，仲甫目灼灼注视怀龙笑道："你家是在西子湖边住吧？"怀龙顿时满颊泛红，只答一个是字。随后她立即鼓起勇气把长时间准备好的一套，不卑不亢、情文并妙的向仲甫倾诉。仲甫聆毕，连连点头，口说："对！对！我赞成你今后好好帮助文虎，也就是革命工作呢！"怀龙此时笑逐颜开，称谢不止。顷之，四人共餐，席间仲甫倾谈他在北大文科学长任内时代的生活，容光焕发，语若悬河！荣盛在各人前满斟绍酒一小杯，仲甫说自己有慢性阑尾炎，不能陪饮，但盛会难逢，你们各畅饮一杯。怀龙起立端杯说："今日得见先生尊颜，是我平生最大的幸福。"言讫一饮而尽。餐后又谈片刻，大家起身告辞。

二人回寓后，怀龙引我到三马路丝绸行同去见她老年的父亲，并发电告她的母亲及其寡嫂。随后由她草拟一个启事，登在上海《新闻报》，一切事情办理妥当，婚事始告完成。

当时杭州省委突然发生内部争执，请中央去人解决。清晨，荣盛通知我：老头子有事找你。我偕怀龙往见仲甫，仲甫悠闲地说："你们可同到杭州见见家里人，同时解决杭州省委问题。"次日我们即赴杭州暂住湖滨宿舍，地点在城站旗下。此次首先是解决楚伯洛夫（即陈为人）所犯桃色罪过问题，这个问题引起当地党和团的重大争吵，结果给陈处分降职离省了案。

次日，我二人步行过钱塘大桥到西兴，到怀龙家共省其老母和寡嫂，并同她们共游西湖天竺、龙井、九溪、十八涧等处，盘桓数日，尽兴而归。

在萧山时，我们二人见到沈仲九、于秀松。沈在谈话间微笑睨怀龙说："小妮子，侬跑得格快啊！"怀龙低头不语，心嫌其人。归时对我语："此人极不可靠，应注意。"后来在"四一二"中，沈主持杀害中共数十人，果如怀龙言。怀龙一九二七年亦在白色恐怖中牺牲（可能与沈有关）。杜渐防微不力，亦颇有责任。

与怀龙自杭州返上海后，准备行李匆匆中，我再往见仲甫一次，仲甫嘱我即日动身到武汉去，并随带去中央干部多人，作为中共中央迁武汉前站人马。

我等遂于九月下旬乘轮上溯长江经安庆、九江转展到达武汉。

南行赴粤　筹备北伐见闻

北伐筹备会议

一九二六年五月，中共中央决定在广州召开北伐筹备会议。这次会议中共中央文献又称为特别会议，主旨是讨论与北伐有关各项重大政治军事决策问题。做出决定后，交付国共联席会议，分别实施。后来有关北伐策略均循此项原则进行。出席会议成员：有我（中共中央委员），苏联政府代表兼高等顾问鲍罗廷，军事顾问布留陕尔，及苏联海军局长◇◇，广东省委书记陈延年，此外省委◇◇◇以及其他列席人员等共十余人。

在此次会议以前，中共中央北方区及广东区、各省委等先后开始征集有关资料，并做了长期研究，因此，在会议上提供了一些系统性资料，并附有关的图表与说明书等。因此会议进行，颇为顺利。会议开始时由中委、国际代表、苏联顾问、广东省委书记分别做报告，然后进行讨论。

会议首先认为，北伐是确立摧毁北洋军阀与帝国主义独裁统治的重大决策。会议规定北伐工作按客观实际情况分期进行，大约分为三个阶段。第一个阶段出师长江，占领武汉、南京、上海、福州、杭州、安庆、九江等重要城市；第二个阶段出兵武胜关与江北，占领陇海沿线郑州、开封、徐州、西安、洛阳等城市；第三个阶段出师河北，占领济南、北京、天津、太原、东北、张家口等城市。估计前后需要经历一年多的时间。

会议首先讨论敌我双方力量与形势，根据双方物质条件、兵员人数的统计数字，大致说来，当时北方军阀所占地区广大，人力、物力、财政、军储方面均占有优势。一九二五年间，北洋军阀（以张作霖、吴佩孚、孙传芳为主）拥兵共约七十余万人，大炮一千余尊，机关枪一千五百至八百挺，飞机三百余架，其中奉系有陆军一十八万（张作霖十一万，张宗昌七万），直系吴佩孚三十五万人，孙传芳二十三万人。同时在武器生产方面，据一九二六年初调查统计：北方能自行生产武器工厂，有奉天、太原、巩县、德州等兵工厂，其中以奉天兵工厂规模较大，能生产步枪、机枪、各种大炮、高射炮、氯气炮、防毒面具等。该厂每年能生产大炮（山炮、野炮、重炮）一百五十尊，炮弹二十万发；步枪六万支，机枪一千挺。太原兵工厂能生产步枪二万五千支，冲锋枪、山炮、臼炮均能制造。河南巩县兵工厂每年制造步枪五千支与炮弹。长江流域有上海高昌庙兵工厂，每年生产七五山炮八座，机枪三十一挺，弹三百万发。南京金陵兵工厂，每月能生产机枪三十挺，弹药八十万发。湖北汉阳兵工厂，每月生产步枪二百五十支，弹药称足。以上合计北洋军阀所辖区域兵工厂每年能生产步枪约八九万支，机关枪二三千挺，兵员扩充有极大后备力量。当时广东政府动员参加北伐军队不过五万五千人，其后方之广州石井兵工厂，每月能生产步枪九百支，子弹一百万发。湘桂各省修械所亦能生产少量步枪与弹药。（以上见北方区文虎报告。）

在上述南北兵员、武器条件优劣悬殊情况下，北伐作战做了以下估计：敌方孙传芳、吴佩孚互相矛盾，后方又受奉系牵制，不能全部投入战斗，更因占地广阔，工农群众威胁，调动迟缓，不能随时迅速集中。第一路敌军吴佩孚军驻两湖约十万人，黄河南北亦十万人，我军从湖南急速进军得民众力量响应，实行中心突破，则吴军全部必然瓦解，吴将北逃无路。孙传芳军二十万，分布江苏、浙江、福建、江西四省，处于三面受敌地位，南昌攻下，彼决不能守住江、浙，结果惟有渡江北逃。孙吴既倒，晋阎、奉张必难幸存，其他军阀亦惟有降附南方。这是会议初步估计。

会议更从广泛政治角度分析，北伐战争包含着以帝国主义、中国军阀官僚与中国革命政党与人民间几个主要阵容的斗争。当前帝国主义与中国军阀官僚的力量表面上是颇为强大，中国新兴革命力量看来是比较弱小的，但这只是相对而非绝对的，它是正在转展变化之中。这是会议上一致肯定北伐战争的重大前提，根据这个前提进一步做成以下的政治分析：具体说来，各帝国主义间是互相勾结又互相矛盾的，彼此间为了争夺势力范围和权益是明争暗斗，漫无休止的；还有各个帝国主义本国内部，由于阶级斗争与政党内争，也不免意见分歧，造成对外政策的不一致（如目前英国保守党与工党的争执）；至于中国南北各军阀官僚政治集团的情况，也大同小异，既互相支援，仇视革命，同时又互争地盘，互争雄长，勾心斗角，各自为政。由此可见对于国际帝国主义与中国军阀来说，敌方的各种消极因素，实际发生互相抵消的作用。我军如果运用适当，决策合于机宜，采取伐交伐谋，批亢捣虚，便可以寡击众，以弱敌强，实行三路突破，完成全部北伐工作。

关于帝国主义军舰大炮问题，会议进行辩论，讨论范围牵涉颇广。如所周知，由于从近世纪二百年来，国际帝国主义占有多数军事基地，运用海陆军队前后夷灭了数十个亚洲、非洲国家。中国自鸦片战争以来不少人对帝国主义威力，远程大炮，余悸犹存。远事不说，如上年孙中山在广州，当商团武装叛乱时，英帝国政府曾向广州白鹅潭集中军舰，炮位指向永丰舰。当时孙向人说："我们对英舰绝无抵抗力，只要几分钟，英舰便能把大本营、永丰舰、黄埔军校捣得粉碎！"因此孙遂接受调解，发还陈廉伯枪械。这是前不久发生的事情，可以说明帝国主义干涉中国革命所引起的破坏作用。

这次北伐出征，首先是进入长江流域，长江流域一向是国际帝国主义出没地区，特别是英国势力范围，大不列颠殖民主义的生命线。因此，帝国主义决不会让革命政权在长江流域和平成长起来。话虽如此，但这只是一种片面不全的说话。从会议上前所进行的一般性辩论，已经可以断定帝国主义在强大革命攻势之前，是会渐渐趋向瓦解的，最后必然成为强弩之末。这里最重要的关键问题，就是启发广大人民群众的革命智慧勇敢与革命组织问题。从各民族革命历史发展考察，人民革命的组织力量是具有超级的政治动势，是不可估计的力量。同时在目前战争局势方面更起着直接的决定的作用。因此必须集中注意发挥群众革命组织力量。据不完全统计，现今全国范围内有组织的产业工会会员已超过一百五十万以上，全国农民协会组织已迅速发动，不下百余万人，革命学生及中层市民阶级组织亦在广泛动员发展中。事实表明，当前革命阵营工农学生群众组织力量确已凌驾敌方之上，而成为军阀帝国主义的劲敌。

会议根据当前实际情况，决定北伐军分三路出征，以迅速行动直捣军阀中坚阵地。（一）西路从广东北江出发，由韶关进入湖南直捣武汉。如此可以进战退守，建立坚强的前进革命阵地。（二）中路越大庾岭攻取赣州、吉安，直下南昌、九江，到达长江南岸。（三）东路经过闽浙二省占领江苏、上海与南京。（关于讨论三路出兵、统率调配等军事问题，在会议上原有分歧意见，但当时中共军力不足，颇有顾此失彼之虞，所以后来形成尾大不掉现象，此乃失策之一。）

会议考虑到上述各路敌我形势与双方力量，互不均衡，因此决定将中共所属兵力，主动攻坚，直捣武汉。武汉既下，便可以推动东南，影响北方及中国全域。这是北伐会议的主要精神，也就是以后三次北伐的全面布局。

会议结束后，将决议交由国共双方中央提出通过实施，以后军政部署原则悉照方案办理，作为基本文件。

在广州停留

一九二六年三月中旬，我同韩麟符从张家口回到北京，与守常见面，时在座有几位工人，谈论赴广州出席第三次全国劳动大会事。守常宣称："昨接上海中央来信，决定五一节在广州召开第三次全国劳动大会，北方代表名额定为五十名，由北方区委会同各产业工会决定人选，并由老史与我率北方铁路、矿山及京、津、郑等城市工会代表团，前往广州出席第三次全国劳动大会。"我沉吟道："此间事情正忙，请老史领代表团去吧！"守常说："开会之外尚有更重要的事，还是同去走一遭。"我无奈，遂准备南行，并决定北方代表第一批先行，由史文彬领队。我乘车于四月下旬抵沪。我抵上海后，往中央参加会议，商议与广州劳大有关诸问题。仲甫忽对我语道："此次兄赴粤参加大会，只是附带工作，主要任务是向广东省委详细了解国共合作真实情况和困难，并多同延年谈谈究竟有哪些问题存在？因为上海、广东天各一方，平日电讯往还，语多简略，且过去无适当的人能通盘认识合作问题症结，所以你此番应以全力完成这个工作，并设法多找毛子交换意见，同时广泛收集其他同志言论，整理后带回上海。并且要快去速回，在广州勿多耽搁时间。"我聆言，始恍然于守常临行前所说另外有事情要做的语意所在。同时并出席北伐筹备会议。

工会代表分批乘轮赴粤，时与我同船者有王亚璋（女）、童昌荣、项英、林贞（女）、林育南及上海工人代表戴起甲、瞿素珍（女）等二十余人。五月天气，船小客挤，轮中郁热，轮船过台湾海峡时风浪极大，所幸，我数经航海，惯历风涛，乃静卧轮舱中，藉息数月来风尘劳顿之躯。我与昌荣对榻而卧，漫谈以解闷。昌荣来自武昌，询我北方情况甚详，并问近从何处来沪。我告以方从包头、张家口回北京。昌荣闻言笑道："老兄征尘不息，此番去粤，正如古人所谓：朝驰紫塞雁门，暮泛苍梧涨海。"我答："塞外驼马尚可驾驭，海上石尤却难驯服。"育南问："何以见得？"我因将去岁黄海舟中所遇告之，昌荣道："此事奇险，在人生旅途上，实在是可遇而不可求。"林贞听罢喟然叹息道："我辈长年累月坐在缫丝车间，蒸汽沸腾如处雾中（按：林为丝厂女工，时称湖丝阿姐），今日第一次航行大海，始看到天地空阔气象，虽然遇到大风大浪，却长了不少见识。"大家促膝斗室中，剧谈杂以诙谐，不知不觉船便到汕头停泊，从翌日起风平浪静，海不扬波，平安地结束了一千七百公里的航程，到达广州。

劳动大会于五月一日开始，七日闭幕，大部工作均由省工会负责人苏、史等主持，我除任大会党团书记工作外，其余时间均用以访问省委、国际代表以及各方负责同志，进行谈话。我在广州停留约一月多，住在管东渠寓（即广东省委代名），周谘博访，略志其概要如次：当时广州为省港罢工策源地，兼为国共合作中心所在，中共中央调配数以百计的工人运动战线干部及党务政治、军事人员充实广东省委机构，而以陈延年主持管东渠全域。

延年初归国时，奉父命访我于中央工委办公室，表示愿到北方做工人运动，因此原定派延年至北方区委工作，后因广州方面需要人孔亟，临时改派刘伯庄去北方，任延年为广东区委书记。当时广东区委全部委员十二人，主要负责人：组织穆青，宣传任卓宣，工委刘尔崧，军委杨殷，农委彭湃，妇委江香珠，少共书记李求实，省港罢工党团书记邓中夏等。延年容貌黝黑，体质顽健，智勇深沉，短于言词，但能文章，操守极严，正直不挠，酷肖乃父。延年幼承家学，受有极严格的教育，尝书"为天地立心，为生民立命，为万世开太平"于座右以自励。少年时代读《互助论》，认无政府主义乃淑世息争，导人类于太平盛世的福音，乃赴法从事工读，实践"泛劳动"理论。一九二二年受勤工俭学失败刺激，乃翻然改图，赴东方大学学习，一年后始返国。当延年信仰无政府主义时，与其父政治意见分歧，长久不通讯息，至是始复归一致。延年归国后在工作中奋勇直前，不畏强御，故时人称其行谊有似黑旋风。同时另有些献媚之徒恭维延年，称延年为南粤王，事为延年所闻，笑云："黑旋风尚无伤大雅，南粤王尊号真是太糟糕，不敢当！"

广东省委开会时，中央委员及国际代表经常参加会议，当时国共合作在继续发展中，党的政策在筹备北伐与反击帝国主义双管齐下。在处理国共合作过程中经常必须研究对策，以推动两党合作向前迈进。这里中共首先就应该研究国共合作的基本策略问题：广州中共方面（包括国际代表及顾问在内），经常计议对国共合作的重要策略问题。自当前形势观察，国共间不能长期相安无事，既属双方共喻之事，当时中共中央主要对策是对国民党采取"左提右抑"更迭前进办法。如最初抬孙中山以抑制其他右派分子，随后提拔蒋介石以抑制胡汉民，最后利用汪精卫以反蒋，此种政策鲍罗廷称之为剥笋政策，从表及里，层层剥脱，最后皮尽仅余笋心，与中共合为一体，便是水到渠成。后来鲍罗廷随北伐军到达武汉后，仍向湖北省委反复阐明此项政策。简言之：是采取扩大左派，批评中派，剥离右派。当时武汉省委秘书某概括其旨意综合为下列几句话，即对敌党应采取内溃之若鱼烂（剥离政策），外撼之若土崩（瓦解政策），小犯之若蜗剪（蚕食政策），大图之若鲸吞（合并政策），积势既厚，自然水到渠成。但施行剥笋政策必以下述前提为根据，即中共本身须保有提左抑右的实力，同时使不断新生的左派有力克制右派。如此，才能保证左派力量不断生长壮大，右派力量逐渐瓦解消沉；否则左派不断右倾，右派势力逐渐增加，终必压倒左派，如此剥笋政策最后必致落空。因此运用之妙，存乎其人，并须防止敌方亦仿此策略以伐吾党，方为上策。

在积极部署北伐时，广东省委常谈到军事北伐、政治南伐问题，这些问题主要含义是有两方面。其一，当主力北伐，后方成为革命半真空地带，桂系军阀乘机窃发，夺取两广，实行反共，此是政治南伐一种形式。其二，当北伐军到达长江流域，蒋勾结当地或北方军阀，随时可以放弃革命政纲，走向反共的道路上去。当时中共党内不少人均已预见及此，认蒋居心叵测，处心积虑以谋颠覆革命政权。加上北方军阀冯玉祥与蒋介石勾结，狼狈为奸的可能性更大。上述两种意见虽属事先估计，但后来遂变成事实，政治南伐，革命遂不免中途刨败。当三月二十日事变时，中共对蒋介石其所以举棋不定，因舍蒋外尚未培养出来新左派，所以直到北伐军到达武汉，才采取与蒋决裂政策，但又未继续进一步坚决打击蒋，反而养痈遗患，使其坐大，最后遂至不堪收拾。如果一九二六年间开始正视此种演变倾向，加以预防，则后来变化尚不至完全被动，听其所止。由于三月二十日事变，时陈延年曾表示不应步步退让，助长敌氛，主张适当反击，以销隐患，并严厉斥责附和蒋为恶者的错误。但当时国际方面却不赞成，认为时机尚未成熟，目前应对国民党加强团结。据此，当时外间遂有广东路线的传说。我到广州时，延年向我亲述己见，并请转告中央。但此时中央认为成事不再说，未十分重视！

邓中夏自放弃上海大学教职以后，开始以全部时间精力投身工人运动，自到广东以后一心为工会工作，省港罢工即其精心杰作。中夏为省港罢工委员会党团书记，因此他是实际领导省港罢工的主要人。省委会开会时，中夏、我均在座，延年居间说道："你们久不见面。但广州中夏，已非吴下阿蒙。"中夏情不自禁地说道："我到广州后已全心全意做工人运动，自觉生活另有一番境界。"省委会毕，中夏约我到省委罢委会去参观。大家一同乘车到惠州会馆去。省港罢工始于一九二五年六月十九日，罢工工人约二十万人，连家属亦称二十五万人，每工会会员五十人选代表一名，共选出代表四百名，组织工人代表会议，由代表会议选举执行委员十三人，组成省港罢工委员会，作为最高指挥机关。其委员如下：苏兆征（正委员长）、何耀全、曾子严（副委员长）、李森（启汉）（干事局长）、罗珠、陈权、徐成章（纠察队长）、黄金沅、杨始开（秘书长）、何来（财务）、谭泽华、徐公侠、林昌炽（三人分任罢委会法庭庭长及审判官）。此外邓中夏（顾问）、蓝业裕（《工人之路》主编），为聘任职。中夏、兆征首先引导我参观工人宿舍、食堂、纠察队，继至法庭参观审讯经济犯案件。时法庭庭长曹福松（原为谭泽华，四月间因渎职撤换）办案迅速，公正，作风正派，毋枉毋纵。随赴东园参观劳动学院，我向师生做讲演（题为"工人革命"），又转永汉北路参观《工人之路》，由蓝业裕（主编）、谭其英（副编）集合全体工作人员举行座谈。某天，省港罢委会特别举行全体会议，欢迎全国铁路工人代表团。苏兆征致欢迎词，中夏演说，大意是：自开滦、海员大罢工以来，中国产业工人不断与英帝国主义周旋，先后取得胜利。这次省港罢工所以能够向世界最强大的海军国家挑战，一方面是形势所迫，义不容已，同时我们也是继续朝向工人反英斗争的路前进！过去红毛鬼连次在工人面前败北，这回也决不会放松，只有奋勇直前，才能使敌人败下阵去。据省港罢工委员会估计，这次罢工使香港政府平均每日损失四百万港元，另据英人密尔斯 L.A.Mills 云：每日损失三十万镑（以四百八十日合计一四四百万镑）。英帝国主义如被击败，然后出师北伐，可无后顾之忧。散会后出门时，徐成章与邓发正待出发查哨，中夏对我说："我们同去看看如何？"我同意，遂同车出发。在车中邓发介绍罢工封锁线自潮汕到高雷长达千里，罢工纠察队二千名按照班（每班十二人）、小队、支队、总队（各以三队递进）分级编队，隶属罢委会指挥，在沿海封锁线上分区布防，检查客货进出防止奸人破坏，海上有巡逻艇二艘，配有钢炮、机关枪等缉捕武装走私。汽车沿近郊封锁线查看，只见沿线安静，秩序整齐严肃，纠察队并派人骑船参加海上封锁工作。

某日，延年、代英来访，约我至西园谈话，代英对于黄埔军校蒋系潜在活动知之甚悉，同往者有求实、楚女、存斋等。首由代英将最近国共双方在黄埔明暗斗争问题全面加以介绍，继做详细分析，及敌我力量比较，最后代英概括为两句话："迟则失机，急则生变。"但楚女殊不谓然。正议论间，时语含亦从外至，加入座谈。含与萧平日均为反蒋最力之人，高称蒋为旧社会码头官一流人。萧对蒋为人奸诈、密与右派往来设谋，知之甚悉，力言向党中央建议采取快刀斩乱麻手段，否则滋蔓难图，必贻革命事业以无穷之戚。含明白提出风雷震荡以起蛰（唤醒党内注意），强弓硬弩以威敌（对蒋不惜一战），态度激昂，声泪俱下。言犹未毕，楚女抗声道："蒋介石这家伙乃政治老饕，永远也喂不饱的。我们不整治他，他随时便要反动的。"大家知道楚女平素对国共合作意见最多，他说中共代表工农政党与国民党合作，实际也就是与新军阀打交道。楚女在一九二五年十一月以抽玉笔名刊布《中国国民革命与中国共产党》，主张制裁国民党右派活动，当时中共中央投鼠忌器，禁止发行，言下愤愤不平，见于词色。大家从国民党右派与蒋介石问题，又转到蒋介石、张静江、孙科等多方向中共党员进行拉拢与分化问题，他们起初着眼向中共上层做工作，中夏、兆征均其对象。

我在广州时，一夕，有国民党中委叶楚伧来访，谈论国共关系问题。叶与我曾在环龙路四十四号见过，为元老派智囊，自云："奉张静江命致候罗先生！"并约于次日在长堤酒家聚谈。我笑谢道："春秋之义，大夫无私交。"叶默然知不可强，遂辞出。同时谭延闿曾暗示代英可任国民党秘书长，代英亦未理。但同时确有人受其蛊惑。楚女秉性刚直，语言无忌，他发现中共派遣到国民党工作同志一部分渐失革命作用，唯唯诺诺与敌同流合污，这种人在军队与政府中随时可以发现,号称圆滑人物,这些"滴溜滚的党员"对革命事业最为危险,还有一些政治上特别腐化分子,如邵仲辉、章伯钧、包惠僧、丁默村等,言论行为竟是"革奸"作风。还有人证明:中共派往蒋介石手下工作某些人物,揣摩窥伺,各方拉线,如胶似漆,全失革命气味。尤其是某些政治技术家,专心钻研政治柔术,见机而作,他们对蒋介石胁肩谄笑以取容,并与蒋介石以外其他新军阀勾结,希图他日富贵。此等人守在堤防上,他日洪流一到,堤便土崩瓦解,这些都是当时少数革命败类所为。

我在广州停留时,代表中央出席北伐筹备会议,并代表北方区委提供有关北伐的政治、经济及军事方面的书面报告与建议,以备采纳。当时会议决定,北伐打到长江流域再说。我留广州事毕,乃于五月中旬后自广州乘轮到达上海。在中央局会议上,将在广州见闻所及关于国共间具体情况据实报告,并即席广泛讨论,起初大家议论纷纷,莫衷一是,最后取得一致意见是操之过急则生变,目前当用最大限度努力,促成北伐,一切等候打到长江流域后再行计议,这便是广州行的结论。

番禺尘影

番禺地处岭南,华夷杂居,我于役羊城时寓居东山春园,怀宁陈仲甫父子先后寓广州太平沙看云楼。当时往来番禺与桂林的中外同志与国际友人,会谈筵宴,车水马龙,川流不息!

某次中共广东省委主人设宴西园招待外宾,同时中夏、兆征、我等均被邀参加,席设蕉间,繁花掩映,觥筹交错,剧饮畅谈,流连竟日。主客间兴之所至,即席赋诗,互相酬答,实为空前盛会。(延年赠我诗云:"江淮河汉向珠崖,拂晓军城沸万筘,击水图南九万里,喜君巨笔起龙蛇!")我对此会印象最深,历久难忘。我当时曾写《广州一周记》以纪其事。(《广州一周记》刊在广州出版一九二六年七月四日《中国青年》一二四期，即六卷三期。）

关于延年事业，以任广州书记为发轫时期，并为世人所推重。延年当时以全力注重建立中共武装部队的工作，曾函向北方区委要求调配军事干部到广州协助黄埔建校工作，同时选送工农干部进入黄埔学习军事。当时我在北方先后派遣郭增昌、张隐韬、茅延贞、张兆丰、金佛庄、郭寿生、李之龙、安存斋、杨其纲、刘志丹、宣侠父等即日南行到广东区委工作。（郭增昌，山西人。张隐韬、张兆丰，河北人。茅延贞，安徽人。金佛庄，浙江人。以上均保定军官学校毕业。郭寿生、李之龙均烟台海军学校毕业。宣侠父，浙江诸暨人。杨其纲与安存斋均河北人。诸人事迹另见本文。宣侠父曾任抗日联军二师师长，一九三八年八月在西安被害。）

延年对于北方区的支援，表示极为重视，曾亲笔致我一信，报导黄埔筹备建校经过。书云："此地原为海军学校旧址，面对珠江，海陆军事训练均宜，目前建校工作已初步告竣，各方员生已经到达，代英、语罕、楚女、熊雄均先后到校工作。现此间已任安体诚为该校宣传科长，并负责党组织工作，其余军事同志分别担任有关专业及政治课程教学工作。"又说："招生方面工作业已告一段落，所有南北各省介绍来粤同志，一般素质均好，符合原定要求条件，但报考军校由于体格检查未及格录取者，此间决定一律就地进入农运所或工运班方面学习。农所同学组织由虞卿负责，工会由启汉与少山负责。"云云。由上述报导可见初期黄埔建校的轮廓一斑！一九二七年五月春间，延年到达武汉与我重晤，二人共留武汉多日，朝夕过从无虚日。此后，我西赴长沙，延年东去上海，二人从此风波失所，天各一隅，即成永诀。是年十一月，我再临上海犹及见到阿湃，他向我转告延年被难经过，我聆悉，悲不自胜，数月后阿湃与乔年亦告牺牲。当年羊城盛会遂成风流云散！

考延年昆仲三人，长松年在家务农，次延年，又次乔年，均高君曼所出。延、乔先后蒙难后唯长兄独存。一门双烈均为远大目的而流血牺牲，殊属难能可贵！犹忆在广州时，延年亲书数语于座右云："为天地立心，为生命立命，为万世开太平！"于此足见其胸怀与抱负。延年风度如光风霁月，气韵沉雄！其工作风格，大刀阔斧，平日不尚文饰，坦白率真，故人称为"政治黑旋风"，可谓旷代一人，不可多得！

我久闻海丰彭湃名，常思会见其人，南来经月，乃因事务繁多，不得其会，"惆怅无因见范蠡"（杜牧诗句），心益向往！后来阿湃到广州，乃偕兆征见访。我初遇阿湃在陈延年家，延年介绍词云："我介绍你俩南北弟兄会面，谈谈工农联盟问题。"阿湃踟躇不安说："我身处海滨边沿地带，见闻狭隘，实在高攀！"延年笑道："你们一定很谈得来，彼此不必客气吧！"于是二人天上地下漫谈起来。从阿湃谈吐中，了解到他是一个不平凡的异人！他见解独特，勇猛精进，赴事如飘风迅雷，而又坚强不挠，质量非常可贵！他对人谦虚，对事认真，具有高尚的革命世界观！真是"庸中佼佼，铁中铮铮，大有作为人物"。更可异者，阿湃写文迅笔直书，富有幽默感，其所作"送郎飘海去过番"（民歌体裁）："咚咚咚！田仔打田公！"（打倒地主豪绅曲）等，文艺独飘一格，其风格大类唐人刘禹锡所作《竹枝词》。又其亲书海陆丰苏区政府春节对联云："欠债欠租，将刀还尽；有枪有炮，快乐过年！"出语惊人，见者悚然！

阿湃并谈到海陆丰战斗人物杨劳工诸人事迹，令人神往！从此以后，我与阿湃遂成莫逆之交。

一九二七年夏，阿湃到武汉与我共事于中共中央，后又在上海中央担任农委书记，同住兆丰路工作。他后与颜昌颐、杨殷同时遇难，致令党失长城，革命所受损失极为重大！

我在广州惠州会馆会见安南复国志士阮爱国（胡志明）等同志，

他们正在广州参加学习与工作。惠州会馆曾举行中国革命干部与安南革命小组同志座谈会，约我讲话。他们都是些刻苦自厉，奋发有为的青年，能说法语，兼学汉文。也有人在中国参加地下革命工作，被投入监狱，出狱后又转到莫斯科学习。小组负责人阮爱国（后易名胡志明）致力于革命，笃行不懈，为众所推重！

从管东渠（广东省委代号）同志处了解到一九二四年商团事变的真实情况。当时孙以大元帅名义主持省政，财政支绌，捐税◇多，是年五月底，广州商团代表集会反对政府的铺底捐，成立广东商团联防总部，推陈廉伯为首领，企图以武力推翻现政府，建立商人政府。（陈为香港汇丰银行买办。）陈廉伯筹款百万元，向德商顺全隆洋行订购七九步枪四千八百五十支，驳壳枪四千三百一十支，手枪六百六十支，枪弹四百三十万发，运抵广州，孙中山下令扣留，陈令全市罢市，要求发还。孙从前线调集军队回广州镇压，由于范石生、廖行超军队庇护商团，孙乃于九月十二日率所部离开广州到韶关（以北伐为名）。十月十日，广州政府发还商团枪三千一百四十九支，驳壳枪一千八百五十一支，子弹十二万四千五百五十五发，商团乃着急进行武力反抗。十月十三日，孙中山由韶关回师，驻石井兵工厂指挥平乱，十四日明令解散商团武装，双方在太平门普汉桥一带发生激战，范、廖部队回头助战，此时工农武装，黄埔学生军奋勇冲击，卒将商团击溃。陈廉伯等落港，战事始告平定。这次事变，中共以全力支持广东政府，商团方面枪多兵少，且素无训练，缺乏作战经验，黄埔军队如刀剑初发于砺，对此乌合之众，小试锋芒，敌即呈瓦解云。

顺道返里

我少读潭州，壮游四方，故里情深，雪泥鸿爪，往事历历恒萦梦寐！偶一忆及，聊书所怀！

一九二五年锺英将有事于长江上游，我衔命溯江西驶，经江西、湖北以至湖南，主要任务是出席鄂湘等地党组织会议与规划工会工作，时间规定为六星期。先是，我于一九二四年秋出国时，家中连遭三丧（曾祖父、母及祖父之丧），我父亲寄函锺英，转致我，嘱其回家奔丧，及我归国，仲甫便以家信交我，并嘱我于到长沙时顺道返里一行。我因事在武汉及长沙耽搁，时间过久，事毕匆匆返浏阳，方抵家门，坐甫定，我父亲即出锺英致文虎一函一电。我见信，知系仲甫手笔，阅信云："虎兄：近日此间诸事待理，不可久候。语云：匈奴未灭，何以家为！望速返沪。"再阅电文，其语气尤急切！我妹湘南在旁见信说道："这真是无生父母，空亡家乡，革命党人就是不讲人情。"父亲笑道："这也难怪，少住几天便回去吧，否则仲甫先生又要动火了。"我亦觉此行逾期已久，不宜久待，在乡留住两日便辞家返沪。自此以后，四十年间，我即未重履乡土。一九二七年六月四日，许克祥派兵一营，略地浏阳，沿途烧杀亘数百家，我全家相率逃亡，流落他乡。我的祖母及姑母絮霞均客死汉皋，妹湘南远走春申，数年不归。我父亲时在汉口亲遭胡陶之难，自詹大悲被杀，即脱险走，匿武昌东郊卓刀泉民家。时湘鄂政务委员会严令追缉，悬重赏索购，乃只身逃往上海，久羁不返。

一九二九年罗亦农在上海被杀害，道路传闻，误认亦农即文虎，湖南军阀藉此搜查我家屋，逮捕家属姻亲，表妹胡里英被杀，我父亲惊悸成疾，旋即逝世。自后家族被害多人，房屋被强占做兵营厩舍，覆巢之下，全家均破云。

当时，湖南革命阵营声势颇壮，湖南工会组织约廿多个。工会干部：长沙：郭亮、刘汉之，安源：李隆郅、袁大时、刘少奇，水口山：蒋先云、刘东生，锡矿山：周健武、萧石月，粤汉路：李涤生、朱少莲、朱锦堂等，纱厂易震环、萧◇◇均一时之选。长沙农民协会：柳直荀、滕代远，浏阳农会：王德吾、聂永辉等，已发动组织市郊农民。

在一次会议上，由于谈到"二七"运动，因而讨论到湖湘革命方略问题时，不少人认为湖南非工业区，产业工人不过几万，而以安源矿区为较著，就全湘言，地处中国内地，山多平原少，交通不便，故工人运动对外影响不如北京、上海之广远。因此今后湖南革命应引向农民运动方向发展，但仍不应削弱工人运动的主要地位。

我与静笛（郭亮）均为长郡联中校友，到长沙后即寓静笛处，与静笛日夕计议湖南区工人运动行动策略等问题。静笛语我，应在长沙至少留驻两星期，否则不放行。我见当地党与工会组织一般均极活跃，惟兵工厂与铁路、轮船工会组织困难尚多，遂偕静笛等到株萍、粤汉沿途视察，并就地解决若干问题。二人返长沙后，静笛说现在应集中力量与时间来解决兵工厂工会组织。当静笛介绍兵工厂情况时，强调指出问题关键在该厂厂长萧开桢身上，并云：听说萧与兄家有姻亲之谊，可否直接向萧说服？我当表同意。原来萧开桢为湘南的公公，是上海高昌庙兵工厂老技工，曾用手工方法制造新式三八步枪，为兵工界创奇迹，因劳绩晋级升任湘兵工厂厂长。当我以静笛所谈告知湘南时，湘南说"阿翁豪强慷慨，不为力屈，但可以动以革命大义，我当试往一说。"翌日，湘南来言道："萧为工人出身厂长，其意已为动，今日可往一见。"遂偕我、静笛访萧于厂长办公室。萧一见笑道："我萧某世代工人，断无与书记部为敌之意，一切可以敞开谈。"三人倾谈革命亘二小时，尽欢而散。自是以后，兵工厂工会遂与中共合作无间。

湖南革命中坚脱型于新民学会，而其气质则胎息于船山学社。船山之学流布三湘，影响亘百年之久，湖南中共小组推"宿儒"何叔衡出面，就船山学社原址设立湘江中学。何主办湘江中学，初曾邀长沙教育界绅耆等协助并设宴招待，但彼等届时一律拒不赴宴，何不以为意，笑道："他们不来也罢，我们自己有能力把学校办好的。"于此可见何勇于负责的精神。

我与叔衡为旧友，故抵湘时应叔衡之约，往湘江中学讲演（我在湘江中学讲演事，湖南文物馆出版之革命文献曾纪其事，该文引贺尔康日记云：一九二五年三月十四日即旧历二月十九日，我到湘江学校演讲，内容为阐述革命人生观云云），并留住作数夕之谈。叔衡在侪辈中年事最长，但不喜人称其老，尝云：夏周时臣靡年八十，藉有鬲氏兵佐少康中兴，姜尚年九十，为文王师，引军灭商，此所谓"老而不老"！但何为人直道而行，不计个人利害，故不肖者恒中伤之，直到晚年在旅莫支部及江西苏区仍不能免，遂及于难。（谢觉哉悼何叔衡文挽联有句云："名之所至，谤亦随之。"并称此语直到何死仍属如此，足见何死前所受谤渎之一斑。）叔衡曾语我，从事政治者，一方面应有韩彭陷阵，但同时也缺少不了叔孙通，我不能责人以难能，正如人不能责我稳居中流一样。谈及王夫之时，他说此老著书盈数竹篓，听其虫蛀鼠啮，不料竟有媚事夷狄者如曾涤生其人，为其雕板印行，曾一生恶行，以此为善，实不可设想云。

重临春申江

自一九二五年冬我赴北方以来，大部时间往来于直隶、河南、山东、山西、察哈尔、东北、陕西各省区工作（其中一度到广州开会），至一九二六年因出席中央扩大会议，始离开北方，重临春申江上。先是王春熙自到北方区后，常奔走张北塞外与关东满洲，因水土不服，风尘劳苦，致胃病渐剧，经北方区决定回南方治疗，所以此次同车南下。

我到上海时，上海"五卅"工人革命高潮已成过去。在革命汹涌澎湃的过程中，中共党与工会付出了很高的代价，工人运动领袖刘剑华、上大学生何秉彝与多数工人及学生等，均在运动中为工人争民主献出生命。

何秉夷,上海大学学生,社青团员,四川彭县人,在南京路被巡捕击伤,死于仁济医院,时年二十五岁。何平素热爱自由,尝自书:"自由即生命,不自由,毋宁死,誓与独裁者不并立于天地之间!"以自勉。在南京路示威时,走在最前列,遂遇难,创痕满身,又被骑兵践踏,血肉模糊!

刘剑华,上海大学学生,参加上海工人运动后改名刘华,加入中共为党员,任上总副主任。一九二五年十一月二十五日在公共租界体育场附近被捕,解送淞沪戒严司令部,于十二月十七日被孙传芳下令枪杀。刘为上海中共党员最先殉难之人。刘平日工作深入工人群众,最先结识顾正洪,顾虽非党员,但对于发动"五卅"罢工曾起重大作用。顾正洪,内外棉七厂工人,江北阜宁人,一九二五年五月十五日因参加罢工,被日本工头枪击腹部,头部并受刀伤,送医院开刀,发觉肠已打断化脓,乃截去一段,草草缝合,返家后伤口迸裂而死。由工会交涉,厂方给一万元抚恤了结,但五卅运动却受顾的牺牲所推动。

一九二五年"五卅"时期镇压上海工人运动为奉系军阀张学良所遣派邢士廉军队,是年十月十七日张军自上海撤退,十二月六日孙传芳军进驻上海,时上总自动启封,十二月十二日被孙军查封,一九二六年六月上总再恢复办公,六月二十七日再度被封。自一九二五年十二月至一九二七年三月,孙传芳统治上海为时一年又四个月之久,屠杀工人数以千百计,孙失败后蒋介石代起。孙后在天津居士林被一女青年用手枪击毙。

中共中央七月扩大会议

中共中央七月扩大会议自七月十日召开,十五日结束,会议上广泛讨论二年来全国党与工农运动的成就、经验与教训,并研究当前革命进展形势及其对策等。在扩大会上,北方区负责人我就青岛、济南、天津、河南、直隶等地区工农群众斗争以及伦克忠、李慰农、王中秀、黄天白、戴培元、王靖尘、高克谦诸人被害事,提出详细书面报告,又写"北方铁路工人之现状及自救"一文,刊布在七月十一日《向导》一六五期(以上报告及文章均由春熙执笔)。同时何今亮就上海工人五卅运动,邓中夏就广东省港罢工当前局势,分别做成详细说明书,向中央扩大会议提出报告。同时并着重讨论长江中、下游湘、鄂、赣、苏、浙、皖等省配合北伐军事与群众组织等具体方案问题。

  会议着重讨论全国加强国共合作问题。先是据广东省委来人向中央报告:关于北伐问题,当时蒋介石与国民党中央某些人怀有一种患得患失心情,对于北伐既恐前进失利,为中共所图,出师胜利又怕中共乘机扩张势力于己不利;同时又虑,出师离粤后,广州工人在后方行动,夺取广州政权。因此中共中央用全力宣传反对广东偏安,同时对广州国民党中央多方解释:在北伐过程中,中共决以全力支持国民政府,决无从中取利之心。鲍罗廷在两党会议上曾正式向蒋剀切说明,使他放心。后来仲甫并在《向导》上刊布《论国民政府之北伐》,该文主要作用在鼓动北伐,并说明中共将帮助国民党,并批评国民党之失,以释群疑。广州国民政府于七月一日发布北伐宣言,九日举行北伐誓师。因此,中共中央在会议期间,于七月十二日公布《第五次对于时局的主张》,号召各阶级革命民众,巩固革命联合战线,推翻国内军阀与打倒帝国主义。

  中央会议面临将来到的革命高潮,在部署全域时决定重新充实各方力量,开展全国范围内群众性经济斗争到政治斗争,因此在实际工作方面中央决定:从北方调回驻北方中委(包括守常、荷波、我等)及一部分得力干部,充实北伐前线、长江流域各省工作,并加强上海防守力量,相机进取。俾在北伐战争中赢得工人革命的新胜利的一部分。在扩大中央会议后，我仍被留上海中央局工作，主要是加强上海工会阵营。此时我重任中央工委书记，立即扩大并加强上海总工会党团工作。上海总工会党团成员为何今亮（松龄，即汪寿华）、项德隆、林育南、赵世炎、佘立亚、张佐臣、李震瀛、孙津川等。李立三与刘少奇原在上总工作，但李立三于上年九月十八日上总被封后，因犯贪污案离开上海（见一九二五年九月二十四日上总为外界对李敛钱自私辟谣通电）。刘少奇亦逃往长沙，远离工作岗位。

上海十月军事暴动

一九二六年冬初，北伐出师已逾五岭，吴佩孚、孙传芳军事部属节节败退，时国民党驻上海策划军事行动者为特派员钮永健。一日，钮来找我计议军政问题（钮与仲甫原系旧识），据钮谈已向浙江政府省长夏超联络，取得夏超同意宣布浙江独立，届时上海方面有海军军舰一艘亦可发炮声援。钮自称本人有别动队几百人，可发动军事行动，又称此举用意在扰乱孙军后方，使其首尾不相顾，可以策应上游军事。当时中共中央经过讨论，同意在上海发动暴动，理由是一方面履行帮助国民党的诺言，同时在工人斗争方面自己进行军事行动的尝试。于是派人通知杭州，省委发动工人组织力量帮助浙江省长夏超行动，同时在上海本埠立即着手进行暴动准备。

中央立即组织行动机构领导上海暴动，行动机构包括中央工委、军委、上总党团、江浙省委书记等（即仲甫、我、何今亮、罗亦农等）。首先是秘密购进武器一批，计长短枪百余支，子弹、手榴弹称足，预先储藏在法租界某里弄密室内备用。

先是，浙江省长夏超乘孙传芳前线吃紧，后方空虚之际，乃于十月十六日宣布独立，纠合国民党右派分子马叙伦等组织杭州市政府。中共杭州市委汪天性、贺威圣等参加反孙传芳运动。孙传芳闻夏超独立讯,乃连夜增兵反攻,孙军乘夏超不备,从嘉兴一线出奇兵袭击夏超主力。夏超所部原为警察,素乏作战训练,夏本人亦无指挥作战经验,乃仓皇逃至西兴(钱塘江北岸),被孙军追及杀死。此际马叙伦等早已事先远扬,马等逃走时又未将敌兵压境情况通知杭州中共市委,致中共方面对孙军事行动及敌军入城事茫然无所知,中共党员汪天性与贺威圣被孙军所捕,立遭杀害。

夏超军事失败事首先为钮永健所获悉,但钮深秘其事,并向上海中共谎报夏兵已逼近沪郊,催促中共按预定计划行动,因钮此时心存侥幸,希望上海军事行动如果获胜,便可以扭转全域立获大功。中共中央一时失察,遂计划照原定计划举行军事暴动。时上海孙传芳守军约一万二千人,租界英、美、日、法海陆驻兵军舰十一艘约一万八千人,当时双方力量既悬殊,所以我方主要希望寄托在夏超军队迅速进入上海,如此可以不经重大战斗取得上海。

中央决策既定,暴动遂于一九二六年十月二十三日发动,敌方孙传芳军事先已获得消息,遂集中兵力于闸北、南市及浦东等处,控制全市交通要道,并通令市政府宣布戒严,各警署门首戒备森严,配以重武器机枪钢炮等。此次军事暴动,为国共合作具体表现,中央诸人亲临暴动指挥部指示机宜(在以后一九二七年二月十八日及三月二十一日两次暴动中亦然),在暴动中上总由何今亮主持,由顾顺章担任上总纠察队总指挥。何今亮足智多谋,不矜不伐,最为工人群众所爱戴。一九二六年七月何亲制定上海工人斗争纲领十一条,遂成为十万工人声宏实大的呼声,所以在当时震动上海工人革命中,何实为实际领导人物。暴动发动前二日,首由上海总工会宣布孙传芳杀害刘华,封闭上总,苛捐暴敛等十大罪状,向市民做宣传动员,随即转入军事行动。军事行动实际负责组织与指挥者为何今亮,在暴动中冲锋陷阵,勇往直前。当时上总成立武装纠察队大约二百余人,下分几小队,辅以徒手工人若干队,由陶静轩、佘立亚、奚佐尧等率领，分向浦东及南市警署袭击。此时钮永健别动队未见行动，海军炮声亦寂无声响，中共孤军深入，遂陷重围，二十四日南市及浦东工人纠察队被逮捕一百余人。工人武装纠察队队长陶静轩与奚佐尧等十余人，当场被孙传芳俘虏，纠察队溃不成军，全部武器失落。陶静轩、奚佐尧等被俘后，由上海市长丁文江（丁为地理学者，号称名流，夤缘得任市长）下令枪毙。陶静轩，湖北江陵人，内外棉纱厂工人，上总委员，被难时年二十八岁。

上海暴动结束后，在一次中央会议上讨论此次行动失败与教训，大家一致认为在政策与策略各方面都有重大失误，归纳起来有以下几点：1）此次暴动系以国民革命为出发点，换言之是扯非工人阶级旗帜，因此动员工人群众力量不足，并未动摇军阀所托足的基础。2）资产阶级在联合行动中极其软弱，与估计大有出入，拟议中之参加市民政府的资产阶级代表（如虞洽卿、方椒伯、陈光甫等），对中共关系若即若离，极不可靠。3）暴动本身纯属军事行动，但又未与外围军事配合进行，遂陷于孤军作战绝境。4）国民党方面钮永健行为，有类买空卖空，完全失去政治联盟作用。由于上述各项错失，因此有人认为此次暴动在政治上"双重上当"，牺牲太不值得。后来更有人说，暴动如推迟到一九二七年三月一次举行，要比分次举行策略更为明智。对成立市民政府，过高估计总商会力量亦属重大失策。后来经事实证明，上述评论甚为有据。于此应特别指明者，上海暴动失败后果是非常严重的，一九二六年北伐出师时以蒋嫡系军队担任东南一路，蒋因此得到接近浙苏及上海帝国主义，藉与上海工商界资产阶级联合以壮大自己势力，于是中共在东南失其凭借，这样在武汉政府瓦解后，中共便进退失据了。

十月二十三日之役，在暴动准备期间忽发生中央书记被拘事。

一九二六年北京印刷厂案发生后，中央电北方区委转文虎，嘱我迅速离京来沪，接受紧急任务。我离开东交民巷，乘京津火车出京，同行者有谢怀龙及其女同学沈君沉，三人结伴同行。抵上海后，沈君沉即回杭州原籍，我与怀龙留在上海，暂寓天通庵路六三花园附近佘立亚夫妇处。翌日清晨七时，我独往中央办公处，坐定，秘书任卓民出见我曰，仲每日八点半必来上班，现可在此稍候，言迄，取来中共中央所印文件一叠，嘱我先行阅览，以便开会前做些准备。我一面阅览文件，一面静待，如此坐候至九时许尚未见至，我颇焦急，因询任云："他素来是严守时刻的，今日上班误点，或有意外？"正谈间，通讯员荣盛匆匆自外至，我因询荣盛："老头子今早出外何往？"荣盛答："八点即离家，不知他何以未来上班？"我闻言沉思，因向荣盛说："我们一同去找他吧。"二人遂出外朝闸北大经路一带东方图书馆附近寻访。行至商务印书馆工会门首，远远望见何今亮（字松龄，即汪寿华，上海总工会委员长）珊珊前行。荣盛急趋前问讯到："松龄，你看见老头子吗？"何茫茫然答道："勿晓得，阿拉也要去看伊呢。"何一眼猛见我在旁，暗自吃惊说："侬几时来上海的，一定有紧急事情吧。"我答："我们歇一会再谈，现在赶快先把老头子找到要紧！"于是三人顺步来到印刷工会纠察队部，打算派出几个得力的同志分头去找。今亮告："方才闸北工会来人说，今早纠察队在东方图书馆附近截获一穿黄色雨衣的人，等我前往理落。"荣盛闻言顿启疑窦，因早晨微雨，先生出外时手携雨衣。我闻语立嘱荣盛返寓守候，以防意外，乃偕今亮往查明事情真相。二人继至闸北工会党团处访问究竟，到工会时，但闻工会中人声鼎沸，正在议论拘获嫌疑犯事，乃入室问讯。工会纠察队引二人进内，大家见我与今亮至，众人喧声立止，时有纠察队小队长向今亮报告："纠察队队员今早巡逻，在工会附近瞥见一人头戴雨帽，低头疾走，问之不答，我等因见他形迹可疑，遂将其拘留。"因为仲甫平日行路时文思萦回脑际，故不甚注意周遭所发生事情，此次对纠察队盘诘，竟未听悉，以致被拘。过了一会儿，纠察队引一人至今亮前,身着雨衣,手拿报纸,二人谛视,果然是仲甫,不免暗吃一惊!今亮乃佯做镇定,对队员说:"你们且散去。"众既散去,今亮叫队长近前,附耳语道:"此人乃我娘舅汪先生,昨日方从外埠来此,初到上海,路道不熟,又不谙本地语言,竟遭误拘,我送他回去。你们以后巡逻仍应着今日的做法,认真盘诘,不要疏忽怠意!"纠察队长聆言后,信以为真,深表歉意,告辞而出。于是三人归寓,荣盛见面,喜形于色,今亮仍将经过告知,荣盛听罢,笑道:"今日事情仿佛是晁盖与刘唐在搬演戏文,值得庆贺。"三人不禁失笑,时已十二点,扰攘半日,至此始定,但开会时间已过,荣盛乃临时做饭,留二人共进午餐。进餐时,今亮诙谐地说:"今番仲甫先生总算又被拘囚一回,照次数是第三回了。"仲甫道:"这不算是一回,何况是被自己人拘留,勉强计算,只能算作半回吧。"从此上海广大群众到处传开汪寿华娘舅被捕的一段故事,有些好事的人把它故事化,说成像晁盖搭救刘唐一样。

三暴见闻

一九二六年间,我在北京负责北方区委工作,但因工作需要,经常往来南北,数度至上海。在上海中央工作时,对上海三次暴动亲历其境,耳闻目见,印象极为深刻。

一九二六年秋末冬初,我在参加中共中央常会工作期间,在中央会议上经常研究正在部署的上海武装暴动问题,并多次偕汪寿华、罗亦农等亲到上海市吴淞、闸北、江湾、浦东各区委部署纠察战线的战斗行动。

一九二六年六月北伐期间,当时孙传芳占据东南半壁江浙地盘,与豪绅章太炎等组织反共反北伐运动,大张旗鼓通电讨赤,于是中共中央会议决定在上海发动工人暴动,驱逐孙军,以迎接北伐军。首次暴动由中央江浙区委负责人仲甫、寿华等会同上海总工会党团同志全力以赴参加行动，从一九二六年九月间即着手开始从事部署地下军事活动。

正当此际，十月十六日浙江警察厅夏超宣布独立，率所部向上海进军，策应北伐。时上海孙军防守力弱，仅有步兵一旅与警察二千人。中共乃动员上总纠察队武装一百五十人，徒手纠察约二千人，于二十三日深夜袭击浦东与南市警署，不意是时夏超军在嘉兴战败，孙传芳上海驻军立即反击，将纠察队镇压下去。（此次暴动在夏超战败后采取行动，乃由于时机紧迫，遂致急不暇择，且市内各工会行动复不一致，决定孤军独战，可谓失策。）

是役二十四日晨，浦东码头工会行动队领队陶静轩等十余人牺牲。

在三暴进行中，中共与上海国民党方面原有协定采取联合行动，对方派钮永建为联络员，但钮在行动中袖手旁观，无所施为，毫未起何积极作用，贻误军机，在咎无可辞。（钮为柏文蔚部下，柏介绍给中共中央书记。）

第一次暴动，孙传芳向山东调来奉鲁张宗昌军队进驻上海，加强守备力量。经过三个月以后，一九二七年二月十七日北伐军东路进抵嘉兴，中共中央乃决定采取新行动，于十九日由上总宣布全市同盟罢工，二十二日决定举行第二次暴动。此次行动以高昌庙江面兵舰水兵开炮为信号，届时乃下令各区纠察队行动。于是在南市闸北地区接火，双方发生冲突，时敌军李宝章部出动大刀队，冲入工厂地区屠杀工人，死伤颇重。此时远在嘉兴的北伐军奉蒋介石命令停止前进，上海孤军无援，第二次大罢工于二十四日下午被迫停止，暴动亦告结束。又经过两个星期，上海政治经济斗争再接再厉，中共中央决定重图再举，给直鲁军以最后打击，并成立上海市新政权。

三月下旬，北伐军第一师与第二师从嘉兴出动达到上海近郊龙华，上海市区防守方面为奉鲁军阀毕庶澄军队，约三千人，军心动摇，士无斗志。中共中央乃发布命令，宣告于三月二十一日晨八时，上海开始举行第三次暴动。正当下午一点全市罢工开始，接连在上海市七个区同时采取军事行动，向北火车站、湖州会馆、各区警署施行袭击。经过一昼夜战斗，敌军警纷纷溃逃，二十三日临时市民政府宣告成立，第三次暴动胜利结束，伤亡很少！

结论：上海三暴前后经过半载，由中央主持大计，自总书记以下由中央工委、军委等直接领导，党和共青团、上海铁路总工会、上海海总、上海纱总等群众革命组织，组成暴动委员会，上自中央委员会，下至各级党群组织，一律参加行动。当时主要负责人有仲甫、我、汪寿华、佘立亚、顾顺章、赵世炎、陶静轩、项英、黄文璧、罗亦农等。同时外滩白渡桥苏联领事馆负责人亦暗地参加起义工作。如领事库诺辛 Konocin，副领事威尔德 Wild 等均出力宣勤，功不可没。当时武装供应站在法租界拉菲德路某号，武器包括长枪、短枪、炸弹等，大都是购当地军火商人（洋行）或由海员工会设法购入。战斗中心在闸北、浦东、吴淞、南市等地。在起义过程中，国民党方面表现得软弱无力，钮永建所供应情报极不准确，贻误军情。至于海军开炮轰击市内军事目标，亦属纸上空谈，所谓陆军别动队只是八面旗帜在虚张声势，并未接火。总之作为国民党方面来说，是毫无战果可言，偃旗息鼓而退。反之，中共方面则用全部党组织力量，发动了吴淞、浦东、沪东、沪西地区纱厂大罢工，铁路工人大罢工及破坏交通军事运输为声援，同时还组织了铁路、海员、纱厂、印刷工会武装纠察等攻打警察所，发起战斗，缴获一些武器。在激烈的战斗中，中共党员、浦东武装部长等在作战中牺牲不少。

总之，在三暴过程中，苏浙区全体党团员与工会群众上下一致，戮力同心，共同奋斗，发挥屡败屡战的坚韧精神，初虽顿挫，终获成功，就其本身事态而言，无可非议，但在决策与行动过程中亦曾发生种种错误。当时上海政治环境复杂，帝国主义兵舰充满黄浦江面，租界戒备森严，上海工商业者畏首畏尾，深恐战火波及影响市场，态度消极。中共对帝国主义不敢启衅，告诫工人队伍不得冲入租界，对工商业资产阶级也亦小心翼翼不敢冒犯。在这两条警戒线前面，进行一切大胆革命行动遂无法施展。关于资产阶级联合战线问题，中共在国共合作指示的大前提下，一向是奉命唯谨，视若神明，过分重视资产阶级的地位，而失去独自发挥大党作用的气量与风度。

当时计划组织的上海市政府本着统战政策，拉进上海大亨虞洽卿、陈光甫等加入市府，但是他们对中共貌合神离，于是联合行动变成空谈。

上海暴动成功后，新成立的市民政府由于蒋介石横加阻挠，始终未能正式办公。此时大资产阶级对中共政策阳奉阴违，起着帮倒忙的作用，随后演变发生"四一二"事变，全功竟废。

在四月五日汪、陈联合宣言后，上海政治情况日益恶化，终至不可收拾。在新市民政府组成的关键时刻，发生了严重的事态，这就是上海总工会领袖汪寿华被刺事件。汪寿华被害事件表明是上海大革命高潮的转折点！汪为人富有谋略，勇敢善战，有群众工作经验，为上海八十万工人领袖，他经常负责与上海青红帮人物折冲且为他们所信服。四月十一日忽由张啸林出名请汪赴宴，上总同志心疑有诈，劝其勿往，汪坦然置之，遂前往杜美路一号杜月笙宅赴会，登楼时被预伏梯下的狙击手射击，身中五弹，立即毙命。汪被刺后上海全市震动，以后在"四一二"事变继续牺牲者有余立亚、赵世炎、郭伯和、陈延年、张佐臣等，都是中共工会运动健将，因此，当时上海党与工人阶级的精锐损失极为浩大！

离沪赴武汉

上海军事暴动虽然以失利告终，但长江中游北伐军事进展甚速，汀泗桥一战,击败吴佩孚主力,北伐军于九月上旬已占汉阳与汉口,此时中央开始计议迁往武汉问题。中央经过几次会议研究后,决定分期迁往武汉办公,由秘书处做统一布置。当时中央意旨决定从上海、广东抽调几个中委及大批干部前往武汉工作。我、特立、项德隆、林育南、谭平山、史文彬、王荷波、苏兆征等首先赴武汉成立中央办事处。我在赴武汉前,奉中央命返北京一次,任务是妥善安排北方工作,并面约守常南行。在九月中旬,我匆匆从北京回沪,时北伐军已占领武汉及九江,直鲁联军负隅南京、上海一线,据英文大陆报载,沪宁二处有帝国主义军舰四十五艘,陆海军三万名(上海外军成立上海保卫军,以邓肯 D.J.Duncan 为司令),日夜巡逻长江下游,掩护孙传芳军搜捕形迹可疑乘客。我等一行自上海乘内河小轮绕道江北,先至安庆,转展换轮西驶,始达九江。我在经过九江时,始从当地中共组织聆悉,一九二六年八月间江西省中共组织遭受严重破坏,书记赵醒侬被邓琢如所捕,旋加杀害的详细情形。距上次来江西时已阅时约两年之久,在九江候船时,西望庐峰如苍玉照晴空,汉阳峰隐约在望,怀悼醒侬,挥泪无已!自九江登岸,又经一日始乘轮西上,经武穴、黄石直抵武汉。

江汉居长江上游,为中南政治经济奥区,文化摇篮,人物荟萃,代有英哲,大革命期间,武汉实为革命枢纽地带,贤豪毕集,舄履交错,交游极一时之盛!

郎官湖集会为武汉工人斗争重大关键。(郎官湖在汉阳凤凰山畔,唐尚书郎张谓出使夏口,王泽宴李、张于湖上,湖因此得名。李白曾赋诗以纪其事。)当时武汉工会运动中以育南、施洋、白昊为其翘楚。我到汉口时,育南约施洋、白昊、代英等十余人共会于汉阳郎官湖,商讨武汉三镇书记部工作方案,包括汉阳兵工厂、硚口纱工、江岸与徐家棚铁路工会与海员工会工作方案。白昊初从事组织汉阳兵工厂工会时,因官厅关防严密,不能入手,白昊乃约数人自设测字摊于汉阳归元寺,为工人写信,以接近工人,久乃设立秘密工会组织。武汉三镇工会先后成立,自一九二四年起白昊即负全省工运总责。一九二六年十月,湖北省工团联合会改组为湖北省总工会,该会主席原为许白昊,但许谦让为怀,自动推荐轮驳码头工人向忠发任省总主席,许任省总组织部长,李昌荣任宣传部长。向出身流氓,极谙权术,遂收揽省总大权,胡作非为。郎官湖会议,伯皋被延为工会法律顾问,代英为工会义务秘书,育英为教员,楚女为通讯员,潭秋为政治指导员,人才众多,号称盛会。

革命高潮　国共分歧

武汉国共合作政府

我党建党之初，在短短的两年时间内就先后发动和领导了一系列声势迅猛的工人运动，如陇海路大罢工、京汉路八月罢工、唐山五矿大罢工和震动中外的"二七"大罢工，这些中国工人革命运动史上空前的、有组织的大规模战斗，标志着中国工人阶级在中国共产党领导下，真正登上世界政治舞台，踏入了世界无产阶级的行列。同时，在宣传马克思主义原理、开展农民运动及动员更大范围的民众，包括部分上层人物参加革命等方面，也是成效卓著的。这些斗争使我党在东方崛起，成为代表广大劳动群众、引人瞩目的政党，备受人民的爱戴与欢迎。

一九二三年至一九二七年间，在共产国际的动议和指导下，我党与孙中山先生领导的国民党实现了合作，亦即我国近代史上第一次国共合作。在当时，这确实是推动国民革命进程、争取革命力量发展的一个重大行动。有关国共合作的缘起和进程，在前篇章中已有概述。

中国共产党第三次代表大会在我党的历史上，在大革命高潮中，具有承先启后，继往开来的作用，她奠定了国共合作的基础。我当时以中共北方劳动组合书记部兼全国铁路系统党团代表的身分出席了"三大"会议。会上国际代表马林传达了共产国际的一个文件，是指导国共合作问题的，现将有关内容摘录如下：

第一条：中国唯一重大的民族革命集团是国民党，它既依靠自由资产阶级民主派和小资产阶级，又依靠知识分子和工人。

第二条：由于国内独立的工人运动尚不很强大，由于中国的中心任务是反对帝国主义者及其在中国的封建代理人的民族革命，而且由于这个民族革命问题的解决直接关系到工人阶级的利益，而工人阶级又尚未完全形成为独立的社会力量，所以共产国际执行委员会认为，国民党与年青的中国共产党合作是必要的。

第三条：因此，在目前条件下，中国共产党员留在国民党内是适宜的。

第四条：但是，这不能以取消中国共产党独特的政治面貌为代价。党必须保持自己原有的组织和严格集中的领导机构。

……中国共产党应当在自己原有的旗帜下行动。

第六条：同时，中国共产党应当对国民党施加影响，以期将它和苏维埃俄国的力量联合起来，共同进行反对欧洲、美国和日本帝国主义的斗争。

第七条：只要国民党在客观上实行正确的政策，中国共产党就应当在民族革命战线的一切运动中支持它。但是，中国共产党绝对不能与它合并……

这个文件无疑起了指导作用。这次会议起草了政治报告和准备了决议案。即著名的《关于国民运动及国民党问题的议决案》国共合作的原则，一经确定之后，在一九二三年至一九二七年之间从未改变。我因工作关系，自国共合作动议开始后，中共中央为此召开的重要会议、做出的重大决策、发表的历次文告等等，大都躬于其事，并经中共三大中央局决定以中共常委的身分参加国共在上海环龙路执行部以及北方执行部等工作了一段时间，第一次国共合作距今倏忽已六十余载，作为亲历者之一，回首往事无不历历如绘。爰述概要如下。

一九二六年九月六日，北伐军克服汉口后，接着十月攻下武昌。这是国共合作的高潮时期，不久，鲍罗廷、张特立、谭平山等先后来到武汉主持军政。同时，中共中央派中委陈潭秋、罗章龙、项英、王荷波、史文彬等赴鄂改组中共湖北区委，健全铁总、全总等工会机构，决定武汉工作暂由驻汉中央委员会同鲍罗廷共同商议办理。因此自一九二六年十月起，武汉政治党务主要由以上诸中委及湖北区委负责主持。

北伐经过

此次北伐第一路迅速成功，首先到达武汉，乃由于中共在政治方面政策正确，作战计划切合实际、将士用命等因素所造成。北伐作战计划以收复长江流域为第一阶段。布留陔尔（即加伦将军）到武汉后，曾就第一阶段作战情况向中共中委和湖北区委做了一次详细报告。报告大意说：第一次北伐作战完全依照上年广州北伐筹备会议原则实施，一切经过大致符合要求。一九二六年七月九日广州国民政府举行誓师大会，动员第一、第二、第三、第四、第六、第七共六个军，第五军李福林留守广州，兵员五万五千余人。（广州国民政府于北伐前成立六个军，统称国民革命军：第一军军长蒋介石、何应钦任副军长，以黄埔军官教导团为基础；第二军军长谭延闿，鲁涤平副之，原系湘军；第三军军长朱培德，王钧副之，以原滇军为基础；第四军军长李济琛，因李留在广州由张发奎代理，黄琪翔副之；第五军军长李福林，留守广州；第六军军长程潜。）兵分三路，第一路以第四军为主力，向湖南进军（唐生智为副）；第二路蒋介石自领，以第一、二、三、七军为主力向江西进军，鲍罗廷随行；

第三路以第六军为主力,向福建、浙江进军。

第一路北伐军进攻湖南,以叶挺所率独立团为主力,所向披靡。七月十二日向安仁进军在渌田击溃敌军一个团,醴陵战役,独立团俘获敌三百余人、枪。攻至平江时,独立团与第四军三十五团联合击败敌军,俘敌五千余人,敌旅长陆潭毙命。八月二十一日占领岳州,二十七日在汀泗桥与吴佩孚主力决战。吴佩孚亲自督阵,决心死战,当场枪杀临阵后退的某旅长,枭首军前示众,以儆效尤。但我独立团轮番冲锋,用刺刀拼搏,苦战一昼夜,在双方重大伤亡之后,将吴军主力击溃,歼敌四千,俘敌二千,缴枪四千余枝,军威大振。随即于九月六日进军占领汉口。独立团与三十五团进围武昌。于十月十日晨攻克,俘敌官兵一万一千余人,缴步枪一万余枝、机枪四十余挺、大炮二十门。至此,第一路北伐军首先完成任务攻下武汉,前后历时三个月。布留陡尔在报告中列举了大量数字详细地介绍了战斗的经过,并对叶挺率领的独立团和中共党员在北伐中所起的作用,给予了高度评价。

这里补充一个故事,在汀泗桥战役后,吴佩孚兵力锐减,胜利大局已定,北伐军直逼武昌城下,部队原计划休整后再作进攻。这时远在江西的蒋介石匆匆赶来,因为攻下武昌将标志第一阶段北伐的基本胜利,蒋怕其他将领夺了这一头功。遂以总司令的名义坐镇武汉前线,要求部队不失时机,趁敌不备发动进攻。孰知武昌与汀泗桥不同,后者是平原地区,容易四围包抄,而武昌傍山傍水有城墙,状如铁桶,且守敌早有准备,以逸待劳,固若金汤。而我军在苦战以后,士兵疲惫,急待休整。且在尚未熟谙地形的情况下,贸然进攻,结果伤亡很大,独立团一营营长曹渊牺牲,阵亡官兵达一百七十余人。攻城不下,蒋介石亦渐丧失信心,悄然离去,造成北伐中的一次小挫折。亦见蒋介石在用兵上之外行。后来我军改为围困武昌,先取汉口、汉阳,武昌被围经月,守敌终于不支,独立团首先攻入武昌，为北伐战争立了头功。武昌攻下约一个月，蒋介石始克南昌。武汉吴佩孚军队的肃清，使北洋军阀统治开始全面崩溃。

吴佩孚战败后，仓卒率卫队千余人循汉水而上，逃往鄂北，意在入川依杨森、刘存厚以图再起，吴于一九二八年至大竹县，曾赋长征诗，承认失败于工农之手，并表示忏悔。六月战败再逃绥定投刘存厚。一九三〇年五月离绥定，刘存厚赠吴二万元，被刘湘截击，中途困居檀木场，一九三一年逃往兰州，一九三二年到五原，随至包头，狼狈到达北京，依张学良为活，张月给四千元。一九三九年冬困死在北平，终年六十五岁。

吴仓皇离开汉口，其在法租界黎黄坡路寓所被没收，改作第八军特别党部办公处。吴寓为二层楼洋房，吴生平为官，聚其所得悉藏其中。计有商周铜器、汉玉、宋磁、善本古籍、碑帖、字画、端砚、钟表、麝香、人参、佛像等约五百余目，三千多件。唐生智的副官宋英仲（湖南人）与我道及此事，并出示一付麻将牌，系以象牙为底，钻石镶字，极为华贵。近闻吴所收藏的有史可法殉国遗书，真迹在美发现，为近代史的珍贵文物，书中首述清军兵临城下，决心以死报国，次陈对老母未报养育之恩负疚至大，末向其妻言，劝其共同赴难。该遗书为梁某所有，梁系某人之军需处长。

综吴一生，行伍出身，打仗是行家，迷信枪杆子。曹锟本无知妄人，吴有拥戴癖，尊之如师父，极愚忠愚孝之能事，对百姓平民则满面杀气。曩昔制造"二七"惨案事件，不出三年，至此已身败名裂。

又武昌城攻下时，敌军守将陈嘉谟、刘玉春遁入城内文华大学，想藉外力保护渡江远遁，该校党员即将此事向旧省委报告，转至独立团派兵包围文华大学，并责令该校校长孟良佐（西人）交出二人。孟唯唯奉命，陈、刘二人遂被俘。后释放令其回乡。若干年后，镇海金志成同志曾向我谈及她家乡人从普陀来，说刘玉春后在普陀山落发为僧云。

武昌攻克后影响所及，东南震动，首当其冲者厥为江西战局，急转直下，迅获解决。先是蒋介石率滇军朱培德（第三军）进军江西，九月二十日攻下南昌，由于孙传芳反攻，南昌复失，蒋落荒而走，部队徘徊德安一带，不敢前进。蒋介石告诉蒋先云欲重整军队后再战，乃向武汉求援。蒋先云曾任蒋介石副官长，随蒋北伐攻南昌，后离江西来武汉，向我谈及此事。武昌攻克后约一月（十一月四日）始攻克九江，乃回师再战，攻下南昌，江西局势始定。

武汉和江西两路北伐略如上述，至于东路出征路线，最先是第一军从广东东江向福建进发，经浙江达上海。驻守福建的北军将领周荫人，实力平常，又缺乏战斗意志，因此未经重大战役，何应钦、王柏龄师于十二月占领福州。之后，何等观望不前，且战且止，直至见到长江上游迭奏胜利，势如破竹，才随即于一九二七年二月十七日攻克杭州，占领上海。三月进逼南京，孙传芳退往江北。龙潭战役后，孙遂下野。

收回汉口、九江英国租界

收回汉口、九江租界，是国共合作以来，共同抵御外侮，在反帝斗争中取得的一次重大胜利！大长了我国人民的威势，大灭了英帝国主义者的气焰，这一业绩将永彪史册。

溯自一九二五年以来，反英运动在中国南部高涨不息，北伐出师指向长江流域时，英国政府就十分恐慌，接连向远东增援，戒备盖亟。一九二六年九月，英政府调地中海第三驱逐舰队来中国沿江布防，九月间英舰炮击四川万县，造成重大惨案，北伐军到达武汉时，英国军舰、鱼雷艇等麇集武汉江面达二十七艘，其他各国军舰合计三十五艘，以意大利凡帝开达一号为旗舰，炮衣悉行退去，昼夜生火，处于作战戒备状态。英帝国主义仇视武汉政权是十分明显的，武汉人民反英情绪亦日趋高涨。

一九二七年元旦，武汉各界热烈庆祝国民政府北迁与北伐胜利。武昌、汉口两地举行大会。人如潮涌，盛况空前。一月三日，英舰水兵突然登陆，袭击游行群众，刺死中国海员一人，伤十余人，引起群众义愤，人们从四面八方涌来，对峙局势如箭在弦，一触即发。

消息传来，武汉国民政府、国民党省党部、中共湖北区委和群众团体均召集会议，派出代表前往现场注意事态发展。鲍罗廷连夜召集在汉的中共中委和湖北区委会议商讨对策，就事态发展和英政府下一步可能采取的抉择，做了深入的分析和研究。讨论直至深夜，大家认为英政府目前虽气势汹汹，但其在对外政策上也面临国内反对派的责难，它要顾及在华各地英侨的安全，断不敢冒天下之大不韪，使对立事态恣意扩大。当然关键亦在我们抗英之态度是否坚决！会议最后做出决定：

1. 进一步发动群众集会示威，坚决抗议英政府的挑衅行为。

2. 支持国民政府对英采取强硬的态度，要求废除英政府强加于我国的不平等条约，派军队进入英租界保护我国居民。

3. 由区委宣传部负责成立一研究国际法约的小组，收集中英关系和有关租约的历史资料。为扩大反英宣传、批驳帝国主义的种种谰言作好准备。

4. 通过鲍罗廷和中共代表对国民政府和国共两党联席会议施加影响以贯彻我党的主张。

四日，数万群众举行反英示威大会，在省委和省总工会领导下，工人纠察队同志率先与到会群众冲入英租界，与英巡警发生冲突，群众怒逐英巡警，高呼反帝口号，声震于衢，英警见群众威势极大，纷纷逃匿。接着租界内商店罢市、工厂罢工、学生罢课，市民齐集街头响应，英驻汉领事希伯尔·郭飞（Herbert Goffe）见状大惧，狼狈从后门化装登江面英国军舰，并派人向武汉政府致意，请求保护个人安全。郭飞对中国态度素极傲慢，现在忽表软化。

我与宣传部同志亦随众前往英租界，至英领事馆，已十室九空，仅留一教士家属守门，见到我们十分恐惧，我们对她宣讲政府保护守法外侨的立场。她听后连连点首，并说领事留有一信，望转交政府云云。

当天下午，国民政府派兵进入租界，维持秩序，卸下英米字国旗，人心大快。连日来，武汉群众纷纷结队进入英租界游行庆祝。一次，群众在路经原德国领事馆现为鲍罗廷的寓所时，鲍立在临街的宽敞阳台上，挥手向群众致意，并操英语向市民做祝贺演讲，张太雷代为做了传神的翻译，时我亦在侧，代表中共省委做了即席发言，表示庆贺，群众欢呼雀跃，经时不止。群众革命热情鼎沸数日不绝。

与此同时，九江英租界亦发生类似事件。在汉口群众的影响下也一举收回，英政府终于被迫承认国民政府要求交还汉口、九江英租界，当然其中还经历过一段时间的外交谈判，颇费周折。由于群众拥护，国民政府态度坚决，英国政府试图反扑但终未得逞。

国民党二届三中全会召开与国民政府正式成立

一九二七年三月上旬，国民党中央在武汉召开二届三中全会，参加武汉国民党中央委员会议的中委有三十多人。国民党中委较著名的有谭延闿、宋庆龄、孙科、徐谦、顾孟余、陈公博、邓演达、陈友仁等。跨党的共产党人有李大钊、林伯渠、于树德、杨匏安、毛泽东、韩麟符等。三中全会选出中央常委九人：为汪精卫、谭延闿、蒋介石、孙科、徐谦、顾孟余、陈公博、谭平山等。谭平山为中共提名代表。在国民党中央委员中，中共党员虽只占五分之一的少数，但主要决策均由两党联席会议决定。鲍罗廷以高等顾问名义参加联席会议，实际上拥有否决权。国共联席会议是在一九二六年五月十五日国民党二中全会决定设立的。

武汉政府组织在汪精卫未到武汉前，分工为：政务委员会主任邓演达、财务委员会主任陈公博、外交部长陈友仁、交通部长王维炽（京汉铁路局长）、教育部长孙科、卫生部长刘瑞恒、农政部长谭平山、劳工部长苏兆征、司法部长徐谦。中共在武汉政府中仅出任劳工、农政二部部长，在省政府则仅任工农厅一席。农政部原议为农民部，旨在推行土地改革政策，组织农民协会。但汪精卫、谭延闿等认为目标太显露，不如改称农政部较为含混。中共中央勉从其意，而实际上面目全非，农政部被架空，遂成为闲曹，但一切有关事务仍由各省农协自理。谭平山在部办公只是橡皮图章，签发公文而已。农政部设置有土地委员会，委员虽多左派，但无实绩，外界讥为诿员会，谓其推诿不负责任。劳工部原拟推史文彬担任（史为党龄最长的铁路工人，京汉铁路"二七"斗争的工人领袖，方从保定狱中释出不久）。因史谦辞，改推苏兆征，史任司长。一九二七年二月二十一日，武汉国民政府正式办公，办公地址在汉口南洋大楼。湖北省政府人员为：詹大悲任财政厅长、李汉俊任教育厅长、董必武任工农厅长、张国恩任民政厅长、危浩生任秘书长。

汪陈宣言

一九二七年四月八日深夜，中共中央书记陈独秀自上海乘英轮到达武汉。次日清晨召集原在武汉中委谈话，听取汇报并略述上海局势。第三日即四月十日上午在鲍公馆正式召开中央常委会议，仲甫在会上就当前政治形势做报告。内容分为几项：1）上海工人暴动失败后的局势。2）四月五日《汪陈宣言》商谈经过。3）当前关于武汉工作进展诸问题。陈强调：就当前政局观察，四月五日《汪陈宣言》颇关重要。先是一九二七年四月三日,汪精卫自欧洲返中国,抵上海后即往晤仲甫,商谈国共两党合作问题。(时北伐军已于三月二十一日占领上海,二十五日克南京)。汪陈二人会商结果,决定发表两党合作宣言,在上海各报公布。全文如次:

国民党、共产党同志们!此时我们的国民革命,虽然得到了胜利,我们的敌人,不但仍然大部分存在,并且还正在那里伺察我们的弱点,想乘机进攻,推翻我们的胜利,所以我们的团结,是此时更非常必要。中国共产党坚决的承认,中国国民党及国民党的三民主义,在中国革命中毫无疑义的需要,只有不愿意中国革命向前进展的人,才想打倒国民党,才想打倒三民主义。中国共产党无论如何错误,也不至于主张打倒自己的友党,主张打倒我们敌人(帝国主义与军阀)素所反对之三民主义的国民党,使敌人称快。无产阶级独裁制,本是各国共产党最大限度的政纲之一,在俄国虽然实现了,照殖民地半殖民地政治经济的环境,由资本主义向社会主义的过程,是否是一定死板的经过同样形式的同样阶段还是一个问题,何况依中国国民革命发展之趋势,现在固然不发生这样问题,即将来也不致发生。中国所需要的是建立一个各被压迫阶级的民主独裁来对付反革命,不是什么无产阶级独裁。两党合作,本有各种不同的方式;重要之点,是在两党大多数党员双方以善意的态度,解决此问题,方不违背合作之根本精神。中国国民党多数同志,凡是了知中国共产党的革命理论,及其对于中国国民党真实态度的人,都不会怀疑孙总理的联共政策。现在国民革命发展到帝国主义的最后根据地——上海,警醒了国内外一切反革命者,造谣中伤离间,无所不用其极!甲则曰:共产党将组织工人政府,将冲入租界,贻害北伐军,将打倒国民党。乙则曰:国民党领袖将驱逐共产党,将压迫工会与工人纠察队。这类谣言,不审自何而起。国民党最高党部最近全体会议之议决,已昭示全世界,决无有驱逐友党摧残工会之事。上海军事当局,表示服从中央,即或有些意见与误会,亦未必终不可释解。在共产党方面,爱护地方安宁秩序,未必敢后于他人;对于国民政府不以武力收回上海租界政策,亦示赞同,总工会亦已发表不单独冲入租界之宣言;对于市政府,亦赞同各阶级合作政策;事实俱在,更无造谣之余地。国共两党同志们,我们强大的敌人,不但想以武力对待我们,并且想以流言间离我们,以达其"以赤制赤"之计。我们应该站在革命观点上,立即抛弃相互间的怀疑,不听信任何谣言,相互尊敬,事事开诚商协进行,政见即不尽同,根本必须一致。两党同志果能开诚合作,如兄弟般亲密,反间之言,自不获乘机而入也。披沥陈词,万希各自省察!勿致为亲者所悲,仇者所快,则中国革命幸甚!两党幸甚!

　　　　　　　　　　　　汪精卫、陈独秀　十六年四月四日
　　（见一九二七年四月五日上海《时事新报》与《向导》周报)

　　上述宣言,综其要旨为说明"共产党坚决承认国民党及三民主义在中国革命中毫无疑义的需要",无产阶级独裁制不致发生,中国所需要的是"建立一个各被压迫阶级的民主独裁"。中国国民党多数同志不怀疑孙中山的联共政策。最后劝告两党同志须鉴于敌人之武力压迫及流言离间,立即抛弃相互间的怀疑,事事开诚协商进行,"政见即不尽同,根本必须一致"。

　　中共中央开会时,仲甫报告商谈经过时说:当时上海革命危机在酝酿中,宣言真正旨意在争取舆论向蒋示威,使蒋孤立。同时奠定武汉国民党左派政府基础,始克完成国民革命。在中央会议上鲍罗廷说:"宣言非常正确必要,且极有力量,符合国际指示,宣言所谈上海事虽未明指蒋介石,但项庄舞剑,意在沛公,明眼人一见便晓。宣言对武汉政府一字未提,实则给予武汉政府很大支持。"事后证明宣言使国民党左派政府延长了约百天的政治生命。

中共中央与湖北省委及其工作

在四月十日中共中央会议上曾决定下列诸事:1)中央机构自即日起迁鄂办公。2)追认中央临委及湖北省委前所代行中央处理的事务有效。3)重新部署中央及地方党务、政治与军事等方面问题。

中央与省委阵容。仲甫来到武汉后,中央及地方党委组织人员得到进一步充实,当时中央、省委与各方面组织主要负责人大致如下:中共中央书记陈独秀,以次为张国焘、谭平山、罗章龙、苏兆征、史文彬、毛泽东、陈潭秋等。分别担任组织、宣传、秘书等部门工作。湖北省委书记张国焘,组织部兼宣传部长罗章龙,秘书长周唯真,工委书记林育南,农委书记陆沉,妇委杨子烈,军委顾顺章、叶挺、周恩来。省委各部工作人员有:彭湃、吴德峰、向警予、谢怀西等,汉口市委书记吴汝铭,组织许白昊、许之桢,宣传宛希俨、向警予,工委项英,农委陈荫英,妇委王亚璋等。共青团中央书记任弼时,委员贺昌、关向应、刘昌群、李子芬、李求实等。参加国民党省政府人员为恽代英、董必武、谢晋、林祖涵、谢远定、吴玉章、高语罕、宛希俨、于树德、毛泽东、谭平山等。

湖北省委办公处先在武昌粮道街尚书巷刘祠,后迁胭脂山原刘玉春公馆,省委房屋虽美轮美奂,富丽堂皇,但在武昌围城时,门窗、电灯、电线破坏无存,家具搬走一空,省委干部只好在地板上开地铺,并搬用砖石、木板垒成桌椅,作为办公用。

某次召开全市活动分子大会,请鲍罗廷做报告,因人数众多,桌椅奇缺,到会三百余人乃以稻草铺地,席地而坐听报告。鲍入室见状,颇感诧异。会毕,鲍临行告省委:缺乏家具,对工作效率有碍，应设法解决，后来才分次租到一些木器，勉强敷用。

省、市委干部人数虽相当多，约近三百人，但因工作繁重，每人工作时间都在十二小时以上，夜以继日，恒虞不足，大家十分劳累。又因伙食粗粝，营养不足，特别是五、六月期间，天气炎热，常露宿室外，精神益感疲乏。某夜，汉口市委干部齐集在江边趸船上开会，会毕露宿船头过夜，其中一位同志连宵熬夜失眠，天晓前，回到寓所时将通行口令忘记，被纠察队拘留，他精神困顿，就在拘留所地板上呼呼大睡，经队部人员唤醒查明，始知是省委干部，才让省委派人接他回去。工作劳顿尚且不说，常有意外事故发生。某次省委派人到前方劳军（京口），时值五月，正是风季，轮船中途遇到大风，白浪滔天，船本来就超载，几经摇摆不幸失事。仅带队的罗章凤（武汉警卫团党代表）李鸣柯（军校大队长）等少数人泅水脱险，其余男女同志多人牺牲。

湖北省委宣传部直辖宣传机构有《民国日报》，由沈雁冰主持。《楚光日报》由宛希俨办理，宣传训练班由徐活萤（晴岚）负责。国民通讯社由邵季昂任社长。北伐宣传列车由袁达时任主任，汉口血花世界（民众乐园）由李之龙、唐性天主办。为印刷兼发行党的刊物、书籍起见，在汉口后城马路济生路口设立长江书店，由苏新甫任经理，并自设印刷厂，由毛泽民任经理。省委宣传部英文秘书原约定由范鸿劼担任，时范在北京。一月间范一度来鄂，我留范在汉工作，范云：此行告假一月，尚须返京一行，料理诸务，并在京结婚后携眷南来。（其未婚妻为北京司法部部员某之女）。我嘱其速去速来，范遂返北京。不料一去竟陷北狱，为张作霖所绞杀。

财政经济改革委员会。在国共合作下的武汉政府时期，政府政令所及范围很广，推行革命政策，在财经方面，我们面临着种种难题。由于北洋军阀王占元、萧耀南等盘踞武汉历十余年，对人民敲骨吸髓，极尽压榨之能事，因此民穷财尽，饿殍载道，岌岌不可终日。

据说王占元家财值光洋千万元。萧耀南政尚贪污，其同乡部属无不满载还乡，一方称富，甲于东南。因此武汉民生雕敝，经济财政千疮百孔，混乱失序。加以帝国主义金融资本家幸灾乐祸，从中挑拨离间，兴风作浪，大局糜烂，益不堪问。

北伐军光复武汉后，亟应更张，一新面目。这时帝国主义更是极力加紧经济封锁，中外资本纷纷抽逃，工厂关闭，造成经济危机，通货贬值，财政更是阻力重重，无法前进。时省财政厅长詹大悲乃博访故旧，筹设财政经济改革委员会以从事财经改革事宜。该委员会聘请工会、农会主要干部和财政经济专家罗葛荪等三十余人参加工作。他们厉除积弊，提倡廉洁政治，深入基层，调查研究，清查财经部门物资，大刀阔斧实行扫除贪污，兴利除弊，奖励清廉，与民更始。又采取现金集中，增加生产，管制物资，节约开支，财政上开源节流，工会参与工厂管理，制止金融资本家反政府的行动，做了大量工作，于是人心振奋，观感为之一新。

一次，在武昌司门口某处召开群众大会，当场销毁商场和税务机关的各种伪造帐簿，私刻印信、伪造单据等，人心为之大快，革命政府威信在人民心目中大大提高。

当时武汉政府辖境内，劳动人民生活得到一定保障，小学教员工资晋级，一般市民物质文化水平也有显著改进。

工运农运　工农武装

工会办公处在友益街辅仁别墅及尚德里。省委调动党的优秀男女干部四百多人，以全力开展武汉工人运动。在短期内成立产业工会、手工业工会、店员工会二百余个，有组织会员五十二万人。并在宜昌、沙市、黄冈、黄石等县组织各级工会，人数超过二十万人以上。省委宣传部先后在武汉各城市设立工人补习学校，工人子弟学校五百余所，参加学习人数前后四万余人。省委设立武汉工人运动讲习所，省委组织部、宣传部派许之贞任所长，省委委员董必武等曾同往工运所讲课，讲授地方党史、联合战线问题等。学生千余人，均为各产业工会会员，大部为党团员及工会干部，其中女工占三分之一。武装纠察队轮流参加训练，有快枪三四百枝，蒋先云任总教练。培养工会干部一千余人，地址在英租界一三里，后迁黄陂会馆。

自一九二六年起，中国农民运动普遍开展，各地组织农民协会。一九二七年春，湖南农民协会有会员二百万人，湖北亦近一百一十万人。广东、江西、福建、河南各省农民组织和斗争均有发展。全国农协会员不下六百余万。一九二七年三月十四日，湖北省农民协会正式成立，以鄂东各县为中心，有农协会员二百八十余万人。即在黄安、麻城、黄冈等处开展反抗地主恶霸运动。当地领导干部主要有丘群生、刘振一、王健、秦绍勤、郑位三、萧人鹄、蔡济璜等五十余人。在黄安曾公审枪决大地主阮纯卿、李介人、张延英、吴惠存等。并解除地主团防武装，成立农民自卫队。为后日鄂豫皖农民暴动张本。

三月三十日，各地农协代表在武召开全国农协联席会议，出席者有农民国际代表卜里茨 Blitz、约克 York；湖北省农协代表陆沉、蔡以忱、陈荫林、郭树勋、符间一、刘子谷等；湖南省农协代表滕代远；江西省农协代表张兴万、方志敏；广东省农协代表彭湃；广西省农协代表谭寿林。当即决议筹组全国农民协会，统一组织，加强农民武装自卫，开展土地革命等议案。

广东省农民运动讲习所随国民党中央搬迁到武汉，设于武昌北城黉巷，仍委毛泽东为所长，有学生数百人。发旧枪廿五支，七月十五日后农运所解散，枪亦被缴去。省委主办农政训练班有学生五百人，枪二百余杆，政变后随军东下。

中国共产党从建党初期即全力组织与开展工人运动和革命学生

运动。一九二二年在工人运动高潮中,斗争渐趋激烈,在工会中工人纠察队普遍建立起来后,遂要求进一步建立武装队伍,当时条件局限于棍棒、刀斧之类,虽购有少数自卫手枪,但为数很有限(从洋行军火商处购进)。一九二三年"二七"罢工后,工会干部渐渐认识到工人武装的重要性,后来经五卅运动、省港罢工、北伐等革命运动高潮中,由于革命需要,各地党与群众迫不及待,渐渐发展工农武装,同时提出改造旧军队的问题。

在几年时间中,党在南北各省陆续组织了一些武装纠察队,其中较著名的有京汉及津浦铁路工会武装纠察队、省港罢工武装纠察队、江西安源、湖南水口山、锡矿山等地工会纠察队、两湖农民协会武装纠察队等等。据不完全统计,各项枪枝总数在五千枝以上,而且都是汉阳造的新枪。在工人纠察队方面,党十分注意组织训练、宣传教育、干部培养与武器供给等问题,并在工作中培育了一些武装干部。

同时我们也进行关于改造旧军队工作,比较为人们所注意的有叶挺、贺龙的部队,国民政府警卫团,中央军校学生队以及其他军事组织机构。当时接受党领导的军队总数不下五万人。还有不少军队在政治方面接受中共的影响,虽难以估计,但也不可忽视。

新建置的军队,武装队伍大都是北伐前后成长起来的。其中有第十一军的二十四师(师长叶挺),原驻武汉,后移防九江。第四军的二十五师(师长周士第)、第二十军(军长贺龙,师长贺锦斋、贺炳炎),原驻鄂东地区,后移防九江。驻武汉的国民政府警卫团(团长卢德铭、政委罗荣桓)、张发奎部军官教导团(原武汉军分校学员改编),在南昌方面有第九军军官教导团(团长朱德)等。

这里值得提到的是:近年来中央及各地主要党组织大都成立了军委的机构,罗致了一些军事专门技术人才,推动了这方面工作向前发展。最先是北方区委成立军事工作人员专门小组,其中有张隐韬（河北人，保定军官学校毕业）、郭增昌（山西人，保定军官学校毕业，骑兵连长）、茅延桢（安徽人，清河预备学校毕业）、张兆丰（河北人，西北讲武堂毕业，步兵营长）、郭寿生（闽侯人，烟台海军学校毕业）、李之龙（湖北人，烟台海军学校毕业）、金佛庄（浙江人，保定军官学校毕业）。上述诸人以外，加入中共成为党员的军官还有：叶挺、刘伯承、段德昌、张云逸、刘志丹、李天柱、宣侠父、徐向前、周士第、粟裕、陈士渠、蒋先云、陈赓、李鸣珂、韦拔群、曾锺圣、熊宣、王先亚、余洒度等，均属知名将领或后起之秀的革命军人。

湖北省委干部有长短枪四百余支，并经常由海轮上购买手枪子弹，以资补充。省委干部全体均参加军事训练，实弹射击，由蒋先云、陈赓等担任教练。湖北省委军委工作颇繁剧，武汉中央军校各军事机关、部队公安机关政治部各党支部武装工作党员凡一千二百余人，初由省委指导。中央军校武汉分校由校务委员会五人负责，名义上是汪精卫、谭延闿、侯连瀛、邓演达、恽代英。实际上驻校为邓演达、恽代英二人。各连队中四分之一为共产党员、共青团员。主要负责人为李鸣珂、陈伯钧、许光达与张宗逊等。余三分之一为左派。七月间军分校学生改编为教导团，属二方面军，在建立工人纠察队同时，又在二十四师新成立教导队，有学兵一千余名。（大队长孙树臣、副队长申朝宗、中队长李鸣珂，南昌暴动后改为警卫队。）

中共第五次全国代表大会

中共中央迁鄂前后四个月内，武汉工农运动风起云蒸，波澜壮阔。当时，北京某报武汉通讯所记，谓如龙蛇起陆，虎兕出山，雷霆震惊，其声势浩大可以想见，但同时，武汉国共合作政府亦正处在强大敌人威胁面前，革命蕴藏着严重的危机。

中共中央处此千钧一发之际，必须对内加强团结，对外动员群众，合力御侮，才能继往开来，引导革命向更高阶段发展。中国共产党第五次代表大会正是在这一形势下召开的。五次代表大会筹备事务，主要由中央与省委秘书处联合办理，报告与决议等文件草案在国际代表参加的各委员会进行制定的，筹备会决定了大会会场、大会主席团名单和标语等事务。在确定了会议开幕事宜后，"五大"筹备处商议特邀国民党中央谭延闿、徐谦、汪精卫等人列席大会。仲甫让我前往邀约，我心嫌其人颇有难色，因建议由代英捎口信通知他们到会，仲甫默默不悦。代英接言道：谭延闿与徐谦均为玉马金堂学士人物，徐与兄尚有同名之雅（指徐字季龙），为何拒人于千里之外。我说，与他们实在无话可说，最后，乃由张国焘与我同行，与汪见面时，汪满口答应，但神不专注，谭延闿首肯，连称一定到会参加。

四月二十七日，中国共产党第五次全国代表大会在武昌正式召开。出席代表八十人，列席四十人，代表党员五万七千九百六十七人。共产国际代表、少共国际代表与赤色职工国际代表团成员都出席了大会。自四月二十七日起至五月十四日止，会议共历时十八天。会场在武昌都府堤武昌师范附小风雨操场召开。风雨操场为一所砖木结构的平房，无天花板，设有讲演台，可容千人。主席台两侧悬有巨幅红布标语：右为"把国共合作进行到底"！左为"争取非资本主义前途"！会场四壁主要标语如次：反对帝国主义联合武力镇压中国革命！打倒世界资本主义！打倒蒋介石，打倒反动的资产阶级，争取非资本主义前途！实行八小时工作制！耕者有其田！革命民众组织义勇队，武装保卫革命根据地！

开幕时，首先由我代表会议筹备组登台，宣布大会筹备会推荐的大会主席团二十四人名单，全场起立热烈鼓掌通过。这个名单包括的人数较多，代表性很广泛，这些人都是来自各方面斗争最前线的，这也是以前几次大会所未有的。随后由总书记宣布大会开幕并致开幕词，词毕由汪精卫代表国民党致祝词，最后罗易致词。国际其他代表继续讲演，国民党代表谭延闿静坐台上，双目微阖，除闻声鼓掌外，终席未发一言。大会开幕仪式完成时，有人建议此次为建党七年以来第一次公开举行大会，宜摄影以留纪念，但未同意，遂作罢。

仲甫在大会代表上届中央做工作报告，从报告中约略可以见到建党七年来革命巨舟正向涨满潮汐的大海航行。如一九二一年党成立时，党员寥寥可数，仅五十人左右，现已成为工农民众的中坚组织，有党员约六万人，团员五万人，合计十万人。革命工会会员几乎包括全国产业工人。据一九二七年三月统计：中国南部各省包括湖南、湖北、江西、安徽、广东、广西、江苏（无锡、上海）、浙江（宁波、杭州）等省主要城市，均先后成立了综合性工会，统计全国工会有会员二百九十余万人。全国农民协会登记会员九百五十万人，军队及工农武装力量近五万人。中共政治影响已遍及东南十数省几亿人口地区。由此可见，建党以还，由于全党同心协力，勇猛前进，七年之中，成就未可厚非，如再经数年努力，前途希望更大！

五大会讨论中心问题见于下列几个重要决议，即：1）关于接受共产国际第七次代表大会中国问题之决议；2）政治形势与党的任务；3）土地革命问题决议；4）职工运动决议。前两项决议案是总的政治路线，包括决定国共合作、土地改革方向等问题，均以第三国际决议为蓝本，而且由国际代表与仲甫亲自起草。后二个决议由中央工委、农委起草后，经过大会起草委员会讨论后由大会通过。主要精神是实行土地革命，建立农村政权与施行工农民主专政。

第五次大会宣言由国际代表执笔（英文稿），主要内容强调工农是革命的主要动力，阶级斗争与国民革命斗争同时并进。五四运动的领导者是小资产阶级式的知识分子，特别是学生，他们不自觉地趋向无产阶级，无产阶级尚未进入中国民族解放运动的核心。现在的革命由于阶级分化与帝国主义干涉，必须使城市小资产阶级与无产阶级协作，无产阶级必须与农民联合一致，农民必须与小地主建立同盟。革命政权应该是工农小资产阶级的民主独裁，最后说国际形势有利于中国革命。

大会选出中央委员四十余人，其中正式中委三十一人、候补中委十四人。中央委员有：陈独秀、张国焘、罗章龙、项英、苏兆征、谭平山、彭述之、罗亦农、蔡和森、邓中夏、恽代英、周恩来、李立三、罗迈、顾顺章、瞿秋白、张太雷、易礼容、夏曦、彭湃、陈延年、陈乔年、赵世炎、贺昌、刘少奇、任弼时、向忠发、杨之华、罗珠、李涤生、杨其珊等。

候补中央委员有：毛泽东、郭亮、陈潭秋、吴汝铭、陆沉、袁达时、刘伯庄、毛科文、薛六、林育南、庄文恭、李震瀛、王亚璋、黄平等。

国共分歧

北伐军克复武昌后，国民政府之一部自广州移武汉办公，政府组织初具规模。时蒋介石所率军队局促江西一隅，迭遭挫败，士气沮丧，蒋思回粤练兵，重整旗鼓，对武汉心怀嫉妒。适浙江、江苏二路北伐军进展颇速，孙传芳军心动摇，无力支持，且在武汉方面吴佩孚败绩，江西局势好转，于是蒋介石野心复作。

蒋介石兔脱之一幕：

先是一九二七年一月，武汉政府电蒋邀其来鄂。一月九日蒋自南昌轻装来武汉，本意在窥测武汉虚实，设法和缓反对空气，并希望暗中拉拢张发奎、唐生智及其他动摇军官，以为己用。蒋介石到武汉后见军民气盛，工农斗争潮涌，内部无懈可乘，意态颇为消沉。在南洋大楼招待会上，鲍罗廷用教训口吻对蒋讲话，要蒋遵守党纪，服从中央，留武汉工作。蒋自以为身为总司令，当众受鲍训斥，极感难堪！但强自抑制，勉力支吾说，本人暂留南昌，目的在督促东路军事，与敌人做最后决战。会后蒋连夜悄然乘自备小艇离汉口回江西而去。

鲍闻蒋不辞而去离武汉讯息，知事态蹊跷，颇以为悔，并预料蒋此番回到江西后，决不会从此罢休，但亦无可奈何。当时外间猜测纷纷，谣诼乘机四起。有人怨鲍鲁莽，不该当面斥蒋，无异打草惊蛇。武昌某支部老教员说：军事与政治对敌，本寓阴谋勾当，因此采用公开激怒蒋的做法实在有失明智。古人说：机事不密则害成。鲍对蒋急不择言，无异纵虎归山，确属误事不浅。

当时省委方面更有人责鲍何不当场将蒋扣留。但是春木说，此事关系重大，鲍个人不敢擅专，一定要请示国际。国际当时政策对蒋只限于运用公开批评方式，所以亦不会同意扣留蒋的办法，否则西安事变当提前十年演出。

一月九日蒋脱离武汉，事后亦有人责备仲甫应负造成后日祸患责任，其实仲甫当时尚在上海，并不知蒋到武汉情事，鲍亦来不及将此事与仲甫商量，故仲甫实无由知悉。至于鲍罗廷因事出仓卒未能当机立断采取非常手段，致时机稍纵即逝，事后亦自引咎。因此鲍后对人言："自身积错可以沉舟。"殆与此事有关。

蒋不满鲍罗廷由来已久，蒋在北伐前即表示苏联接济如送牢饭（即吃不饱，饿不死的意思），北伐出师后，苏联已断绝供应，故蒋视鲍如眼中钉，自经此次受辱，遂于回到南昌后即来电致孙科等，斥鲍专横，干涉内政，主张解除鲍顾问职务。

武汉反蒋运动

时武汉国民党左派邓演达、孙科、顾孟余等乘机主张欢迎汪精卫复职，树立自己一派势力。在中共支持下，自二月中旬起武汉开展反蒋运动，公布蒋介石反革命罪状，并提出"提高党权，打倒昏庸老朽的张静江"等口号。三月九日武汉决定召开国民党三中全会，并即电蒋参加，蒋如来武汉即可设法制服蒋，蒋知不利于己，拒不参加，一面派谭延闿来武汉周旋，同时积极布置军事，做与武汉决裂准备。谭到武汉时，态度更变左倾，同时陈公博代表汪精卫亦来到武汉。于是在国民党左派名义下，三中全会按预定计划进行。在三中全会上决定对蒋介石施行纪律制裁，榻橥巩固党权，推翻军事独裁口号，同时在三中全会决定设立农政、劳工二部，由共产党员担任部长，并号召实行乡村自治，召集省民会议以实现政治民主化，坚决赞助工农运动等，由是革命联盟暂获巩固。

蒋介石在南昌闻三中全会对己施行制裁，大为恚忿，召集部下会议决定肃清江西、安徽、江浙中共势力。自三月初起大肆屠杀中共党员、工会领袖，破坏工农会组织。蒋介石于三月十一日在赣州主使杀害陈赞贤，三月十六日在南昌，十七日在九江，二十二日在安庆，二十四日在芜湖，二十九日在杭州等处，先后袭击中共及工会组织，大逞残杀，而以上海"四一二"惨案为最著。当时上海资本家立即给蒋一千五百万元，预定事毕再给蒋三千万元。蒋如虎附翼，益逞凶残！

四月十二日后约一星期，罗亦农等自沪脱难来汉报告"四一二"惨杀情况。于是中央会议立即讨论对付蒋介石问题，当时决议向国民党中央提出惩办蒋介石。四月十五日武汉国民党中央通过提案，开除蒋介石党籍，国民政府下令革除蒋介石总司令职，以冯玉祥代总司令，唐生智为副司令，并下令通缉蒋介石归案究办。

湖北省委根据决议，决定于四月十七日在武昌阅马场广场举行群众大会，声讨蒋介石罪行，到会工农市民共十余万人。会上群情愤激，国民党中委高语罕（中共党员）登台演讲，痛斥蒋介石反革命罪状，到会群众大受感动。（高身材魁硕，声如宏钟，向会上群众大声斥蒋道：国民政府不是蒋某私人的马桶，可以随着他屁股后面走的,只有他到武汉来伏罪,听命于政府,断没有政府反去迁就他一个独夫的道理。)

时湖北省委即刊印《蒋介石的裸体跳舞》小册子数十万份。该小册子系中共湖北省委宣传部秘书刘子青所写,历叙自一九二六年三月十二日事变起到最近止,蒋介石破坏革命的种种行动,分析透彻,痛快淋漓。邓演达阅后,大为动容,立予翻印十万册,遍发各军。(该册底稿系政治部科长章伯钧向省委宣传部取去)其他机关纷纷翻印,后蒋介石曾悬重赏通缉刘。但事经三十年后郭某(沫若)忽出头将此文著作权攘为己有,报章宣传误信为真,◇◇谓郭某此种行径实属冒名顶替,乃与杜少陵诗所称:公然抱茅入竹去……对面为盗窃无异。

蒋先云于四月从南昌来到武昌向省委口头报告,蒋介石亲口对他说过,对于武汉政府的各项策划,非常详细。会后先云并写成一个书面报告,长达万余字,在报告中他建议早做军事准备与蒋决裂。当时省委会上一致同意先云的报告,且有人谈到乘蒋目前羽翼未丰,给以迅雷不及掩耳的打击,可将其制服。如此则东南半壁可以收复,武汉政府进战退守措置裕如,并用潜力深入社会革命,北方军阀将无可施为。

东征问题辩论

讨蒋会后,湖北省委开会讨论对蒋军事制裁问题,会上一致认为一纸褫职命令,徒托空言,于事无补,建议中央应速决定出师东征,捉拿蒋介石,交付人民公审。次日中共中央会议正式讨论东征问题,出席中央会议如国焘、我、荷波等主张迅速动员东征,否则养痈遗患。多数人发言一致同意主张立即东征,其理由:1) 全国正处于革命高潮,蒋破坏革命甘为戎首,讨蒋师出有名,名正言顺,于战事有利。且蒋初到南京,人心未附,军心动摇,预计师行所至,必有望风归顺者。2）就双方军事实力言，蒋介石直接指挥军队为何应钦第一军的三个师约有兵力二万人；其所影响的军队为，李宗仁第七军一万五千人，第十六军三万五千人，赖世璜第十四军约五千人，浙军第十七、第十九军约一万人，皖军第二十七、第三十七军约二万人，叶开鑫暂编第五军约六千人，柏文蔚第三十三军约四千人，广东军团约二万人，以上合计约十二万人，共有机关枪一百五十挺，炮六十尊，其中观望阴持两端者大有人在。武汉政府能直接指挥军队约十二万人，其质量远胜于蒋方，且有强厚的工农群众组织为其后盾，故当前真正优势应属于武汉。3）此外尚有一重大理由即如果东征可顺便将唐张军队送走，使他们向东南发展，后方扼守武胜关，可以全力深入工农群众发动土地革命，扩大群众政治权力与武装力量，其利甚多。

但会议上同时持反对意见者亦大有人在，反对理由是：1）武汉国民政府内部意见不一致，对蒋首鼠两端，如汪、谭均不主张东征，他们说北洋军阀未全部解决，国民党内部不宜用兵贻人口实。2）出兵东征则后方空虚，恐北方军阀南下侵入鄂境。3）还有一种意见认为东南沿海帝国主义势力强大，目前应避免与帝国主义接触，否则在强大的帝国主义面前，不降即溃。（此乃由于当时帝国主义内在矛盾认识不清，过分恐惧情绪作梗，也造成对东征策略的犹豫与怀疑。其实当时帝国主义内部矛盾重重，尚无在远东引起战争的决心。省港罢工，上海工人暴动，汉口、九江英国租界的收回，以及后来许多事实均足以证明。）4）最后理由是冯玉祥盘踞西北，拥有强大实力，冯对武汉信誓旦旦，可以为我方出力，如能迎冯出关，则武汉实力增大，蒋势将为之日蹙。而更为重要者是第三国际的意见，当时国际方面意见既认蒋为革命内部矛盾，不宜用兵，同时又认为冯玉祥为可靠的联盟者，所以出师北伐，把冯从陕西迎接出关，足以藉冯力以制蒋，将来革命形势有变化时，西北亦不失为缓冲地带，此即所谓西北路线的形成。因此中央会议讨论结果，决定停止东征，改道北伐，北伐成功实行联冯制蒋，届时冯玉祥从北方出兵南下，直指金陵，蒋可以不战而服。但后来经过事实证明，结果与此完全相反。东征流产，全域皆输。蒋介石知武汉决定不威胁南京，他一方面利用四川军阀及夏斗寅袭击武汉，一方面暗中与冯玉祥勾结反共。自是以后东南属蒋，西北属冯，武汉偏安，势难久持。此乃由于国际对冯信任过深，为冯所卖，以致一误再误，弄得全盘皆输，诚非始料所及！

第二次北伐与郑州会议、徐州会议

一九二七年五月，东征既已中止进行，武汉国民政府乃决定出师北伐（所谓第二次北伐），当时中央部署是：叶希夷全军守卫武汉，张发奎、唐生智率部主力出武胜关，张发奎军担任正面进攻，主力约二十万人。第二次北伐仍以第四军为主力。一九二七年四月二十日在南湖举行誓师典礼，随即是第四军、二十军乘车北开，越二日我军出武胜关，攻下信阳。五月二十六日师次临颍，以重大牺牲击溃奉军富双英军，六月六日占领郑州及开封，打通了陇海全线，第二次北伐乃告完成。

预料中原争夺，将遭逢一场恶战。中共方面派蒋先云团长担任前锋。先云自江西归来，任工人武装训练部长。先云在东江战役惠州扑城时，亲临前线，身负重伤后，久未参加前阵作战。蒋先云奉到出师命令后，不期而然流露出来一种见猎心喜的心情。出发前夕，先云御戎装，跨骏马，腰怀全新左轮一支，来到武昌胭脂山啸楼巷湖北省委办公处，出席最近一次例会。他报告北伐出师准备动员情况十分详细。他说河南敌军三面受敌，只要几个冲锋就会把他们打垮，情绪十分乐观。

省委会后，我留先云共同进餐，席中先云英气勃勃，谈笑风生。

他慷慨陈词说：第二次北伐条件很好，此次轻装上阵，战役很快可以获胜解决，只是后方东西二面受敌，东面指蒋介石、朱培德，西面指川军刘湘、夏斗寅，应加加强防御，采取以攻为守战略。又说蒋介石固属革命心腹之患，但其他军阀朝三暮四，反复无常，亦多非善类，我们应严格戒备，谨防变生肘腋。座中诸同志闻言，深以为然。谈至深夜，先云起立告辞，探怀出最近摄影戎装小照赠给我以留纪念。

先云师次武胜关后，托师部交通带给省委信一封，报告一路行军作战经过。我作覆书时曾鼓励他勇敢前进，克敌制果！但又嘱先云道："上兵伐谋，不宜轻敌。"过了些时，忽接前方来电，报告先云同志已于临颍攻坚战役中壮烈牺牲。武汉方面大为震惊，中共全体同志无不悲恸万分，即日举行武汉三镇追悼大会以志哀思。我赋悼诗一首以抒悲怀，诗云："胭脂山畔啸楼中，剑气凌云敌垒空，武胜关前临颍路，天荒地老显雄风！"事后延年语我云：武汉出师北伐，先云冲锋陷阵，遂克临颍，奉军败北，先云亦阵亡，付出代价可谓极大，后果反促成冯玉祥出关反共，可谓人谋不臧，实堪浩叹！关于冯玉祥到苏联请求接济，获得大批步枪、大炮、机关枪及弹药等，从蒙古边圉用大队骆驼队运载回西北。冯本人于是年九月十五日由苏联返国，十七日在五原宣布就国民军联军总司令职，加入国民党，十二月止完全控制陕西全省，戍卫潼关。此时冯东向戒备，窥伺中原。他尝告诫部下勿轻进，要师学卞庄子刺虎，不费一弹，取得河南。次年郑州会议，汪唐将血战攻取得来的河南，拱手让冯，冯遂宣布反共，为时不过年余。说者称冯饥附饱扬，翻云覆雨！政治缺德！

第二次北伐成功后，北洋军阀土崩瓦解。四月，阎锡山向南方投降。孙传芳军全部崩溃，孙下野后在天津居士林被刺身死。北京方面先是一九二六年直皖系军阀失势，段祺瑞执政政府消灭，关外奉系军阀统兵进入北京，自称大元帅。六月张作霖见局势不利，退回奉天，在皇姑屯被炸死。张宗昌亦遇刺身死。至此北洋军阀统治告终，继起者乃蒋、冯、阎等新军阀，南方则为粤、桂、川、滇等新军阀。

武汉出师占领郑州及开封，此时冯玉祥军乘势东出与武汉军会师。六月十日召开郑州会议。十三日会毕，汪、谭、唐等返汉，六月十五日北伐军奉令复员回师武汉。此次郑州会议系由冯玉祥为主角，蒋介石幕后操纵。郑州会议参加人为：谭延闿、汪精卫、冯玉祥、唐生智、于右任等。当时关防极严，会议详情外间无由知悉，以前重要军事会鲍罗廷均被邀出席，此时鲍已去职，不得参加会议，中共方面竟无人参加。传说郑州会议冯拿出大宗现金送汪、唐等，作为取得河南地盘的报酬，同时汪等同意解除鲍罗廷顾问职务，与苏联断绝关系，以孤立共产党。至于分共问题自然亦在议程以内。因此有人说蒋先云牺牲大为不值，死既未归葬，不过为汪等在郑州会议上博得冯若干赃款，完成一笔反共交易，先云地下有知当不瞑目。

据汪左右说：冯在郑州会议时暗奉蒋意旨密语汪，用非常手段拘捕陈独秀及中共其他重要分子，实行一网打尽，斩草除根，否则任其逃脱，将如黄蜂出窝，不堪收拾。但汪当时有顾虑，恐怕这样做激成巨变，危及自身，所以仍主张用软工夫对中共虚与逶迤。郑州会议开完，冯见汪态度犹豫，深感不满，汪恐冯下毒手，未及辞冯，急登车南开，仓皇返武汉云。汪、谭、唐左右随行到郑州开会者有顾孟余、孙科、徐谦、邓演达等。中共方面各军政治部主任亦有随往者，但均未列席。会毕后仲甫询以郑州会议实际情况，彼等均茫无所知。当时中共选任干部，工人运动居于第一线，重要干部集中在这方面；至于各军政治工作人选，多属二流干部，所选任的多数是既缺乏政治修养又无斗争经验，一般被称为政治荷花太少（林伯渠等例外）。第二军政治部主任李◇◇，第三军朱克靖，第四军罗汉后易为麦朝枢，第五军李朗如，第六军林伯渠，第七军黄日葵，第八军彭泽湘，国民二军刘伯坚，总政治部科长章伯钧、俞墉等（麦朝枢、李朗如均国民党员与中共无涉）。各军政治工作人员原应起政治领导与监督作用，其次应起搜集情报作用。但事实上却"没有寸用"（湘语），最后只能起革命花瓶作用，所以陈潭秋称之为姨太太工作。他们对军队行动茫无所知，对敌方政治阴谋如蒙在鼓里。反之对方却是长于纵横捭阖，阴贼险狠的人物，以此抗彼，成败之数，可以逆睹。这些中共政治工作人员在清共时一筹莫展，均仓皇逃避。总政治部科长章伯钧亦中共党员，后赴上海与杨虎勾结，组织民盟，由杨虎给章一百万元做活动费，章遂纠合罗隆基等自成一派，与中共对立。汪、唐在郑州会议前对鲍与仲甫非常恭顺，会后神情异常，但各军政治部主任向中央汇报工作仍痴獃傻笑，盲目乐观。如彭泽湘、王度◇甚至谎报军情，仲甫见状大愤，向人说："我们的耳目都被堵塞住了，怎么办？"但是仲甫在《向导》为文却仍说道："国民政府领袖在郑州会议已决定了讨蒋政策，这是中国革命进展之一个重大时机，在革命史上值得大书特书的。"（见六月十一日《向导》一九八期《蒋介石反动与中国革命》。）不知何所据而云然，可见其受蒙蔽之深。

中共曾派刘伯坚担任冯军政治部主任，但冯对刘严加封锁如同禁锢，因此刘对冯一切奸谋，事前毫无所闻。在北伐期间冯玉祥自称有兵二十八万，机关枪六百挺，大炮六百尊，所以处举足轻重地位，为各方所重视。当时冯玉祥一方面派李鸣钟向蒋输情，同时又派刘骥到武汉向武汉政府骗去几船军用物资，从襄河用一营兵运走。（据刘伯坚谈到刘骥得款巨万，在武汉以重价买坤伶车伯华为妾。）刘骥亦曾秘密到南昌参加蒋介石的军事会议，凡此一切武汉政府明知故昧，鲍罗廷对冯行动亦甚隔膜，所以造成郑州会议的失败。

中共对于南京方面湘军原派有人分任第六军及第二军政治工作，

蒋到南京后，第六军军长程潜首先附蒋，第二军谭延闿所部鲁涤平等亦全部投蒋，二人遂被逐，只身逃武汉，由于仓皇离职，中共原在第二及第六军党的组织亦全部溃散。

郑州会议后，冯自取得开封政治分会主席，志得意满，六月十九日应蒋介石召赴徐州与蒋见面，交换谱谍结为兄弟，参加徐州会议。出席徐州会议者有蒋介石、吴稚辉、胡汉民、李烈钧、冯玉祥，在徐州会议冯拍胸担保，拖垮武汉政府，要汪公布反共态度。二十一日蒋冯联名通电，声讨武汉政府联共行为。七月八日冯玉祥实行清党，遣回武汉总政治部派去之工作人员，驱逐共产党。当时有种议论说东征原可以送走左派（指汪、唐军队），惜未实现。北伐实际是迎狼入室，反属多余之举，所谓有损无益。由郑州会议结果看来，可见北伐攻下郑州反使南北隔离的蒋介石与冯玉祥得以联合反共，取得国民革命领导权。于是武汉政府遂陷于四面包围之中，而最后不得不向南京屈服。假如早及时出师东征，纵令相持不决，亦不会促成冯蒋结合反共局面，武汉政府仍有可能击退蒋的进攻。

又在郑州会议前，国际对冯玉祥曾寄以极大希望，因此鲍罗廷在讨论东征问题时曾提出西北路线，意思是说中国革命沿海被帝国主义所控制，不易取胜，环顾国内，惟西北地形空阔，且靠近苏联疆界，缓急可恃，足为中国革命未来后方地带。但自郑州会议以后，西北路线却被冯玉祥堵死，由此直到冯失败时为止，中共在西北遂无立足余地。

冯玉祥出身大兵，受倒戈训练，全靠手法灵活，因缘时会，像驴打滚一样，几年间就扩军几十万。他手头黑银（指鸦片）、黄金堆积如山，多财善贾，各方肆应，无不如意。这是他屡次赢得大赌注的真正凭借。

湘鄂军阀武装叛乱

郑州会议与徐州会议是重大的政治危机，紧接着便是蒋介石策动的夏斗寅反水与川军东下，其次是湖南唐生智部队许克祥发动的马日事变。在这几次直接威胁武汉的军事行动后，武汉政治与经济危机更加深入了。

武汉政府出师河南时，蒋介石见武汉后方空虚，乃自四月二十五日起一面令安徽军队向西移动，威胁武汉；一面重金收买鄂西驻军刘佐龙及第十五军十四师师长夏斗寅反水，袭击武汉。夏受蒋命于五月十七日动员西下，连占沙市、岳州，急行军直扑武昌。夏军前锋已达距武昌四十里之纸坊时，叶挺奉命率第二十四师奋勇阻击，战斗激烈，将夏师击溃，俘敌千人，追至新堤始回，二十四师亦伤亡一千二百人，夏军残部向江西方面退却。是役武汉市内全军出堵，后方秩序由工人纠察队维持。中共省委发起组织前线慰劳，由各方组织慰劳团赴战地劳军，士气益振。夏斗寅攻武汉到纸坊时，中央军校学生组成中央独立师赴援，在金口乘轮覆舟失事，死六十多人。

夏师既溃，蒋介石又收买四川杨森军东下窜扰，杨军于五月二十四日开拔，二十八日到达潜江、天门附近地区，距武汉一百公里，武汉政府调回前线二十军并十一军共五师兵力迎击，杨森军败退。

长沙马日事变是地主与工农斗争过程中的产物。当时湖南为新军阀唐生智所统治，农民协会蚕食一部乡村政权，二者相激相荡，到无法调和时便发生武装冲突。而酿成武装冲突的主要导火线，厥为试行工农专政的各项打击地主阶级的措施。如一九二七年一月四日，工会、农协会与长沙工农学商会，联合组织湖南省特别法庭，根据惩治土豪劣绅条例，捕杀李佑文（赵恒惕的军务司长）、俞敕华、叶德辉、李石卿（铜官恶霸）等人，同时各县先后处决豪绅数十人，如宁乡刘昭、杨致泽，湘潭晏容秋等。叶德辉被杀，在当时官绅界发生重大震动。叶德辉为满清遗老，与旧军阀关系极深，素仇苏共，出言不逊。

先是，在马日事变前，湖南各地已发生武装冲突。如一九二七年五月十一日，陶柳军队捕去长沙工会纠察队三十余名。十五日临湘农民协会委员长李柱中被杀。十八日常德近郊农协委员长被杀。十九日益阳县工会及农协被军队占领，农民自卫军与工人纠察队被解散。同日晚长沙三十五军留守处向工人纠察队寻衅，解除纠察队武装。此外在湘南、湘西、湘东各县，工农与地主武装冲突均在不断发生。一九二七年五月十七日，第三十五军军长何键与第三十六军、第十五军、第八军军长在武昌举行秘密会议，讨论宁汉合作及分共问题。何键报告唐生智、汪精卫同意镇压农民运动。在武昌会议后约四日，长沙驻军许克祥的三十三团，于五月二十一日夜发动地方政变（王东原三十五团亦驻城外）。五月二十一日晚许团围攻工会、农会、省党部，五月二十二日省工会死四人，省农会死十余人，工运讲习所死伤六人，党校死二人。当晚，在略做抵抗后，工会农会纠察队武装被缴去，监囚被释放。又在马日事变中干部被逮杀者有：学生会负责人田波扬及其妻陈爱云，贾荣吉，省党部秘书贾云伯，省民会议代表李异云、贺国英等均被害。

马日事变系试探性进攻性质，主其事者为湖南军阀及国民党反共分子仇鳌、萧翼琨、彭国钧等。（外间传蒋介石曾汇十万元与仇等，仇等送许克祥五万元，仇自得五万元。）唐生智于事后电许，嘉奖其行动。但当时武汉政府尚未决定全面反共，所以佯作不知，于五月二十六日派陈公博到湖南查办，并暗令许克祥率部向湖南南部广东边境移防。许遵令开出长沙。

湘区省委在马日事变前疏于防范，临变不组织力量施行反击，仓皇失措，纷纷离职外逃。书记当晚出走躲避，亦有人赴安源避难，省委无主，一时陷于瘫痪。事变后组织残破，谎造情报，蒙蔽群众，希图卸责,均属错误行为。

中央与省委的争议

自中共五大以后,武汉革命危机纷至沓来,中共中央与湖北省委曾经多次讨论应付当前局势有关诸问题。这些问题中主要包括政治斗争总的行动策略,军事部署与组织部署(巩固与发展)等方案。省委与中央曾为此引起重大争议,兹分别简述如次:

中共湖北省委紧急倡议与武装行动方案。四五月间,武汉革命危机四伏,反动势力日益猖狂,武汉革命感受威胁,事态恶化,形势岌岌可危!当时全党同志鉴于敌情严重,寝馈不安。起初还有人盼望上级改弦更张,以挽危局,但中央徘徊犹豫,未能当机立断,有所作为。当时湖北省委在中央肘腋之下,实际担任武汉全域工作,地位非常重要,关系全域安危,鉴于事机日迫,不容一误再误,所以省委奋不顾身,义无反顾,大胆向中央及时提出建议,要求采取措施捍卫革命政权,并寻求最妥善的解决方案。

这次扩大会议是从下而上(从支部到省委)发动起来的,同时也是由省委成员深入基层,调查研究,共同做出的决定。最先是省委负责同志分别出席所属各支部会议时,了解到党基层同志对于当前政治、经济、军事危机纷纷表示意见,认为省委应当提出扭转目前局势的有效办法。与此同时,省委成员分别向留驻在武汉的外省党组织负责同志及代表、革命群众组织等周谘博访,征询意见,所以这次扩大会议是体现广大革命群众意志,来研讨大家共同关心的重大政治问题。参加扩大会议者有本省市及各县代表,各工农兵组织党团书记。又,出席五大会各省代表(留驻武汉者)均被邀请参加出席,以期集思广益。所以这是一次人数众多的会议。五月中旬后,在中共湖北省委胭脂山举行。

在扩大会议上,首先由我将召集会议意义与议程扼要做了报告,主要任务是集中时间讨论武装行动方案及与此有关的革命群众斗争等问题,并由省委就工会、农会、工农武装等问题分别做了专题报告。在长达亘三昼夜的开会时间中,出席会议的代表集中力量讨论省委报告。由于报告中所提示的问题论旨明确,而且又经过多日充分酝酿,所以经过一般性辩论后,一致同意省委报告,认为当前革命形势有如千钧一发,十分严重!应该组织一切力量积极向敌人反攻,才能冲破反革命的重重包围,消除革命危机,奠定大局,引导全国革命继续前进!

在省委扩大会上,来自各方面的中共党组织的代表们,纷纷就本人工作岗位和本人观察所得谈论到省委报告与建议的重要性。大家共同认识到目前武汉是革命首都,现在存在着严重的危机,这是革命的心腹之患,只有对反革命施行开刀截除的大手术,千万不能采取养痈遗患听其溃烂下去的方法。会议上还有种种具体的分析言论与意见,如云:"自'四一二'政变后,上海劳动人民日夜盼望武汉政府实行东征,推翻蒋介石政府。但东征胜利应以巩固武汉革命政权为前提,否则后方牵制,难以成功。因此,当前迫切任务是肃清武汉反革命工作,这项工作应放在第一位,其次才能进一步促进全国革命平衡发展。"又有人说:"广东为革命老根据地,目前在桂系军阀统治下,全省人民处于水深火热之中,工农生活万分困难,亟盼武汉方面在大局安定后回师广东以解倒悬。如武汉革命政权瓦解,则南方革命将倒退十数年。"北方区委代表说:"冯玉祥新占河南,尽力扩军,横征暴敛,农民反对纷起,现今豫省遍地有红枪会存在,铁路矿山工人革命组织更可以发挥革命作用。又张兆丰同志陈师豫鄂边境,随时可以策应武汉行动。"湘省委代表说:"湖南境内唐生智军队实力空虚,湘赣边境防守单薄,我军随时可以进入湖南。江浙方面局势动荡,蒋介石还未完全取得控制权,也可以乘虚而入。"九江党委负责人谈:"江西境内党与工农会组织力量势不可侮,朱培德军力有限,而且战斗力薄弱,亟盼武汉方面奠定大局,派军东下,驻留江西,整军经武,然后西可以进湖南,东可以进浙江,南可以入广东。只有在武汉革命政权巩固之后,才能采取主动,推进全国革命高潮。"又安徽军阀残部陈调元地位介于鄂东赣北与武穴邻处,不能自保,我军可以偏师袭取安庆,如此屏蔽江西,进战退守,创造割据江东局面。

以上诸代表意见各有所见,但其总的精神是主张进攻,创立新局面。总之就目前局势说,汪唐内部矛盾重重,敌方立足未稳,是可以取胜的。更就当前武汉军事力量观察,武汉全部武装共有军队十二万人,其中坚决反共的有唐生智所部三万几千人。中共正规军约二三万人,第四军、第二军约三万人,但论战斗力以叶挺所部第十军为最强,加上湖北工农会组织力量的强大优势,是足以抗击敌军的。又见于历史上不少重大战役大都是利用敌方矛盾,以少击众获得胜利。如中国古代巨鹿之战,项羽以少击众;赤壁之战曹兵八十万,吴兵四万;淝水之战苻坚军六十万,晋兵八万。在西方历史如普法之战,苏俄十月革命均利用地利与人和以少击众。因此在武汉方面如坚决采取主动,有把握控制全域。

由于这次会议议程所讨论问题本质固极清楚,且经充分酝酿,所以在经过一般辩论后随即取得一致意见:通过省委建议并就具体方案执行内容做了广泛的补充。当时出席代表一致表示武汉为当前革命策源地,应集中一切力量不惜代价争取保卫革命首都武汉,立即采取紧急措施,以挽救革命危机。扩大会议讨论结果,通过省委建议与下列紧急行动纲领:1)以湖北武汉工农组织为中心,夺取汉阳兵工厂储存武器及生产武器,武装工人二十万,农民五十万。2)在武汉、南昌、长沙三地同时暴动,各县工会、农民协会一齐动手,组织地方乡村政权。3)各省互相采取联络一致行动,使各省军阀自顾不暇,不能采取联合行动。4)逐渐扩张暴动区域到长江、珠江流域及其他省份。5）在各地暴动中推翻国民党政府,逮捕汪、唐,成立工农兵学商联合政权,彻底肃清帝国主义、军阀、地、资势力。6）联合各地反军阀势力,扩大暴动区域。7）做长期战争准备,肃清南方内部后再举北伐。

根据上面的纲领,经扩大会讨论采纳入方案中计有以下几条:

军事方面,1）在武装动员方面,下令叶、贺主力军队（约十五个团）迅速集中武汉三镇,从事战斗准备。2）中央军校员生全部扩编为一个师,准备作战。3）中共控制之下国民政府警卫团,准备参加作战。4）武汉市警察武装一律改编,加强作战准备。5）武汉工人纠察队、农民协会武装进行扩大编制,准备参加作战。6）责成汉阳党委迅即取出兵工厂库存枪支、武器、弹药,武装工农及党团员,编成独立师团。7）派专人到河南,令张兆丰师向武汉移动,策应暴动。8）电令湖南、江西省委协同一致行动。

在加强革命群众组织方面,1）组织武汉三镇工人联合行动,以实力进行反击汪唐反动政权。2）发动全省各县农民协会协同一致行动,扩大农民自卫武装,消灭地主武装。3）下令各群众组织、青年学生、妇女等团体采取有效行动。4）通知湖南、江西省委采取联合行动,就地夺取当地省、市、县各级权力,扩大武装。省委一致通过上述方案,公推我、荷波、史文彬、苏兆征出席中央会议时向中央及国际代表提出。

省委紧急议案送达中央后,次日中央举行会议提出讨论。在中央会议上,首先由我即席说明提案理由与内容,并重申省委会议全体成员的决心,申请中央迅速做出相应的决定,成立行动机构,统筹一切,立即付诸实施。我强调,这是千载一时的良机,稍纵即逝！全党应万众一心,破釜沉舟,力战克敌！

在中央会议上,多数中委纷纷发言附议省委方案,均认为目前舍此以外别无良策。在诸人热烈发言中,国际代表独排众议,表示异见。罗易与鲍罗廷先后发言,他们说话词句语气轻重各有不同,但总的立论却是一致,就是说:"省委建议与国际历来政策精神不相符合。目前任务是加强团结左派,千万不能闹分裂。"他们多次发言,均围绕团结左派问题上面翻来覆去,语不离宗,主张培养新左派(主要是指邓演达等),别的都谈不到!最后仲甫发言,他认为省委行动方案危险性极大,弄得不好,会招致一败涂地。他引用国际决议说:"新军阀(指蒋、冯)屠杀工农,但他们仍反对北方军阀。"(八次执委全会决议案)言外之意是:革命危机听其发展下去,宁可革命受挫,不能与左派翻脸。仲甫又主张:"保存实力,观察敌人内部矛盾发展,以图他日卷土重来。"因他坚信敌人阵营决不会稳定,中共只要保有相当政治、军事、组织力量,就可以举足轻重,选择作战机会,乘时推动革命向前发展。

　　此时会场上双方展开激烈辩论,互不相让。正在争论难解的时候,最后国际代表说,此案关系重大,今天难做决定,宣布会议暂停,以后当慎重考虑,从长计议。按照中共中央会议以往惯例,国际代表和书记实际上都拥有否决权,遇到纷争难决的时候,往往他们片言可以息争。所以在这次会议上,省委的建议未经表决就被搁下来了。我当场郑重声明保留鄂省委意见(即不放弃原方案主张),于是会议无结果而散。当时出席会议的省委成员,心虽愤懑不平,但亦无可如何,只有付之浩叹!回省委后,对党员同志还花了很多时间去解释这个问题。以后的工作便是计划如何处理中共武装与转入地下工作的问题。

　　(当时就暴动时机上说,事后判断第二次北伐是最好行动时机,当时唐生智军队全部开赴郑州,张发奎部亦在河南,唐部留在湖南只四个团,武汉全为叶、贺及工农武装所控制,所以最初鄂省委提议立即行动,意思是应争取在六月初旬即郑州会议瞬息时间发动。六月初旬大致是指六月五日武汉政府宣告解除鲍罗廷、加仑顾问合同，与六月十日郑州会议时间。但是在郑州会议以后，如果设策适合机宜，没有罗易泄密问题发生，在争取友军等方面，仍然可以采取反击行动。但错过此时以后，再强调进攻，敌方已告稳定，也就不及时了。）

云梦诸人

施洋，字伯皋，湖北竹山人，湖北法政专门学校毕业，时开律师事务所于汉口花楼街皮业巷六号，为汉口人力车工会义务法律顾问，仗义执言，蜚声三镇。施器宇轩昂，议论纵横，尝向我谈："南北各路铁路工会全路贯通后，便可驰骋南北，吞吐江汉，大干一场。"故育南称伯皋为"大开大阖人物"。二七之役，乃以身殉，观其狱中日记，从容赴义，可谓求仁得仁。代英与伯皋间平日互存芥蒂，至是大悔，乃为文以自讼云。

恽代英于一九二二年任武昌中华大学附中教导主任，开始组织互助社，在学生中组织读书会，后组织利群书社。代英初见我时，自言先世居江苏武进，为恽南田后人。少尝慕贾谊、司马长卿，刻苦学为文章辞赋，尝与仲甫通讯，尽弃其旧业，投稿《新青年》，其所著如《物质实在论》（据 Fullerten 之说论他心存在问题）、《论信仰》（去迷信、归于智信），均有见解。代英体弱贫血，但精气内蕴，谈吐不凡，观其为文，条理明畅而平易近人。又代英自号"自由人"（Freeman），湘浦曾谓代英："马翁曾卑视'自由人'（按：原为 Gutz-Kow 机关报名称），兄何以有此称？"代英自此以后，便不复用此号，改称但一云。

萧楚女，鹦鹉洲木排工之子。其父湖南湘西人，木排浪沉溺死，家贫如洗。生时面目黧黑，后患天花，痘痕满面，故乳名丑女，后乃易名楚女。丑女幼年浪迹云梦诸泽间，少长流寓武昌，进某皮鞋作坊为学徒，利用业余时间苦学，遂通晓书算，辗转入利群书店，加入 C.Y.，渐学习政治，试作论文，为代英所器重，遂任《中国青年》编辑。一九二五年楚女被派往广州，任农民运动讲习所兼黄埔政治教官，经常住在番禺学官，即广州东皋大道二号广州农民运动讲习所，协助润之主编《政治周刊》，并以大部分时间在农运讲习所工作。时周以粟任教务长，农运所主要人员为彭公达、王首道、罗章凤与张斧等。楚女同许多草茅力耕的青年农民一起睡在临时搭盖的席棚内，刊行《犁头报》，宣传侮圣非法的反叛经。(《犁头报》为广东省农协刊行，一九二六年三月创刊。) 楚女生性孤愤，思想激越，尝谓："经传典籍，圣言皆巫，真语皆咒。"又云："善讼善祷，无异人首畜鸣。"又尝称独裁者蒋介石为大虫，曰："此公大类朱粲，好吃人肉。"(按：朱粲，唐初封楚王，谓世间美味无过人肉，曾亲烹食段确。) 楚女文笔犀利，出语务以惊人为快。尝云："为政之道，不过忘八敬神，自欺欺人而已！所以阿猫阿狗，白日升天，独余刘安，反成俗子。"又尝讥政治人物的处世之道，"虽千变万态，但总其窍要，不外虚实相生，正奇相济，主奴相伴，黑白相用，逐渐上升，达到务虚去实，反正为奇，易主为奴，纯黑泯白的境界，那就左右逢源，从心所欲，贵不可言了"！其他如："瘫的灵魂"、"肉的行李"，脍炙人口，不一而足。

楚女生活率真，不拘小节，时发俊语滑稽哭涕，俨若东方曼倩，如云："南朝金粉红楼梦，北地胭脂金瓶梅，小市民捧作金科玉律，劳动者却终身吃辣椒苦瓜！"某次开会，楚女后至，入室连呼晦气不已。人问他因何迟到？楚女说："阿嫂下去，妹妹上来，一路吊膀子而来。"起初大家不知所云为何，后经解释，才明白原来他搭车时，乘客拥挤，他用手高攀车上藤圈，每到一站，售票员操上海话，不断呼喊："阿速下去，慢慢上来。"在楚女听来就成为阿嫂下去，妹妹上来了。闻者无不绝倒。一九二六年三月二十日事变，楚女写印小册子抨击其事，知名于时。

楚女亦好谈诗，尝谓湖北革命先辈多能诗，如《大江报》编辑天门胡石庵，《长江晚眺》诗有句云："名利舟中客，英雄浪里花！"极为悲凉可诵。又某次过汉阳鹦鹉洲，楚女与同行者论诗云："温飞卿本长于传达闺情，但感于弥正平事，诗格忽变，于此足见古人重意气处。"

陈潭秋，原武昌中华大学学生，后任女师教员，时年三十许，热衷革命事业，处事有远见，不骄不躁，为众所信服。自中共一代会起至四代会止，长期担任湖北省委书记之职，多历风尘，故面容苍老。二七之役，潭秋初持重，不主张与吴翻脸，后既决定大举，陈立即放弃己见。武汉分共时，潭秋连夜自九江乘快轮返鄂，参加应变措施，数夕不寐。一九二七年秋间自偕徐虔直从鄂潜行赴上海，幽居虬江庐附近，对大革命失败事深致感叹。潭秋恒言："革命大业必需文武兼备，二者缺一不能有成，辛亥革命与一九二七年大革命失败教训可为殷鉴。"又云："当武汉分共时中共在军事指挥方面，叶、朱、贺等虽颇习战阵，但均无大军团作战经验。因谓孙文不文，尚有汪、胡为其捉刀，仲甫无武，却无韩、彭为辅。胜负之数，实系于此。"

林育南有堂兄名育英，字仲丹，一八九六年生，黄岗回龙山人，长于育南二岁，少失学为织布工人，后赴安源工会工作。安源工会被封，育英化装为僧，易名张浩，只身逃出，经赣西北返武汉，途中化缘为活，自云："一钵千家饭，孤身万里游。"一九二七年在湖北省委工作，负责职工教育，亲在某工人子弟学校担任教员，但学童贪玩，不专心学习，所以成绩平常。仲丹欲辞职另易工作，往告育南，自述困难。育南说："你教不好，谁又能去教好。"仲丹默然，遂返校。归途中偶然遇一驯猴老人，在校园隙地休息，因问老人："猴子怎能学成把戏。"老人说："只要耐心教，就可以学好。"老人随将夜深人静在灯光下教猴子演戏的经过说给仲丹听，仲丹听后大受感动说："难道小学生比猴子还难管教么？"遂立即返校寻求切合实际的讲解方法，百折不回，全力以赴，久之成效大著，人人称为好老师。七月十五日以后，仲丹仍留武汉工作，后因不满意罗亦农做法离开汉阳，仍回上海全总工作，后在非常委员会工作，龙华惨案时几及于难。育南被害后，遂遁迹隐沦，后病殁于肤施云，遗子黑皮。

国共分离

武汉经济危机

自东征流产，北伐失败，夏斗寅反水于宜昌，许克祥作乱于长沙，军事应付只有招架之功，却无还手之力。同时武汉内部经济危机亦日不暇给，迎面逼来。首先是政府方面的财政赤字，其次是社会经济危机的产生。就政府财政方面说，自一九二六年七月出师北伐，至一九二七年七月十五日，前后一年间均处于军事动荡时期，政府开支绝大部分用之于军费。广东政府原有六个军，二个独立师，四个独立旅，官兵共九万人。北伐后第一次扩军，一九二六年六月间李宗仁为第七军，唐生智为第八军，滇黔军朱培德为第九、第十军。北伐军攻下武昌实行第二次扩军，唐生智第八军扩为三军，张发奎第四军扩为二军，其他独立军、师部队各有扩充，共约二十个军，共有官兵二十五万人。武汉方面有正式军队十二万人，每月耗军饷数百万元，占收入百分之九十。此项军饷大都由各地驻军就地筹集，武汉政府只靠少量税收维持政费，省政府则靠地方税维持，且税源日少，税率反而日增。因军事时期生产萎缩，交通阻梗，经济调节失宜，地主资本家乘机破坏，于是生产降低，失业增加，物价增高，通货膨胀等现象相应发生，工农实际工资下降，人民生活水平日下，这样形成经济危机，财政奇窘。当时武汉政府主要筹款方式是采取发行库卷，向工商银行界筹募捐款，没收敌产，集中现金等办法，以济急需。经常税收以江海关厘税为主。如第一次向武汉银行借款一百五十万元，四月十四日发行国库券九百万元，四月十七日集中现金得四百万元，又一次向宜昌商会筹借五百万元。

当时武汉经济危机发生的原因，主要是由于帝国主义的经济封锁，进口、出口贸易停顿，银行、企业、洋行、工厂关闭，现金逃亡，以致许多工业原料供应不足，煤油、食盐等脱销。同时北方军阀与冯玉祥截断京汉铁路，李济深封锁粤汉交通，蒋介石封锁长江下游航道，四川军阀封锁长江上游航道，这样共同造成武汉经济的瘫痪。当时武汉三镇共有失业工人及贫民二十五万人，依赖政府救济，给政府带来很多困难。人民生活窘困，谣言横生，更加酿成社会秩序不宁。这一切汪唐等左派人物为推卸责任起见，一律说成是工农政策所造成，应由中共单独负责。

工人纠察队解散

在湖北夏斗寅反水及湖南许克祥作乱两次事变后，中共中央处境益臻危殆。当时党内感到未来事变来临，将更有加无已，这是洞若观火的事，为了预防局势更加恶化起见，中共负责人考虑到各种应变方案，并且自然而然地考虑加强武装自卫的问题。在这个问题上当时采取两种方式，一是扩大工农纠察队伍，二是加强中共所掌握的各军队的数量与质量。话虽如此，但是就当时形势看来，仍属缓不济急，因为敌视中共的国民党军阀武装力量自北伐以后是以倍数增加，但是中共自行武装问题却不易实现。在北伐军到武汉后，武装工农问题几乎成为中央与省委经常注意的问题。当时武装工农的方式有二，一方面是成立武装纠察队，直接建立清一色的工会、农会阶级军队；其次是充实改变中共控制下的旧式军队，输入工农出身士兵，派遣党员干部加强训练。自湖北省总工会成立后即开始组织纠察队一千人，湖北省委由我出面于二月至三月间设法向汉阳兵工厂取得枪支一批，计三百支。时邓演达任兵工厂厂长，该厂每月可制造步枪二百五十支，加班生产可达三百支。当时邓左倾，对省委要求尽量满足，五月间省委又先后向兵工厂交涉，购买步枪一千余支（每支官价三十五元），同时为湖南总工会、湖北农民协会购买枪支子弹等装备，但未全部到手。总工会纠察队在收回英租界斗争中，在夏斗寅事变之役，在市内担任维持革命秩序，发挥着颇大作用，因此，军阀唐生智等多方设法攻击纠察队，流言蜚语，杂以挑衅，视纠察队为心腹之患。一九二七年六月间，革命危机日益发展，鲍罗廷既去职，纠察队遂成为反动军阀攻击的目标。国民政府左派分子汪精卫、徐谦等屡次在国共联席会议上，撷拾传闻提出纠察队不法问题，其势汹汹，不达解散纠察队目的不止。仲甫虽经多次加以解释毫无效果，攻势不惟未见和缓，反而变本加厉，外间传说李品仙将冲入友益街实行武力解决。直到六月中旬，仲甫在中央及省委会议上，乃正式提出纠察队存在问题。仲甫说：纠察队问题如箭在弦上，如不解决，对方势不罢休，可能成为爆发国共双方武装冲突的导火线。

鄂省委对于解散武装纠察队的抗议，在讨论纠察队问题时，省委及总工会一致不同意自动解散，认为这样将助长敌人气焰。我、周逸群在省委会上力言纠察队不能自动解散，万一国民党不能谅解，我们建议可以移防调到别处训练。这样会议上意见不能一致，讨论很久没有做出决定。随后国民党方面催促再三，仲甫再召集省委及湖北省总工会负责人开会，讨论放弃纠察队武装问题。当时大家都认为这个问题即是对国民党是否决裂的问题，因此也是决定进攻与退守的问题。当时鲍已离开武汉，罗易代表国际竭力反对与国民党决裂。（罗易尝云：无产阶级并非革命的唯一指导者Leadership，不过他在革命斗争中执行领导权Hegemony罢了。）仲甫对国际训谨服从，为顾全大局起见，就不惜步步退让以求苟全。此时他无可奈何说道："纠察队几百条枪实在不能起多大作用，为大局着想只有忍痛放弃。"总工会上层分子刘、李等随声附和，主张息事宁人，议遂定。总工会乃于六月二十八日宣布解散纠察队，并将所有枪支子弹一律缴还政府（事实上还留下些枪支子弹并未全缴）。该项枪支交武汉卫戍司令部收，同时致公函于武汉国民政府军事委员会，说明原委。六月二十八日李品仙军队占领湖北工会，引起武汉工人极大愤怒，但欲抗不能，工人们对国际、中央俱表示不满。

纠察队被迫解散是关系革命成败的重大事件。中共湖北省委半年以来一方面武装工农，成立新型军队，另方面改造原有部队，上述两种方式双管齐下，逐渐取得三万军队，但是就革命形势不断进展来说，实在是杯水车薪，微不足道。当时所以不能大刀阔斧进行迅速建立党的正式军队，主要是由于国民党的歧视。其次国民党左派在大量扩军，以倍数计算增加兵员，汉阳兵工厂武器生产力不大，所以供不应求，争夺甚烈，而自国外大批输入又受政治、经济条件的种种限制。而自五月以后，国共双方关系日趋紧张，根据国际来信指示，只有对国民党忍辱负重，将心相从，以固团结。于是节节后退，即原有武装亦难自保，遑论扩军？自此以后，敌势日张，革命政权失御，失败遂成定局。而且从一九二七年南昌暴动失败以后，中共既失去数万武器，遂不得不采用牺牲数倍或十数倍生命，凭赤手空拳去从敌人手中把苏联及美国先后送给蒋介石的大量武器夺取过来的办法，来进行反击国民党，其代价可谓浩大。

国际忽来指示

与纠察队自动解散差不多同时，中共忽然奉到第三国际六月间来信，指示中共武装二万共产党员的信件。该信是罗易向中央会议正式提出讨论的，指示要点如下：1）实行土地革命自下而上，从上而下没收与分配土地。2）罢免动摇将领，武装二万共产党员，并从两湖选出工农分子五万人组织新军。3）改组国民党，使它成为群众的组织。该信在中央会议上传阅时,罗易遂加以说明,颇感兴奋。仲甫听后默不作声,似有难色,轻声说道:"人是现成的,随时都可编队,只是枪从何来?"说罢,把国际指示信件,提交会议讨论。

  大家在讨论这个指示时,中委多认为争取工农武装,在五月以前早就应该提出,那时汪唐对中共尚能表恭顺,但目前形势已非,汪唐态度大非昔比,此时要通过国共联席会议的和平方式来武装工农是行不通的,用和平方式改组国民党,由汪精卫来一个左的清党,现在更是空想。所以国际指示无异临渴掘井,也可以说指示来得不及时,缺少现实性。至于采用非和平方式去取得武装,那就是一个组织内战问题,换句话说,就是要从新军阀手中夺取武器,但是国际来信显然不主张这样做,来信指示紧紧靠拢国民党左派政府,中共不应自树旗帜,所以对信件讨论一时竟无结果。而更出意外的是罗易旋将国际指示信出示汪精卫,汪遂以此为借口,大做文章,说陈独秀图谋不轨,危害党国,并以此为理由,宣布分共。罗易执行国际命令,本意向汪开诚布公,团结新左派政府,结果是与虎谋皮,打草惊蛇,汪竟以恶声相报。事已至此,自觉无可如何,于是外间后来喧传罗易向汪精卫泄露秘密。关于罗易向汪暗中输情有二说:一说罗易奉国际命令行事,非个人行动,究竟罗所奉令内容如何,他人不得而知。另一说罗易素有稚气,对汪深信不疑,接指令后,估计此事不可能秘密进行,体会国际意图,不如明告汪为宜。就以上推论,罗易所为,似非暗中输情可知。(罗易与汪精卫往还极密,先是,四月十二日上海事变后,汪精卫自作演说词《向导》五月间一九四期刊出,该文意气激昂慷慨,持论义正词严,情感"真挚",娓娓动听,可谓集狐媚之大成,不过同时文中汪又不能自掩其伪装,如云:"贫弱者思想不过欲取富贵者而代之,所以一有机会,即谋取得特殊地位。"用意本已显明,但罗易逢人便夸汪思想进步,着实高人一等,称赞不置。)

危机恶化　最后决裂

中共与国民党左派关系以郑州会议为分水岭。郑州会议前即六月十日前，国共联席会为武汉政府决策中枢，郑州会议后鲍罗廷停止出席联席会议，左派操纵会议迫使中共节节退让，国际接连不断命令中共对国民党左派容忍，并投身到国民党中去，使国民党成为劳动人民的党。但自六月中旬以后，两党关系日益恶化，至七月十五日乃完全决裂。

自一九二六年以来国际一贯主张中国革命事业应由中国国民党担负，并根据此种观点，发出一系列的指示，如一九二六年十一月共产国际第七次扩大会议对中国革命问题决议有云："中共应该使国民党成为真正平民的党。"因此，当时外间有人推断国际扶植国民党，逻辑上结论必然会解散共产党。

一九二七年四月二十二日汉口第三国际驻中国代表团发表宣言，谴责蒋介石背叛革命，其口号是"打倒蒋介石主义，打倒反革命的封建资产阶级，打倒帝国主义，国民政府万岁，国民党万岁"。宣言中竟不提及共产党。一九二七年五月十八日共产国际第八次扩大会议对中国问题决议文中强调说："坚决反对退出国民党，国民党是中国固有的组织形式，是无产阶级、小资产阶级与农民合作的党。"又云："武汉政府及国民党左派，就其阶级成分说，不仅代表工农及手工业者，亦代表一部分中产阶级……他已经走向工农专政的道路上。"决议文中再次指出："应将国民党改造成为劳动群众的真正伟大的组织。"从国际指示中可以看出当时国际主要意旨：命令中共拥护国民党到底，中国革命宁可无共产党，但不可无国民党。第三国际领导把中国革命大业主观片面寄托在不断蜕化的国民党左派身上。

自五月份起汪精卫开始发动攻势，如五月八日汪下令禁止工人集会游行,十四日下令禁止工人纠察队行使职权,十九日下令对劳资纠纷实行强迫仲裁,二十三日下令保护绅耆,这一系列措施,国共双方展开了激烈斗争。六月一日武汉政府下令宣布苏联顾问鲍罗廷回国,鲍黯然受命,苏联政府默无表示,汪唐等喜形于色。六月五日,江西朱培德遣送苏联顾问出境后仓皇离汉。六月十九日蒋介石、冯玉祥徐州会议,冯玉祥素以"亲俄派"著名,所得苏联武器物资独多,至是倒戈,联蒋反共,苏联仍无表示,冯蒋声势益张。武汉方面受冯蒋鼓舞反共益烈。汪唐趾高气扬,目无中共,着着进攻,湖北总工会工人纠察队遂于六月二十八日被迫解除武装。六月二十八日李品仙派军队进占湖北总工会,限制工会活动,工会开始转入秘密活动,向忠发卷逃。(八月五日武汉卫戍司令部正式封闭总工会及其所属各工会。)汪唐为准备实行反共,在政变前先做好军事布置,七月六日第四集团军唐生智就总指挥职,张发奎就第四集团军第二方面军总指挥,唐、张准备以武力逐共,但张代汪发言仍强调国共合作到底。

中共中央于一九二七年六月三十日在国际代表监临下,召开中央扩大会议,集中研究讨论国共关系问题,当时感到进退维谷,并无有效方略。当时多数中委见大局岌岌可危,纷纷请求到各省去做群众工作以挽危局,最后中央扩大会议秉承国际指示,通过国共两党关系决议十一条,其主要有六项:1)承认国民党是工农小资产阶级联盟党及其对革命的领导地位。2)两党联席会议不是国共会议公开执行形式,并非联合政权。3)工农组织应受国民党部领导监督。4)工人纠察队可减员或编入军队,纠察队不得捕人审讯。5)限制店员工会拘捕店东及过高经济要求。6)禁止童子团执行警察职务。但国民党左派认为中共软弱可欺,即迫使中共党员退出政府。中共中央书记陈独秀深信左派忠于革命,按照国际意图于一九二七年七月一日在《中国国民党的危险及其出路》一文中说道:"属望以汪精卫为中心的国民党左派团结起来,巩固正统的国民党,实现工农中小资产阶级的革命联盟。"这次呼吁无效,直到分共前一星期,即七月八日,仲甫仍希望于汪精卫"来一个从左边的清党运动"。(《向导》二〇〇期)

一九二七年七月十日国际训令中共中央退出国民政府,但不得退出国民党。七月十日中共中央举行全体会议,七月十三日中共中央发布退出国民政府宣言,同时宣布撤回参加国民政府的共产党员。一九二七年七月十三日,中共中央对时局宣言,主要是谴责武汉国民党领袖与封建地主及资产阶级同流合污,同情反革命,并列举下列事实为证:即四月间拒绝公布土地委员会关于土地制度改良的决议案,阻挠劳动法的制定与公布,并发出许多训令限制工农运动,帮助反动派进攻农民协会,对许克祥屠杀工农采取放任态度等等。宣言严正声明:"中共将继续为反帝国主义、反封建军阀进行斗争,为工人利益及解放农民而斗争。中国共产党永久认为革命利益与民众利益高于一切——较之保存某种政治联盟的领袖结合高出十倍。中国共产党不能放任背叛革命的军人以及犹豫骑墙的政治家,冒充国民党员假借孙中山的旗号以自文饰。"(宣言刊在《向导》周报二〇一期)与七月十三日宣言同时,中共中央提出国民革命的目前行动政纲草案,表明中共政治态度内容:1)反帝国主义,反对列强武力干涉中国,收回租界,取消外商在华一切经济特权,实行关税自主等。2)颁布工厂法,劳动保护法,统一财政,合并中、中、交三银行收为国有。3)巩固革命联合,召集国民会议,保障人民集会、结社、言论、出版自由。4)工人施行八小时工作制,规定最低工资,扫除封建式劳资关系,保护童工、女工,工人有组织工会、罢工、武装、纠察权等。5)农民实行二五减租,没收大地主及反革命分子土地,保障佃耕权,严禁高利贷,取消团防局等。6)对军人实行退伍军人分给土地,改良士兵生活,发清欠饷,优恤残废军人等。7)

对教育确定教育经费,增加小学教师薪金,提倡平民教育等。8)禁止缠足、童养媳及买卖妇女。男女在法律、政治、经济与教育上一律平等。

上述纲领是中共在大革命失败前夕留下的重要文献。在政纲公布后两日,即一九二七年七月十五日,汪精卫不顾一切,乃悍然宣布分共,国共双方正式决裂。七月十三日中共中央宣言撤回参加国民政府的中共党员,苏兆征直陈政见不合辞职,谭平山称病辞职,其他诸同志均奉中央命辞职,退出国民政府。

武汉国际人士及其撤退

武汉时期中共与国际组织接触频繁,故富有国际气氛,世界各国工农代表自二月中旬起先后到达武汉,在武汉参加省委所属各工会、农会工作,经时约五个月之久。这些代表分属于第三国际,少共国际,赤色职工国际,农民国际与妇女国际等组织。第三国际代表以印(度)共书记为主要负责人(罗易 Roy)。赤色职工国际代表团以美共书记柏尔德(Beraud)、英共委员汤姆森(Tomson)、法共书记多里阿(Dolio)等为主要成员。农民国际代表团代表为卜里茨(Blitz)、约克(York)等。现对其中一些主要人物介绍如下:

罗易(Roy)于一九二七年二月十六日到武汉。罗,印度人,孟买富商子,留英伦敦政治经济学院,一九一五年被迫离开印度流亡瑞士,一九二四年致函英工党政府请求特赦未准,进入苏俄。他是印度共产党创建人之一,来中国时年四十许,其妻安娜(Anna)年十八岁,苏联人,随来武汉任秘书。罗易高自期许,遇事乐观,平日好大喜功,惟无远虑,但当时颇受重视。平山谓:"远来梵僧会念经,理有固然!"罗易与汪精卫往还稠密,汪见罗称先生,礼貌甚恭,罗自谓能影响汪,不知汪心怀诡诈,反玩罗易于股掌之上。国际指示武装二万共产党员文电到武汉,罗不加思索认为奇策,谓立刻可以扭转当前局势，因欣然往告汪，汪遂反目，据此分共，罗大窘，知上汪当，后悔不迭。罗离中国返莫斯科，无事可做，后不满意斯大林言行，乃自行返印度。罗回印度两年后于一九二九年七月公开自组新政团。

柏尔德（Beraud），美国人，少入加州大学读书，后赴欧洲游学，参加工人运动，为美国共产党创建人，被选为美共中央书记。柏体貌清癯，朴实诚笃，到中国后对各项现实政治问题详细观察分析至当，然后始做决定，对中国革命工作协助颇多。柏擅长说理，下笔如行云流水，实美洲工人运动中杰出人才。一九二八年仍留中国上海工作，柏对中国革命问题认为应循工人运动正轨，中道而行，用最少牺牲获最大成效。如果路线失误，纵暂获成就，亦难免后日灾难。柏对于国共分裂，认为非出于偶然，今后如能认清路线，国共不合作，中国革命亦能成功。一九二八年柏返国。

汤姆森，英国利浦尔工人，工人世家（三代均做工），英工会领袖，英气勃勃，年逾五十，皓首东来，遇事老成恃重，备受群众尊重。汤姆森阅读收回英租界对外宣言，文中谴责英国资产阶级为国际盗匪 Bandit 一词大为激赏。但对若干中国革命具体问题常示谦抑，询之则所知不足对。

多里阿（Dolio）法国共产党创建人，年富力强，正直不阿，对中国革命十分热爱，热烈赞扬中国工人运动的勇敢与成就。尝出席省委会议讲解法国工人革命中诸问题，热情洋溢。某次出席汉阳兵工厂工厂委员会议，他介绍法国克鲁梭军火工厂工作经验。他说："革命到重要关头的时候，军火工人就能给工人暴动夺取武器。"他又说"真专制该反对，假民主尤应打倒，几世纪来法国工人阶级付出重大代价，争取民主，但仍然没有肃清压迫和剥削，不劳而食的人仍是组成统治阶层的中心人物。反抗统治阶层的人都被强迫劳动，政治上发号施令的人，都是自己贱视劳动，把劳动当作囚犯专业，命令他人劳动的家伙。"多里阿被选任法国共产党书记。

苏联驻留中国工作人员大致可分为下列几类：苏联派遣的顾问团，主要担任国民政府政治顾问及军事顾问。政治顾问以鲍罗廷为主要负责人，军事顾问以布留陔尔为主要负责人。外交官有广州、长沙、汉口、上海等地苏俄领事及商务人员。此外还有远东银行，进口出口商行，附义勇舰队运输用船舶等。于上述经常驻留中国人员外，尚有其他临时考察人员等。

苏联全部军事顾问约五十余人，其分配如下：布留陔尔（加仑）任各军总顾问，罗加觉夫任总参谋长，切列沙多夫任副总参谋长，罗兰任参谋部顾问，葛尔培伯特任第一军首席顾问，杰卜罗斯基任第二军首席顾问，马赤利克任第三军顾问，帕罗任第四军顾问，雷林任第五军顾问，波列盛科任第六军顾问，兹金任第七军顾问，奥尼依奇任第八军顾问，科密任航空处长，西尔哥耶夫任航空处顾问，西曼洛夫任海军处长，哥列尼任海军顾问，拉德哥维奇任石井兵工厂顾问，贝士查斯特洛夫任炮兵顾问，卡拉卓夫鄂利金任黄埔军校顾问，工程兵顾问为雅阔夫列夫。军委会政治部顾问四人，即斯乃德，马麦耶夫，铁罗尼，政治部高级顾问为基珊加等。一九二六年三月十二日事变，基珊加、罗加觉夫、察洛班洛夫等被遣送归国。苏联派在冯玉祥国民军方面（一九二五至二七年）总顾问为乌斯马洛夫，顾问团团长为喀尔缅科，参谋长为西尔哥耶夫。各军顾问为马厉洛与西林等。方振武军顾问为安特尔斯，弓富魁军顾问为洛加等。当时各军政治顾问是建立在苏联军火物资基础上面，各军军长初期为欲获得武器援助起见，对苏联顾问奉若神明，言听计从，但是后来随军火供应减少，顾问地位亦渐下降，最后遂沦为不足轻重的闲散职务。又各军事顾问既居客卿地位，大都无实权，只与上层联络，不问军队内部事务，所以一旦被解除职务时，对于军事毫无影响。

俄国军事顾问中以布留陈尔为最重要。布留陈尔（Vasily Blyukher，本罗马大将军名），到中国后改名加仑。布留陈尔一九二四年来中国（一九二五年从广东回北京一次），被聘为国民政府高等军事顾问。布留陈尔地位与鲍罗廷相埒，国民革命军事学校及国民军各军军事顾问数十人均受布留陈尔节制。布为南俄农民，出身行伍，受有严格的军事训练，少入陆军大学，好学不倦，在苏联国内革命战争时代屡立战功，任军长职，作战经验极丰富，曾出任远东共和国军区司令。布在各军事顾问中年纪较轻，来中国时不过三十余岁，刚毅木讷，沉默寡言，每出席会议静聆各人意见后，然后发言，发言简明扼要，辩解确切，有当于事理，故聆其片言，可以决断大事。

布留陈尔在广东时于东征、南征、北伐诸役，随军出发，不辞辛劳，每遇重大战役，必殚思竭虑，深谋远计，以定计划。作战时复亲临战场，观察敌情变化，多方肆应，故屡战皆捷。布在广东时曾亲率第三军南讨邓本殷，将邓本殷全军歼灭。北伐时随军作战。布留陈尔为人谦虚，虽屡著功勋，然不矜不伐，自视欿然，恒若不足。到武汉后出席中央会议，当时局势渐告紧张，布留陈尔尝说省委、中央负责人应懂得军事领导工作，工会、农会会员应轮流参加军事训练，才能应付敌人军事袭击，保卫革命利益。布留陈尔又尝向省委训练班讲演军事问题。他对世界大战作战方略极有研究，他说我们党员也应该准备学习更大的战役知识。他对第一次欧洲世界大战史了如指掌，说帝俄军队在谭伦堡之役失败，主要决定因素为兵团运输太缓，反之德国陆军运动十分灵敏。德国在大战前建有若干国防性铁路，此诸铁路完全没有商业性收益可言。而国内横断铁路七线亦全部改成双轨，其最重要者则改为三轨或四轨，在毗邻法国边境建有双轨十三线，比国及卢森堡边境有双轨五线，单轨三线，各军事要区之车站更设置有待避线及军用月台等。反之，帝俄在德国边境仅有双轨二线，单轨三线，所以兵员虽多，反为少数德军所战败。

布留陝尔在武汉政府瓦解后，最后离开武汉，于一九二七年十月六日由上海乘轮经日本返俄国。布归国后在国内党争中被处分落职。

鲍罗廷（Mikhail Borodin），俄国人，为国民政府高级政治顾问，鲍为国际代表中杰出人物，少游学英国、德国，英德文均能写作，来中国时年五十左右，才气纵横，风怀超迈。鲍夫人年四十余，亦通晓英德法文，同来武汉工作。鲍身体魁硕，貌类蒙古人，好骑马，有辩才，析理明通，杂以诙谐，四座澝然。鲍作风开朗，不植私党，常对翻译工作者告诫说："政党是革命武器，应该常把磨刀砺石怀在身边，才能保持锋锐，对付敌人。但同志间应化除私见，才能勇于革命，怯于私斗。"

鲍罗廷于六月一日被解除高等顾问职，随后赴江西庐山休养。七月十五日武汉分共后，鲍不自安，即于七月二十四日自庐山返汉口，二十七日离武汉赴河南，经陕西、兰州回国。鲍回国时心情极不舒畅，以未看到中国革命成功为憾！回国后深自悔憾，不多论列中国问题。一九二九年五月写《中国革命的前途》一文中说道："中国无产阶级集中在租界地区，与农民隔离，势孤力弱，难以完成革命，农民战争有决定意义，党应全体领导农民，如资本主义国家的党，从事工会运动一样。"因为一九二九年间中国共产党所领导的工会阵地已被向、李所断送，所以鲍发出此种无可奈何的呼声。（鲍罗廷于一九二四年受孙中山聘为革命委员会顾问，聘书称如遇会长缺席，鲍有表决权。聘书存湖北博物馆。鲍回国后担任《莫斯科新闻》英文报编辑，后因间谍罪与司特朗同入狱。）

七月十五日以后，武汉国民党左派核心完全消失，苏联及国际代表于七月二十七日全部离武汉归国，仅留长沙、汉口、上海等处领事及商业代表等在中国，农民国际代表最后撤离汉口。

鲍罗廷夫人在武汉时尝以国际妇女代表名义参加湖北省委妇联会工作，又常偕谢怀西到武昌、汉口各纱厂向女工做讲演，由谢担任翻译（谢原系上海晏摩氏女学英语班学生）。一九二七年三月一日鲍夫人因事返国所乘为苏联轮船米亚列宁号，轮船过浦口时为张宗昌军队所扣留，鲍夫人被送北京拘留，在监历时四个多月，直到七月十二日北京高等审判厅推事任隽运用大赦令，释放回国。

一九二七年八月间长沙领事馆被封闭，七月十六日上海公共租界临时法院封闭俄国远东银行。七月二十六日，南京国民党宣布取消莫斯科中山大学名义。十二月十四日南京国民党政府宣布对苏俄撤销承认苏俄领事，停止苏俄国营事业，驱逐俄侨，逮捕苏俄籍共产党员。二十三日上海苏俄领事下旗回国，二十九日广州苏俄领事经香港回国。十二月十五日，南京蒋介石政府正式宣布与苏联断绝国交（延续至一九三二年二月止），苏联援助国民党工作至是宣告结束，上距一九二三年，两党合作前后经历四年。

中共全党组织新部署

溯自中共建党以还（一九二一年至二七年上期），由于政治路线方向正确与决策合宜，同时党内组织采取精诚团结，万众一心，艰苦卓绝，戮力向前，摧毁强敌，因此七年之间，结集了强大的革命动势与动量，造成一九二七年的全国范围内的革命高潮。在革命高潮期间，中共党组织扩大党员与团员达五十万人，工会、农会等革命组织实力超过四百万人，革命武装近五万人。与此同时，政治威信提高，革命各条战线，汹涌澎湃，沛然莫之能御！大革命高潮时期，显著的成就，便是第一次与第二次北伐完成后，扫荡北洋军阀的专制恶毒。武汉革命政府拥有长江流域广大地区和亿万人口（两广、湘、鄂、赣等省区）与资源。当时在中共支持下收回汉浔租界，削弱封建势力，给予反动势力以沉重的打击。武汉政府时代，革命形势发展迅速，由此更进一步争取非资本主义前途，统一全国，指日可期，完成民主社会革命任务并进而开辟中国共产主义革命的康庄大道，前途是充满无限希望的。但是遗憾的是：不幸在关键时刻，由于党经验欠缺，人谋不臧，决策失当，致使大革命事业功败垂成，这样酿成历史上的国民党统治的黑暗时代，这种历史转变的关键应以一九二七年六月为分界线，由此可证明湖北省委扩大会议的历史意义是何等重大。

在大革命高潮时期直接领导武汉革命者为中共武汉中央局（中共中央武汉办事处），具体从事武汉实际革命工作的为中共湖北省委。从一九二六年北伐军到武汉时起至一九二七年七月止，前后十一个月时间，中共中央局及其所直属湖北省委、江西省委与湖南省委等，在长江流域从事建党、建军、建立工农革命组织，推动革命进展，各方面发挥了积极作用。全党同志壮志凌云，大刀阔斧，雷厉风行，卓著成效，其中最显著的历史伟绩：如奠定武汉政府基础，铲除贪污，建设廉洁政治；收回汉口与九江的英国租界；发展工农群众革命组织；建立革命武装部队；顺利完成中共五大会决议；临危不乱多次击退夏斗寅、杨森、刘佐龙等武装叛乱，凡此诸端都是在武汉中共中央时期完成的。上述革命业绩声光广被，影响深远，均具有不可磨灭的历史意义。（按：中共四届中央正式自上海迁到武汉是一九二七年四月中事，同时中共中央书记随中央迁移来到武汉至七月离汉口时止，中央书记前后驻武汉时间为三个月。）

武汉革命危机表面化始于郑州会议（一九二七年五月），自尔以后，中共中央即开始计议有关应变诸项问题，其经过前面已扼要叙述过，此处所说只是属于中共党内组织新部署事务。中共在七月十五日以前几个星期，中共中央及省委鉴于当前环境下既不能另辟空间，别开局面，又不敢背城借一，冒险决战，盱衡局势，乃采取首先是重新调整工会斗争阵营，包括充实各省工作，加强工会、农会斗争实力。另方面决定中共中央迁往上海，全党一切工作转入地下，做长期斗争，用工农组织力量，推翻国民党新军阀的专制政府。七月间中央连次会议论关于与国民党决裂后党、工会、政治、军事等方面的对策，主要做成下列各项决定。

中央委员之一部分赴各省市调整充实地方党部，亲身参加指导工农群众运动。基于这个原则决定派到湖南工作者有我与润之，到江西工作者有陈潭秋、刘俊山，到北方有王荷波与韩麟符，到广东者有邓中夏、阮啸仙、彭湃、苏兆征等。派到上海者有陈延年、陈乔年、项英、史文彬、林育南、李求实等。此外又派周唯真到四川，柯庆施到安徽，王儒廷到云南，谭寿林到广西等省工作。中央决定上述措施以后，各省工作迅即稳定下来，在新基础上向前发展。又为了使一部分干部有提高理论学习机会，乃又派遣一部分党员到莫斯科学习。当时决定赴莫学习干部有：夏曦、罗章凤、汪奕、李梅羹、曾锺圣、熊受暄、何叔衡等三十余人。

中共中央本身因武汉反共无地可容，乃决定迁往上海继续工作，仲甫令秘书处人员先行赴沪，筹备迁移各事，并亲自决定《向导》停刊（出刊至二〇一期），在中央重迁上海途中耽搁的日子，中央对外暂停工作。

以上诸组织部署大都是经过中共中央与湖北省委联席会议做出决定的。其总的精神是要求在敌方强大攻势来到的时候做好准备，坚决作战，这样才能做到败而不溃，再接再厉，屡败屡战，戮力向前。在往后若干年，白色恐怖笼罩全国，暗无天日的艰难岁月中，全党组织虽然转入地下秘密工作，但是仍然保持革命朝气，使中国革命逆流而进，取得相当成就。直到一九三一年王、博篡党，叛离革命，倒行逆施，实行党内残酷斗争，毒痛全党，中国革命组织始迅遭破坏，至一九三二年间白区工作全部瓦解，这是中国革命史上的重大教训！无论首从，各应分任其咎。

大革命失败前后的反共大屠杀

本文所记中国南北（新旧）军阀反共大屠杀约自一九二七年四月起至一九三〇年止。自国共分离后，中国革命名存实亡，南北军阀，新旧嬗递，旗帜虽易，本性难移！他们对于共产党员与劳动人民屠杀镇压，变本加严，旷代鲜见，现略揭其要，以见一斑！

武汉政府分共以后，在中国南北以蒋介石、唐生智、程潜、冯玉祥、李济深为首的军阀统治仍然复活，在枪杆政治之下，自国共合作以来中国工农人民所争得的若干民主权利，悉被国民党军阀全部夺去。国民党军阀为消灭中国革命起见，联合北方军阀对于中共及工人农民实行大规模的残酷斗争，造成当时弥漫全国的白色恐怖。蒋介石对革命党人所采取的政策是见着就捉，捉着就杀，唐生智在两湖实行四六对开屠杀共产党，冯玉祥在北方更是挥舞大刀诛锄革命党人，杀了一个三翻满贯，因此有人说蒋、冯等的统治是以人头指标显示出来的。现就一九二六至一九三〇年期间，中国南北各地区军阀统治下的屠杀政治择要记述如下：

北京苏联大使馆案

一九二七年，北京方面发生一震惊全国的惨案，此即北京交民巷苏联大使馆案。此事在去岁冬间我赴北京时曾经说到，现就全案发生经过扼要介绍如次。

一九二五年夏季以后，北方工作全面展开。原北方区委委员大部分分散到北方铁路、矿山及天津、郑州、石家庄等城市，领导当地革命斗争，北京工作主要由守常主持。

一九二六年三月国立各校风潮迭起，守常亲身参加三月八日铁狮子胡同示威行列，群众发生重大伤亡。王怀庆下令通缉"三八"祸首，因市内环境日益险恶，当时北大内部派系复杂，北方区负责人不能安居，乃从大使馆苏联党负责人建议，于三月二十二日迁入使馆办公。在此前区委也常借苏联大使馆举行人数较多的会议，但会毕即离开使馆。守常个人在使馆设有临时床位，以备于必要时留宿使馆内。办公地点系使馆迤西一座平房。帝俄时代使馆内有卫兵约一连驻守，十月革命后空无人居。营房一排数间，附有厨房、浴室、洗衣间等，前有空地，院墙转角有平台即升旗台，地势高亢，镰斧巨旌高悬空中，在东长安街遥远处即可望见。

守常移居营房即鲜外出，工作余暇，在院内空地散步，或做体操，有时亦练习射击。守常有防身勃朗宁手枪一支，系前张兆丰自军中送来，并附有子弹五十发。守常既迁入兵营居住，作为经常开会及办公处。不久区委各部工作人员也随同迁入。守常夫人赵纫兰亦携男女二孩同住，并正式成立食堂。兵营内熙来攘往，门庭若市，经时既久，北大方面几乎人知此事。

一九二六年秋，有同志多人先后从北京来到上海，谈及北方区委工作，兼说到使馆界兵营生活情况，大家听到十分为此事耽心。我乃将此事告知仲甫，仲甫亦认为不妥，因决定要守常离开北京，北方区另物色替人。但迁延逾时，因无适当人选，暂告搁置。

一九二六年秋，北伐军占领汉口时，上海中央决定派我到武汉去，行前我晤仲甫，谈本人在北方时间长，北方一大片经手各事得前往部署妥为交代。仲甫当表示同意云：你即可动身到北京去，处理工作外，还有一桩重要事，就是把守常拉来上海，并协助办理北方区交接等事。我问是否中央另派人接替区委工作。仲云："暂时无人可派。守常离京,即由区委就地推定韩麟符或范鸿劼暂行代理。"我北上登程前,仲甫又亲到我处说此去是定要把守常请来,最好同他一道走,时间不能再拖延。

我抵京时,顾不得其他事情,先到西斋用电话同守常联络,随后即到使馆营房晤守常。守常一见面便问,"听说中央决定你去武汉,何以又来北京?北方人少事多,你来得正好。"我乃将中央决定详细告诉守常,并转达中央再三请他南下,本人将先到上海,再去武汉,如此二人一路可同行。(当时,从北京到武汉沿途军警盘查颇严,我同行可以照拂。)守常问:"党中央几时迁武汉,你何时动身?"我把中央筹迁武汉工作步骤一一告知。守常沉吟片刻,双手作微摊状说:"我嘛,去是应当去,但是你看我怎么走得开?"我说:"区委事暂由鸿劼、麟符等看守,想亦无碍。"守常说:"别的事务且不说,目前形势紧急,国共两党联合作战包括直、鲁、豫、热、察广大区域。而且国民党内部反动派潜滋暗长,令人舌敝唇焦(指王昆仑、许宝驹等),怎能一日无人主持?我去就会牵一发而动全身,影响大局,万一出点什么乱子,就不容易收拾了……"我解释道:"中央亦估计到这些方面,但是目前更为重要的是南北全域,不能单顾一方。"守常意有所动,微微首肯说:"我一定去,可是不能走得太急,得从容布置一下,你看怎样?"我说:"我一定等你同走,有什么要做的事你立即告我去办。"这样越说越多,直到夜深,他强令我休息,二人议论才定。

晚间与守常谈话结果,为防止突然发生事故,决定区委全部分批离开使馆向外疏散,另在城郊及丰台、唐山等处,建立据点,并将领导中心一部移往天津租界,同时加派得力人员加强张、察一带工作。工会组织由铁总增加力量,另行筹措。我关于北方区委历年资料文件积存甚多,经过整理后决定一部存使馆保存(后全部被军警搜去),一部装入特制木箱,经封锁后由我托人送交北大总务课登记安置在北河沿骑河楼第三院大讲堂储藏室内。这些文物一直放到抗日战争前还是很完好的，直到日寇占领北京任命汤尔和为北京大学校长，根据有人告密为献媚日人计，才将这几箱文件交与日军处理。当时日军取去大部，其余也荡然无存（详见北大总务处一九五一年给北大同学罗璈阶信）。

我在京停留几天邀同北京区委各部门同志将各事安顿后，即准备动身南行，因往问守常何日可以成行。守常笑答云："因为要安排的事太多，一时实在忙不过来，你且先行，我随后就到。"守常并告我，据使馆负责人估计半年内断无意外发生，要我转告大家放心，说罢取出预写好的三封信交我。一致中央，首述近日处理各事节略，次说明二月内一定离京转武汉。一致武汉政府委员某，信略称我军已抵武汉，应乘胜北伐中原，会师郑汴，末有"何日破壁飞去"语。一致新任京汉铁路局长刘维炽信，大意是说路局行政应与全国铁路总工会步调一致，一切关于国共合作问题可与我商洽协办。

九月杪，我从北京回到上海，抵沪往见仲甫，详细报告北行经过，仲甫阅守常信，频蹙额自语道："两月时间太长，还是早来的好。"我留沪几天即乘轮赴武汉，但心忐忐不安，后连托人带信到北京敦促守常南下。后来知道大使馆地下工作情况不久便引起北京军警注意，他们取得使馆界帝国主义协助，通过北大内部奸细做了长时间调查，最后终于出动军警，实行一网打尽的毒计。

一九二七年四月六日北京警察总监陈兴亚，奉张作霖政府（内阁总理）命令，命侦缉处长吴郁文，保安队长王澄（时任宪兵排长）率兵一营进入东交民巷使馆界，得到领袖公使荷使欧登科同意，搜查苏联大使馆，当场逮捕守常同志等六十余人，同时搜查远东银行及中东铁路办事处，被捕人员当即押送顺城王府刑讯。

四月二十八日，北京政府特别法庭（审判长何丰林，军法官颜文海）正式宣判：李大钊、谭祖尧、邓文辉、谢伯俞、莫同荣、姚毅、张伯华、李良连、杨景山、范鸿劼、谢承常、路友于、英华、张挹兰、阎振三、李昆、吴平地、陶永立、邓培明、方伯务等二十人死刑立即执行。又判决舒启昌等四人徒刑十二年；李云贵等六人徒刑二年。尚有俄人粤钮夫等三十多人拘警厅未审。关于二十人执行死刑情况目击者报告，是日下午二时在西城地方看守所开始执行，刑场列队二十人。守常同志刑前面不改色，态度沉默，昂首瞩天，第一个徐步走向绞刑架下引颈就义。当绞索套在项上时辘轳轮转，身躯渐渐下坠地下土坑中，但闻脚上铁镣震颤，隐隐作声，经过十五分钟始气绝。

其余十九人随守常后登上绞台，寂静无声，依次被害。共历时五时至下午七时始毕。（一九二七年四月二十九日北京《顺天时报》曾纪其事，并附二十人照片）官方出版有《苏联阴谋文证汇编》，一九二八年八月十日《大公报》史学周刊引。

被难人二十人中履历不尽为外间所知，其中如：

1. 范鸿劼，湖北武昌人，中共党员。北京区委宣传部任英文翻译，北大英语系学生，被害时年二十八岁，原定四月结婚，未婚案发。

2. 陶永立，直隶保定人，保定中学毕业学生，中共党员，北京区委组织部工作。

3. 杨景山，京兆人，北大学生，中共党员，北京区委宣传部工作。

4. 张挹兰，湖南人，北大学生，中共党员，北京区委妇女部工作。

5. 张伯华，系北大教授高仁山化名，被害后不久其妻与蒋梦麟结婚，外间因疑高被害与此有关。

6. 阎振三，山东人，中共党员，大使馆工人，先一日阎外出，在街上被捕，次日被押至大使馆。

7. 谭祖尧，湖南湘潭人，中共党员，北大教员。谭被害，其妻李婉玉闻讯自杀。

但其他诸人多用化名，真实姓名不详。

守常在狱中二十二天，曾写《自述》一篇，慷慨陈述平生言行，对于大使馆案自愿承担全部责任，希望释放其他同案诸人。夫人赵纫兰、女儿星华牵连入狱（长子宝华时住中学，华适宿校内闻讯逃出虎口），一月后始被释。

以上系根据铁总、北京及天津地委报告。守常同志等被难乃北方建党以来最大损失。五月十五日张作霖政府下令封锁苏联大使馆，旋刊布《苏联阴谋文证汇编》，北京顿成恐怖世界。

国民党部负责人徐谦、顾孟余纷纷逃赴南方，北方工作顿时陷于涣散状态。事后查明此案与交通系有关，实为"二七"惨案之继续。国民党右派阴谋家亦曾与"大帅府"通情，冀收渔人之利。

反共仇杀事件开端

在江西方面反共仇杀事件远在武汉之前，武汉正在开展反对蒋介石运动中，忽传江西赣州发生谋杀陈赞贤、梁一清事，群情愤激，知蒋实为幕后主持凶犯，一致申罪致讨。先是一九二六年八月，中共江西省委派陈赞贤到赣州主持工运。截至十二月间，当地组织工会会员已达一万五千余人，选陈为赣州工会委员长，工人反资本家斗争在蓬勃发展中。当地资本家刘甲第为资方利益起见，乃勾结县长郭巩与赣州驻军新一师党代表倪弼等，受蒋介石指示，于三月六日上午联合设计以约陈开会为名，将陈骗入县署。陈至时，预伏卫兵群起枪击，陈赞贤奋勇抵抗，众寡不敌，身受十八枪，弹痕满身，遂仆地，与陈同时被害者尚有梁一清。自三月十六日起国民党南昌省、市党部，九江市党部，九江总工会先后被 AB 团段锡朋、程天放、周利生等唆使流氓打手袭击捣毁。四月十二日以后继续又惨杀工会领袖及共产党员袁孟冰、王环心、曾天宇、杨超、李建康、王宗渊、宋大勋、帅开甲、张国澍（曾天宇农运负责人，杨超为江西特派员，宋大勋、帅开甲在永丰被杀，张国澍在萍乡被杀。以上据严北溟、方志敏、于溟涛从江西到武汉向中央报告时口述）。后又有方志敏、张胡天、刘畴西、寻维洲、张如痴、周群、曹仰山、吴先群等均先后蒙难。

在江苏、上海，先是北伐军蒋介石所部第一师于三月二十日到达上海南市，该师党代表鄞悌、团长胡宗南，奉蒋介石命令，于三月二十二日包围南市某会馆，将该会馆上海总工会所驻守工人纠察队一百二十人全部缴械拘留。时第一师有共产党三十人亦被拘禁。当时北伐军到上海者为第一、二两师，师长严重思想较左，倾向武汉政府，对于蒋不利。蒋恐其不利于己，到沪后乃调严赴苏州驻扎，另调周风歧师到上海防守。周师原属孙传芳部队投降所改编，本对中共不满，又亟思向蒋邀功，乃担任进攻上海工会纠察队任务。蒋另一部分武装为黄金荣、杜月笙、张啸林等青红帮所组织的共进会，秘密驻在法租界各地待命伺机而动。

蒋介石军事部署既定，在四月八日乃于原上海市政府外另组织上海临时政治委员会，并令上海总商会宣布退出上海市政府，加入临时政治委员会。九日，上海宣布戒严，局势紧张如箭在弦上，一触即发。在双方尚未冲突前一日（即十一日），张啸林等设计先暗杀汪寿华（何今亮），然后利用上总顿失领导时乘机发动军事进攻。十二日拂晓四时，先由共进会所组织的流氓武装队伍数百人（臂缠工字袖章），闯入闸北向上总纠察队挑衅，二十六军乘势包围湖州会馆攻击纠察队，同时围攻南市、浦东、吴淞等地纠察队，杀死纠察队五十余人，俘去百余人。上总乃宣布全沪同盟罢工，并举行示威游行，周军袭击游行队伍，逮捕三百余人，斗争失败。

此次敌军围缴工人纠察队长枪三千支，机枪二十挺，枪杀工人、市民一百五十人，总工会纠察队长周异三及李玉阵亡。周恩来、顾顺章等事先闻讯得脱。

蒋介石于战事结束后宣布封闭上海总工会，解散工人纠察队。十四日解散上海市政府，实行大规模屠杀中共党员及工会会员，上总工会领导人何今亮、余立亚均在四一二之役牺牲。同时在南京，蒋派军警捕去侯绍裘（南京江苏省国民党部负责人）、谢文锦、张应春等（均中共党员），将其杀死，沉尸下关江中。四一二以后，南京政府指定上海市党部杨虎、陈群、陈德征、潘公展、张延灏、马超俊、谌小岑，工整会与工总会，陆京士、朱学范、水祥林（三人分任工整会正副主席，警备司令部军法官），南市公安局袁良、马绍文等设立联合机构，专门继续缉捕中共政治犯，分别解往南京或就近交龙华警备司令部处决。上海方面中共同志及赤色工会会员被杀于龙华郊外者前后不计其数。杨虎以后自一九二八年至一九三〇年时，熊式辉任上海警备司令，司令部军法处长黄学非，熊与黄狼狈同恶，刑人尤多。

何今亮，原名何松龄，亦名何绍元，浙江绍兴人。一九二一年赴苏联学习，一九二二年任赤塔远东职工会中国工人部主任，后到海参崴工会工作，与梁伯台共同主持华侨工会事务。一九二四年返国后改名汪寿华（因其母姓汪），任上海总工会组织部长，五卅中上总工作以今亮规划之力居多，后任上总委员长。今亮参加革命极久，素为统治阶级所深忌，蒋介石既决定夺取上海实际政权，首先破坏上海市民会议，瓦解市民政府，在向上海总工会施行攻击前，乃设计先谋杀何今亮。一九二七年四月十一日下午，杜月笙约请何今亮到法租界杜宅会谈，李震瀛（上总组织部长）伴何同往，李未入内，在外等候，今亮入内至梯边，伏兵起，鸣枪狙击，何即殒命。（翌日报载捕何送龙华处死乃系杜饰词。）

佘立亚，四一二之役英勇赴敌，牺牲壮烈，上海工人无所不知，有佘立亚者。立亚，长沙市佘家塘人，长沙第一中学毕业后即到北京大学旁听，加入北大马克思学会。一九二二年留学法国，由巴黎赴东大学习，一九二四年回国，即赴河南工作，旋任铁总秘书。一九二六年冬原定随我赴武汉工作，因吴淞重要，改留上海工作，担任淞沪铁路工会主任兼中共吴淞区委书记及武装纠察队大队长。立亚在斗争中任劳任怨，戮力向敌，深受吴淞工人所爱戴，但是同时为敌方所深恨。铁路当局交通系乃收买败类分子追踪立亚，时思加以暗杀。立亚虽明知身处险境，但仍奋勇向前与敌苦斗。蒋介石到上海闻知此事，必欲获致立亚，杨虎乃悬重赏购其头颅，遂于一九二七年四月被军警所逮捕。立亚被逮囚于龙华狱中，提审时屹立庭上，瞪目向敌，一言不发，后三次复讯，法吏询问数十，仍不作声，敌愤极，判以极刑，即押至龙华狱外旷地处以腰斩酷刑。立亚容貌魁杰，好学问，雄才远略，躬行实践，不顾流俗毁誉，竭其智力贡献全部青春于工人运动的革命事业，其牺牲噩耗传出后，南北各地工人群众无不悲愤塞胸，如丧手足。立亚幼年丧父，其母独身二十年只此一子，爱护逾常，立亚去国八年始归国，归国后献身革命，专心致志，不及归省其母，其母乃挈立亚未婚妻到上海促立亚完婚，婚后未久，即罹难，时年二十六岁。当时上海清党反共，对政治犯量刑原则，中共省市以上重要人物斩首，其次枪毙，普通党员处徒刑十至十五年，坦白从宽，立功受奖。立亚与世炎为反动政府恨入骨髓，故二人均处腰斩。

　　赵世炎在中共为知名党员，当时在党内毁誉参见，但公正地说起来，他是东大支部学生中在中国工人运动里颇有能干，而且有过作为的党员。他艰苦工作，投身于上海工人运动，时间虽短，成就却非常可观。他所写的关于革命工人运动的论文，大都富有参考价值。世炎，四川人，原在北京师范学院附中读书，后参加勤工俭学，无所成就乃自法国转苏东方大学，居二年始返国。

　　一九二四年暑假后，我从上海到北京出席北方党委和铁路矿山会议，在北京首次见到世炎。散会后，世炎到我寓所晤谈。他原是几年前北京留法预备班同学，但没有见过面，因此，这次他来到宿舍头一句便道："我们还是没有见过面的老朋友呢！"这样就不拘形迹漫谈起来。世炎谈锋很健，谈到巴黎支部在小戏院开会与意大利区（拉丁区）中国贫困学生生活的情形，犹有余味。随后见我书桌放置一些外文书报，很感兴趣，问道："听说北大外文书报很多，是吗？"我说："是有一些，却是很杂。"他说："不怕杂，应该有选择地去阅读，好好把它们翻译出来。"我说："我们现在正缺人力和时间，希望你多抽些工夫译写一些东西。"世炎说："我很爱好这工作，一定尽力去做。"后来他认真实践诺言，写过不少的文章，同时还为党的报刊译述了不少的资料。他的中外文修养都是比较好的。

第三次劳动大会召开的时候，世炎被选为北方出席代表之一，我率领中央代表及上海代表团因事延迟船期一班，所以没有与他同行，后开的轮船在台湾海峡遇到台风，几遭倾覆，及轮船抵广州时，大家都感到十分疲倦，由世炎帮助，把一切应办的事都代为料理妥当。大会结束后，他约我一道乘轮北返，并笑道："这次如果一道走，再也不会遇到台风了！"当时大家问他对广州的感想，他说："这次大会开得很痛快，产业工人空前团结，工贼伎俩已穷，工人阶级大是大非已明白。"最后他还说："饱啖岭南鲜红荔枝，也是平生快意的事。"

世炎平日在中共报刊写文颇多，遂为反对者所嫉视，上海"四一二"清党时，由于世炎为上海总工会主持人，上海工贼集团陆京士、朱◇◇等恨之入骨，设计搜捕，七月十九日被杀。行刑时，头颈及腰背各砍数刀，血溅远近，世炎再起再仆，良久始气绝，故死事为最烈！

搜捕共产党员持续数年

四一二以后，上海继续搜捕共产党员持续数年之久，直到向忠发、胡均和投敌，陈绍禹、秦邦宪成立临时中央，进行党内残酷斗争，里应外合，才将中共组织彻底摧毁，现分别记叙如后：

陈延年原任广东省委书记，李济深率先反共，延年被迫离粤到武汉，时上海经过四一二事变，情势危急，乃派陈延年到上海任江浙区书记，并令王若飞、李立三同往上海工作，二人到沪见环境险恶，立即逃回武汉，延年独自留沪从事重整队伍以稳定党和工会工作。六月江浙区委改组为江苏省委与浙江省委。江苏省委负责人为：书记，陈延年；组织部，郭伯和；宣传部，韩步先；工委上总负责人，李泊之。一九二七年六月十五日，陈延年在上海北四川路施高塔路恒丰里一〇四号被捕，被捕时延年曾向军警搏斗企图冲出，因此受伤。同时被捕的有郭伯和及韩步先（韩从莫斯科学习归来）。审讯时，延年伪称是厨工，经韩步先指证遂被杀害。韩步先为立功计，并引敌警到赵世炎住处北四川路志安坊一九〇号逮捕世炎，并抄去现款三万八千八百三十二元，世炎初押在英租界临时法院，随解龙华淞沪警备司令部，七月十九日凌晨被杀于枫林桥畔，时年二十七岁。

在延年殉国后八个月，一九二八年二月陈乔年又在上海被捕，与乔年同被捕者有许白昊（五大中委）、郑覆他（上海印刷工会负责人），被禁龙华狱中凡四个月，六月十五日被杀。

许白昊：湖北汉阳人，短小精悍，为武汉工人运动组织者，在斗争中艰苦卓绝，有逾常人。他首先发动汉阳兵工厂斗争，组织兵工厂工会。生平行事，与长沙郭亮为同型人物。

一九二八年四月继续发生罗亦农被杀害之事。罗亦农原名罗觉，湖南湘潭人，一八九七年生，后入湘潭中学。一九二〇年入东方劳动大学学俄文，前后五年，于一九二四年回国，任党校教员，一九二六年一月任浙江省委书记，八七会议任长江局书记，长江局暴动政策失败，赴上海工作，于一九二八年四月五日在戈登路被捕，四月十一日在淞沪警备司令部被害。

亦农被难后，张宝泉被英租界巡捕房逮捕。张，陕西渭南人，在中央秘书处工作，被捕初只判为嫌疑犯，后经内奸某指证，被引渡到龙华司令部，严刑拷讯，于五月初被枪杀。

一九二九年八月二十四日上海敌方军警机关利用内线破获中央军委机关（在英租界新闻路经远里），当场捕去彭湃、杨殷、颜昌颐、邢士贞、张际春等，即解往龙华警备司令部拘囚。居狱中凡七天，蒋介石得讯即电袁良将彭等于八月三十一日就地枪决。行刑前例设酒馔款待，彭用手推开，拒不进食，从容走赴刑场。惟张际春到刑场复被拉回，法官说，蒋校长有令，速往南京工作，遂挟张赴南京。张被优待，心极不安，后脱离蒋，仍复归队。二年后，陈赓亦被捕，遭遇与张相同。说者谓张、陈均黄埔军校优秀学生，故特宥其罪云。

彭湃原名汉育，字孟安，广东海丰龙津溪人，一八九六年生，家世富有，一九一七年留学日本早稻田大学，一九二三年回家乡组织农民协会，曾任海丰教育局长，加入中共。一九二七年十月三十日领导东江农民暴动，成立海陆丰苏维埃政府。旧历除夕，彭亲书春联云：欠债欠租将刀还尽；有枪有炮快活过年。牺牲时年三十三岁。犹忆广东海陆丰苏维埃失败后，彭湃来上海工作，某次阿苏、彭湃、杨殷三人，就我寓所商谈工作，寿林戏称他们为广东工农兵三雄。我一九二六年初见彭湃于广州，时见阿湃仪容俊秀，谈吐率真，可称人豪。杨殷字梦葵，久历江湖，为广东地下兵运工作杰出人物。但其外貌温文闲适，深谙韬略，不类武夫。阿苏既病殁，彭、杨复牺牲，广东工农兵三雄，一时光沉响绝，可为痛悼！

于此有一事足记，一九二八年四月五日中央交通处被破获，王荷波之弟警东被捕。警东时任全总交通，住威海卫路，因形迹可疑，被警探跟踪到家搜查，初无所获，探气极，无意中踢翻书桌，桌底朝天，文件忽露出，警探大喜过望，谓此行不虚，将王带走，转解带往南京被判无期徒刑，至一九三七年八月始出狱。

各地"清党"

在浙江，与上海、南京同时发动清党屠杀，据张之珏口述，杭州在国共合作时成立国民党浙江省党部，主任宣中华，组织部潘枫涂，农民部何赤华，此外尚有王宇椿、郑来臣、宣中禅等十余人均中共党员。一九二七年北伐军攻下杭州成立临时浙江省政府，由宣中华代理主席。蒋随即命令解散浙江省临时政府，逮捕宣中华加以杀害。参加临时政府的国民党左派分子马叙伦等纷纷向蒋投降，积极参加清党工作。

一九二七年四月沈定一主持浙江清党工作，挟嫌报复，下令封闭工会农会，逮捕徐梅卿、于秀松等下狱，先后杀害中共党员及工人甚多。又杭州总工会在清党前夕，曾在湖滨运动场召开大会，反对张静江，当场与军警冲突，死伤工人十余人。据金志成报告，浙江宁波自一九二七年四月以后，宁波总工会即被国民党封闭，并下令逮捕陈（亦作胡）焦琴（镇海女中校长，市委书记）、卓兰芳（市委委员）、陈鸿（和丰纱厂工人，工人部主任）、樊仲甫（县委书记）、王鲲、杨眉山、甘汉光、李崇照、陈良义、吴德元等九人，先后加以杀害。一九二八年一月二十日又逮捕张农等七人（敌方误认张农即文虎加以逮捕）。

在北方，冯玉祥向来是自认联苏反共的民主军阀，联苏意在取得武器物资的援助，反共是出于"自卫"，就是说卧榻之侧不容他人酣睡。国民军在北方时，在冯玉祥势力范围内，中共党与群众工作是备受限制的。冯对于苏联顾问也不让他们自由说话行动，说顾问只是供咨询，必在见问时才答话。因此可以说冯对于苏联与中共是常怀警惕，随时处于戒备状态。冯在陕西时对人民实行过度征发与剥削，横征暴敛又高出其他军阀之上，因此引起人民群众忍无可忍，发为抗捐抗税运动。冯认为中共捣乱后方，怀恨在心，隐忍未敢发作，直到宁汉冲突，冯认为时机已到，乃暗中策动反共，拆武汉政府的台，随后亲自出场，一马当先作为反苏反共的急先锋。冯玉祥于六月二十一日宣布反共，七月八日起大肆屠杀，其布置非常周密。先是冯部下曾罗致不少中共党员团员使为己用，郭春涛（原C.Y.团员）向冯提出北方中共党员详细名单，该项名单包括马克思学会及劳动组合书记部、北京党部、铁路工会中共党团负责人及成员名单，冯对郭大加赏识，根据所得材料，在本系势力范围内做成一网打尽计划。因此中共党员及重要干部漏网者少。

一九二八年冯玉祥在开封时利用中共党员做内线，先后将周以粟、张金刃、李泊之、任作民等逮捕，立即处死十四人。任、周等化名无证据被处徒刑。冯又首先向蒋介石建议中共党员不过十万人，以此作为捕杀处刑标准，三年之内，中共势力可以完全肃清。在大屠杀共产党以后，冯遇到失意时仍向苏联暗送秋波，用他自己的话说："下面机关枪吵架，上面香槟酒碰杯！"继续取得支持，直到美洲做寓公时代仍是如此。

湖北方面，武汉政府实行分共后大事屠杀革命民众，时唐生智部下李品仙任武汉卫戍司令时期，实行"四六对开"杀人政策。八月五日，武汉卫戍司令部封闭总工会，大捕共产党员并加惨杀，先后逮捕中小学教员陈慕兰、刘仁诗，汉口市学生联合会何世昌，工人黄国昌、王达强、柳和青、邬留三，劳动童子团总队长王尔福等十余人，绑赴济生三马路刑场加以杀害。汉阳、武昌工会被封后工人牺牲亦多。九月二十一日武汉政治分会成立，唐生智控制武汉，大肆屠杀共产党员及工农群众。汪精卫于十月在所写文章《两件大事》中主张杀尽共产党，又于《十三日宣言》中说："一个共产党和一条毒蛇、一只猛兽一样，决不听他留种于人世。"十一月十六日李宗仁所部夏威、胡宗铎抵汉口，十八日程潜到汉口，任胡宗铎为武汉卫戍司令，大批屠杀共产党人，陈荫潭等先后被害。胡宗铎、陶钧进占武汉时期，胡、陶在汉口开辟几处刑场，专为屠杀共产党员、工会会员之用。如济生三马路大智门广场、裕华纱厂桥堍和记蛋厂前面空地等处，每日刑人一次，多达五六十人。胡、陶占领武汉五个月内，革命群众、中共党员牺牲不可胜计。一九二八年四月蒋桂战争，蒋胜桂败，胡宗铎、陶钧逃，率部遁至鄂西。时湘鄂政务委员会由程潜主持。程于一月二日命令武汉卫戍司令宣布将全市工会、农会、学生联合会、商民协会、妇女协会一律解散。一九二八年一月二十六日湘鄂政务委员会程潜下令，所有以前工会与厂方所订不利于资方的条件，一律取消。二月十五日湘鄂政务委员会程潜通令各县一律废止二五减租条例。

程潜在任内，一九二八年一月至五月间迭次破获湖北省委机关，杜永瘦（化名张一夫）等十余人先后牺牲。杜，荆门人，死难在三月三十日，临刑前三日致书其夫人韵文，劝其达观，继续干下去。信末云："明晨拍拍的枪声是我们最后一刹那诀别的标志，听着吧，再见！"程并于五一节杀害向警予同志，此外又逮捕蔡瑾璜（麻城县委书记）、蔡济璜（兄弟二人均湖北黄安北乡七里坪人）、余大化（安徽潜山县委书记）及柳文杰等同志加以杀害。

一九二七年临时中央扩大会议后，由于临时中央仍变本加厉在武汉推行暴动政策，武汉政治分会主席程潜继续大力搜捕共产党，借以镇压暴动。在一九二八年春，武汉湖北省委机关迭遭破获，向警予、夏明翰等先后被捕为程所杀。（武汉政治分会于一九二八年五月二十一日被南京政府下令撤销。）向警予系在汉口法租界被捕，同时被捕者有马俊三、赵世富、陈其科等四人。引渡后因禁经时，审讯多次，遂于五月一日（省委计划在五一节罢工暴动）将向等四人押赴汉口济生三马路刑场枪决。警予赴刑场时，有目击者见其坐车中，垂双辫，仪容整饬，意态从容，洋洋如平常，监刑者问其有无遗言，但摇首不语，遂就刑。

向警予（一八九五年至一九二七年），湖南溆浦人。一九一二年入周南女学，一九一四年任溆浦小学校长。一九二〇年赴法国，一九二三年返国，任中共中央妇女部长。一九二五年赴东方大学，一九二七年三月回国离婚，任武汉市宣传部长。一九二八年春入狱，一九二八年五月一日被害，时年三十三岁。沅瀣澧兰，奇英萎谢，滔滔江汉，遗恨千春。四人均葬汉阳扁担山。

警予被逮传说为向忠发秘书宋岳霖所告发，一说为向本人所卖。

警予被害后,向忠发曾一度匿迹,行踪不明[1],后乃出面。在上海德隆见向忠发时曾讯以警予被害原委,向忠发神色不安,闪烁其词。究竟真相如何,疑莫能明。

武汉政府宣布反共后,国民党左派分子首先被杀害者为耿丹(字仲丹,湖北人)。耿丹留学英国伦敦大学,曾与《新青年》通讯,耿后得经济学博士,归国后任武汉高师教务长。北伐军到武汉后被任为第十五军政治部主任。汪、唐宣布反共时,第十五军军长刘佐龙首先杀耿丹响应。(后十五军改编,刘下野。)胡宗铎、陶钧进占武汉后又捕杀詹大悲、李汉俊等人。

詹大悲原名瀚,字质存,湖北蕲水人。原黄州府中学生,辛亥革命时为文学社及共进社创始人,与刘星澄办《商务日报》及《大江报》。辛亥首义任汉口军政分府主任,杀逃将张景良及刘镇祺,足证其勇于负责。詹在《大江报》时写社论题为:"大乱者救中国之良药也",以此名震江表。少与焦达峰、王扬鹏(子畅)为友,故三人气质均相似,勇往直前有任侠精神。武汉政府成立后,詹大悲被任为湖北省政府委员兼财政厅长,时军书旁午,财政混乱如丝待理,詹延揽专家设置湖北财政整理委员会,以罗泰钧(葛荪[2])主持其事。该会大刀阔斧,根除积弊,减轻人民负担,杜绝贪污,厉行廉洁政治,整顿结果,全省财政面貌一新,纳入新的轨道。詹大受感动,告人说:"我多年革命,但在建设方面未曾为人民做出甚

---

[1] 罗章龙生前对家人说过:截止一九九二年底,他对向忠发数月行踪不明(一九二七年秋前往上海以后至莫斯科开"六大"之前)一事,一直没见到记载。近年公布的资料表明,向忠发在一九二七年十月间赴苏联,参加十月革命十周年的庆典活动,滞留苏联,第二年参加在莫斯科召开的中共"六大",会后回国。

[2] 罗泰钧,罗章龙的父亲,一九二八年因罗亦农在上海被害,外界误传罗章龙被杀,罗泰钧惊骇成疾,不久去世。

么成绩，今日方明白只要有改革决心，物色志同道合的人一道干，没有革除不掉的旧习惯。"时夏斗寅占据鄂西擅揽赋税大权，詹商请泰钧前往宜昌办理统一财政事务，并由省府拨军队一营随行，归其统率，正准备出发，因夏斗寅难作，钧乃中止其行。

詹在任内努力奉公，直道而行，素为异己者所嫉忌。一九二七年十二月桂系军阀胡宗铎、陶钧进占武汉时，即派军警将詹大悲、李汉俊、危诰生、潘康等逮捕。詹被捕时与李汉俊方对弈，时泰钧在詹寓，闻警乃伪作仆人，持扫拥箑，探警入室，不辨为谁，竟任其自去，罗遂脱险。李、詹二人于一九二七年十二月十七日傍晚被枪杀于汉口济生三马路旷场。詹与焦达峰、王扬鹏三人均先后在国民党内部斗争中牺牲。

李汉俊，湖北潜江人，对革命理论高自期许。北伐军到武汉后，李号空头左派，走访张特立，张不念旧嫌，优容之，李遂得任湖北省教育厅长。后来胡宗铎攻占武汉后，把李当共产党枪毙。时称李死非其罪，是现代甘露事变中的枉死鬼。

在湘省，唐生智、程潜与何健等先后主持省政，唐生智曾任湖南省政府主席兼军事厅长。（一九二七年二月至十月湖南省政府主席为唐生智，一九二七年十一月至一九二八年四月，湖南省政府主席为程潜，以后为鲁涤平及何键。）唐、程二人在任内大规模屠杀共产党员，其中知名者有郭亮、黄五一、龚际飞、夏去病、庞人侃（以上中共湖南省委），朱璋、刘肱成、周德一（平江县农委）、谢幼安、资党甫、邓宗翰、伍飞焘（耒阳县委）、王德吾（浏阳县委）、邓恒太、易忠久、阎昌奎（石门县委）、林蔚（醴陵县委）等均属重要负责人。当时传说民谣有云："左派东安和尚，杀人如草般样，问他杀戒如何？道是四六对开。"（唐自谓所杀百人有六十人为枉杀。）其刑戮之惨可以概见。

在广东方面，一九二七年四月十五日李济深由上海返广州，与古应芬、李福林、陈孚木、邓彦华五人组成特别委员会，当即实行清党。由钱大钧派队进攻共产党工会、农会，发生武装冲突，拘捕二千多人。李济深在深夜派兵逮捕萧楚女（卧病在东山医院），装入麻袋用刺刀乱刺而死，死后投尸江中。同时逮捕邓培（铁总主任）、熊雄（黄埔教官）、杨其纲（黄埔科长）、李森（省港罢工委员）、刘尔崧（省委委员）、戴卓民、蔡林桢、何耀全（工会主席）及张秋人等杀害。事后查明李济深在分共时共杀一千余人，工人入狱、流亡者更倍此数。四月二十四日李宣称对英罢工结束，允许英国水兵进入广州市内。尔后李济深任广州政治分会主席兼第八路军总指挥，广东省主席，宣布停止反帝，首先欢迎港督金文泰到广州，表示与英亲善，随即亲自到香港拜访港督，协议声明共同反共。李后居香港，家资巨富，多财善贾，二十年后于一九四八年五月一日到佳木斯参加革命。

广西方面自四一二以后逮捕共产党及工农学生等达一千多人，九月一日黄绍竑在南宁杀害雷天壮、雷沛涛、周仲武、梁六度等二十三人，继又在桂林、柳州、贵县等进行大批杀害罗如川、梁砥、韦佩珠（女）等三十余人。

四川方面，军阀刘湘于一九二七年春逮捕中共四川省委负责人杨闇公、郑右之、漆树芬等三人，旋在重庆被杀。福建军阀于一九二七年四月十五日，在闽西施行对共产党及工农群众的大规模屠杀，共产党员张凯、林心尧等二十人牺牲。云南方面，当地军阀龙云派兵拘捕中共党员王懋廷、王儒廷（二王为兄弟，昆明人，北大毕业，北大马克思学会会员，云南省委负责人）与张廷瑞（字至刚，北大学生，劳动组合书记部云南特派员）等十余人，在昆明杀害。

白色恐怖结论

上述记载可以见到曾经参加大革命时代统一战线的南北军阀，自他们的本性来说，其革命性是微乎其微的，其反动本质与屠杀劳动人民的恶毒是首屈一指的，这便是历史的严重教训：鸟兽不可与同群！

前文所纪诸英贤事迹，限于见闻，未能全载，沧海遗珠，在所不免，此诸彦烈殇者浩然正气足与日月争光！其中孑遗仅存，志不可夺者亦代有其人，但多隐沦草莽，度其艰辛岁月，与屈事军阀，究不可同日而语！

附：中共北方区劳动组合书记部（前期）、中华全国铁路总工会（后期）先烈名录（部分）

北方区劳动组合书记部及铁总主要党员卅年间前后在工人革命运动中牺牲，或因公致死，或党内斗争被害者不可数计，其为公众所知者有李守常、史文彬、邓培、王荷波、辛克红、葛树贵、施洋、林祥谦、司文德、汪胜友、林元成、李慰农、伦克忠、胡信之、高君宇、王瑞俊、林才咏、刘文银、彭礼和、吴先瑞、姚佐唐、孙津川、佘立亚、辛璞田、于方舟、韩麟符、贺昌、项德隆、曾玉良、高克谦、马静臣、游天洋、白眉珊、安幸生、梁鹏万、王麟书、李兴昌、郭隆真、张昆弟、林育南、何孟雄、缪伯英、杨明斋、邓恩铭、李宝成、张世清、李求实、谭寿林、王忠秀、陶永立、姜英、李培良、张隐韬、王净尘、张廷瑞、范鸿劼、李梅羹、宋天放、王铮、王懋廷、李玉、杨宝昆、杨宝仓、李华天、郭恒祥、李彬、安体诚、袁子贞、马尚德、贺威灵、刘俊才、张振成、王仲一等百数十人，其事迹有已见书记部及中共刊物记载者。中共北方区曾刊行《劳动英烈传》[1]，内容系辑北方书记部部分党员事略成书，该书由《工人周刊》社出版，作为该社丛书。

---

[1] 《劳动英烈传》可能是《革命战士集》的误记，后者已由河北省政协文史资料研究委员会重印，编入《河北文史资料选辑》第八辑，一九八二年出版。

第三部分

党 内 后 期

（陈独秀去职以后）

八月见闻

南昌兵暴

　　湖北省委紧急行动方案既未被采纳,但当时革命危机问题日益恶化,后来朱培德、冯玉祥继续反水,唐生智、何键步调一致,张发奎唯汪之马首是瞻,于是武汉中共遂处于内外夹攻状态。所以目前急需解决现实方面政治与军事问题,这就意味着:在不举行武汉暴动的前提下,叶贺军队处置问题。当时大家认为亟需寻求一个空间(非纯地理空间,而是政治空间),安顿此项武装力量。不用说目前政治上是没有真空地带,环顾四境,必须通过打硬仗方式去开辟。

　　关于出征路线问题,党内酝酿已历多时,上自中央、鄂省委以及各军部党组织均十分关心这个问题,议论纷纷已非一日。根据当时敌势分析:东面蒋介石与帝国主义串通一气,正在反共高潮中;北面冯玉祥倾全力反共与蒋互相应,打击中共;四川方面群众组织过于薄弱,党员极少,川军势众,且地势险阻,所以未加考虑。在七月中旬前后,中央会议曾经对于出征路线展开讨论。先是老鲍对中国革命战略问题曾提出过西北路线,憧憬新疆天山北路河西走廊及其附近长城迤南地区。理由是西北为远离帝国主义统治地区,同时又靠近苏联,缓急可恃。当时西北军阀力量比较薄弱,此种理论在部分同志头脑中尚存印象,但此时老鲍将返国,西北形势恶化,党尚在启蒙状态,所以无法贯彻此种建议。当时特立负军事全责,乃提出打回广东的问题(平山附议)。会议上主张打回广东的意见的同志认为广东是老革命根据地，有海口可以接受外援，过去党与群众基础相当强大，且给养丰富，军需取给便利，人地条件均较熟悉，因此主张回师广东，重建革命根据地，以后再行相机北伐。但是当时湖北省委不赞成远征广东路线，建议回师湖南，以湖南为根据地，然后选择时机南进广东，北出长江，进退均可自主。主张回湖南的理由是：湖南党与民众组织具有历史基础，湖南是革命暂息的火山，驾轻就熟，易于重燃。又新军阀内部唐生智、谭延闿与程潜诸人间互争地盘，矛盾重重，可以利用其互相排斥，且地近武汉，朝发夕至，湘东、湘北、湘西，声东击西，随时可以进军。湖北省委主张回师湖南或直向湘北出兵，进入长沙或先取南昌、九江，继而即转旗西行，由赣边进入湘东。因赣西与湘东驻防军队寥寥无几，可以乘虚而入，袭取长沙，同时当地工农革命组织可遥为声援。湖北省委也不赞成直接进军广东路线，理由是广东地处偏隅，环以岭海，当地粤桂军阀号地头蛇，军力相当强大，难攻易守，劳师远袭，步行行军，费时旷日，成败之数难以逆睹！以上意见主要是我与代英、郭亮等人所主张。但是由于随北伐来到武汉的不少同志，特别是广东籍的指战员赞成回师广州的实居多数，所以最后决定出征路线是避开湖南，纡回江西，进入东江潮汕，然后再攻取广州。根据上述战略部署，避开湖南东进江西，绕道入粤，行军路线上绕了一个大圈子，比原来北伐时中路出师行军路线还要长达千里，而且是炎天盛暑，山地行军，所以遇到不少困难条件，这是当初未及估计到的事。

南昌军事实际兵力大致是这样的。先是，唐生智领四集团军，其所属二方面军，归张发奎统率，二方面军直辖十一军与二十军，其中二十军十二师师长贺龙，十一军二十四师师长叶挺，二十五师师长周士第（二十五师师长原为李汉魂，周士第为二十五师七三团团长），四军十师师长蔡廷锴等均受中共党领导，加上中央军校教导团、警卫团共约二万余人。临时又决定将党所掌握的武装与储存武器及一部分工人纠察队交给叶挺、贺龙的军队扩张军额。中共经过多次扩军后，南暴武装力量主要为第二十军，下辖第一、第二、第三师附教导团，特务营等共十个团。第十一军，下辖第二十四、二十五师共五个团。又第十师三个团（师长蔡廷锴），第九军一个团（团长朱德），共计人枪三万多。

出征军全部指战员，人数众多，军务浩繁，因此中共中央与湖北省委在会议上共同决定组织前敌委员会以领导前方党、政、军各方面的工作。前敌委员会主要成员如下：书记：特立，委员：叶挺、贺龙、谭平山、周逸群、恽代英、郭亮、王仲一等。中共党员参加南昌革命委员会工作者有：张特立、恽代英、高语罕、谭平山、朱德、王仲一、李立三、谢晋、李硕勋、周恩来、袁国平、刘伯承、贺龙、贺昌、刘昌群、叶挺、颜昌颐、郭亮、林伯渠、庞人侃、陶铸人、吴玉章、粟裕、陈赓、孟坚、陈毅、聂荣臻、周逸群、廖乾吾、周士第、柳直荀等三十余人。

南昌兵暴时仍是遵守国际指示："退出国民政府，不退出国民党，重新树立左派以抗汪、唐。"根据这个扶植国民党新左派政策，在八月一日宣布成立革命委员会，革命委员会组织成员如下：张特立、谭平山、陈友仁、蔡廷锴、朱德、宋庆龄、周恩来、贺龙、叶挺、林伯渠、吴玉章、李立三、恽代英、谢晋、郭沫若、徐特立、邓演达、彭泽民、何香凝、高语罕、于右任、张发奎、姜济寰、陈树人、方维夏、张曙时等二十五人，其中国民党左派十三人，共产党员十二人。工农委员会主席张特立，参谋长刘伯承，党务主任张曙时，宣传主任郭沫若，财务主任林伯渠，政治保卫主任李立三，江西省主席姜济寰。军队番号仍沿用第二方面军，共分三军十六团，又四个营。革命委员会发布宣言，内容强调国共合作，团结国民党左派分子。革命委员会公布没收二百亩以上地主的土地。（后改为五十亩以上。）九月十一日到汀州时，高举中国国民革命军闽南救党军事委员会旗帜。这就是南暴的政治旗帜。

七月间中共中央会议上，上述各军队开往江西既作决定，遂于七月上旬开始动员。最先贺龙率领二十军以东征名义离开武昌，向下游九江进发，驻在鄂东。七月下旬叶挺所部连续开往江西，叶、贺两军遂在九江会合。七月二十五日起叶军进驻南昌，次日即七月二十六日贺军续开南昌。七月二十七日特立奉令赶到南昌，指挥军事，受任前敌委员会书记（前敌委员会在南昌陈家井六号），时中共诸军全部抵达江西，但军校教导团离武汉东开，上船前张发奎忽将全团新枪（九七步枪）缴去，改发三八式旧枪，每人只给少许子弹，教导团于八月四日船到达九江（时叶、贺军仍在南昌），该团又被九江张发奎驻军解除武装，因此教导团未参加南昌军事行动。又武汉国民政府警卫团，因船只缺乏，沿途耽搁，行至中途，得悉大军已离南昌，遂停止前进，改往奉新，故亦未参加南昌兵暴行动。朱德在策动南昌内应方面起着一定作用，先是江西朱培德阴奉蒋令反共，于六月一日宣布，礼送苏联顾问与中共党员干部三百余人出境。苏联顾问由傅大庆陪同到武汉后，后偕来者有朱德、方志敏等人。朱培德，云南人，原为朱德部下，因此朱培德平日对朱德颇信任，任彼为教导团团长，该团有学员八百人。中央既决定东征，遂派朱德秘密返江西南昌联络当地军警（朱原兼南昌省会警察厅长），纠集约二千人共同起事。

叶、贺军动员东开时，当即引起汪精卫注意，七月二十七日我军进占南昌，二十九日汪精卫在庐山召集张发奎、朱培德等举行军事会议，决定下令叶、贺军队撤回九江。八月二日汪精卫、张发奎下山到九江，同时下令张发奎驻在南浔沿线军队迅速向南昌进驻。特立到达南昌后，原定八月十三日发动兵变，因见张发奎军进逼将临城下，乃提前于八月一日清晨发动兵暴，击溃朱培德军二个团。

八月一日，南昌市内参加暴动军队有：周士第之第四军二十五师，叶挺部十一军、贺龙部二十军，此外加上朱德部第十军军官教导团及南昌市警察一部分，保安队二大队和消防部一部共三万人。当时南昌城内有朱培德所部，有第三军二个团，第九军一个团，朱培德警卫一团，共约一万人（朱培德三军及九军分驻吉安、进贤等处）。八月一日凌晨一时起，叶、贺军围攻南昌市内敌军，俘敌一万多人。四时止，战斗结束。兵暴成功后，叶、贺军扩编为三个军（即九军、十一军与二十军），十五个团，其中十一军三个师，由董朗、蔡廷锴、周士第任师长，二十军三个师由贺锦斋、秦光远、周逸群任师长。

此时张发奎军已迫近南昌，由于张军战斗力强大（均苏联供应武器），估计在南昌不易立足。又当时江西南部、赣江东西两岸，吉安、赣州等处驻有朱培德第三军，程潜第六军及赖心辉第九军等挡去南下入粤去路，前敌委员会乃决定向赣东南入粤。叶、贺军自八月五日起撤离南昌，至六日全军尽撤。八月七日全军经过临川、宜黄、广昌、瑞金等地，在会昌击溃钱大钧师，占领会昌。当时赣东南敌兵约有五师设防阻击，计蒋介石部钱大钧与王文翰各一师在宁都、兴国，桂系黄绍竑率所部三师，即黄初旭一师在会昌，伍廷扬一师在信丰，吕焕炎一师在南雄堵截。双方在筠门岭激战，叶、贺军失利，遗失武器辎重无算，遂决计改道入闽，经长汀、武平、上杭，九月十一日到达汀州，复经由大埔、梅县向潮汕进攻，于九月二十三日攻下潮安，次日即占领汕头。于此应加指出：当叶、贺军从南昌出发，经抚州、南城、南丰、广昌、瑞金、会昌、长汀、上杭、大埔，直到潮州，行军经过五十余日，于九月二十四日始到达汕头。在此期间广东军阀已调兵遣将，严阵以待，时陈济棠、薛岳各遣一师，陈师于揭阳、丰顺一带，钱大钧残部由信丰回师移驻梅县。桂军吕焕炎、伍廷扬各一师，黄初旭一师，由赣南回师南移，到蕉岭、梅县进扑潮州。九月二十八日，叶、贺军在揭阳为陈、薛军所战败,十月三日敌攻占汕头,潮州同时陷落,计革命委员会在汕头办公时间前后十天。

南昌起义总结

南昌兵暴是近代中国革命史上规模浩大的军事斗争,其所组织的流动性政权——革命委员会——前后经历六十四天,最后虽告失败,但其意义重大,无可否认。至于革命委员会所以招致失败,就事变本身言,其主要原因如次:

一、在选定出征路线不当。革命委员会下令全军向广东进发,这是根据五大中央七月会议决议原则执行的,但是在决定这一政策时,忽略了敌我军事力量的对比,更没有权衡工农群众基础的作用与地理条件等因素,因此,可以说入粤路线选择是不当的。因为当时粤桂军阀军队人数既众,武器精良,经过长期作战训练,所以是不能轻敌的。至于工农群众组织基础,当时湘、鄂、赣不下三四百万人,且分布很广,而广东农民运动尚局促于海陆丰一带,农协会员不过百万,福建、广西更少,约十万人,且限于偏隅。因此,当时如果将叶、贺军队自赣西开往湖南,便可以结合当地革命群众向湖南军阀发动广大攻势,而且唐生智军队内部互争雄长,战斗力亦比较差,如果蹈瑕抵隙,可能予以各个击破。但因当时海口吸引力甚大,又不少人仍憧憬第一次北伐前景象,所以最后还是舍近求远,冒险向敌军数倍于己的设伏地区进军,致受铩羽不振的打击。

二、前敌委员会领导失职。前敌委员会是仓促组成的,本身组织虚弱,其所属军师及基层党组织强弱不均,因此上下呼应失灵,在战争中不易发挥最大限度的潜力;在政策方面顾虑重重,对左派分子过于迁就,局促如辕下驹,难逞其能。因此在政治、军事方面诸多失误,招致败局,这从作战部署方面就可以看到种种缺点。在作战部署方面,此次南征,时值早秋,酷暑行军,饥疲交困,以劳就逸，全失主动！由天气炎热，行军缓慢，九月十三日全军到达潮汕，师次汤坑，广东军阀黄绍竑、徐景棠等以逸待劳，已在一个多月内集中十个师重兵构筑工事，深沟高垒，筑好袋形阵地，严阵以待，诱我军深入。我军喘息未定，敌情不知，仓皇应战，立陷重围。当时贺龙所部二十一军三师不战而降（师长贺锦斋、贺炳炎），其他各师亦溃不成军，全部缴械。

三、革命委员会缺点。当时革命委员会为新生革命政权，但就其前后观察，却流于形式，并未发生积极作用。革命委员会是打着国民党的青天白日的旗号，革命委员会组织成员二十五名，其中国民党十三名，号称过半数，左派既未在场参加，又未表态赞成，实际上委员会绝大多数均系消极因素。革命委员会的新左派诸人既都是名实不符或貌合神离的分子，因此总的说来革命委员会是脆弱无力，不足以担当艰巨任务，这是由于过去对国民党组织所采取的剥笋政策，此时已达到最后层次，箩尽心枯，剩余无几。所谓左派残余分子殆已尢羸痿弱，不能自振。因此革命委员会遂徒托空名，成为无用之长物。革命委员会既没有充分发挥应有的作用，前敌委员会领导者为迁就新左派起见，更不能大刀阔斧进行大规模激发工农群众的动员工作，这使军事斗争处于孤立，既无巩固后方获得兵员与物资的源源供应，结果遂致陷于腹背受敌，孤军作战的困境。在汤坑失败以后，汕头失陷前，革命委员会知道大势已去，难以挽回，乃自九月三十日起第一批雇乘日本轮船海康号离汕赴香港。该轮两日后安全到达香港。自此以后新左派与中共分道扬镳，各行其是，与中共脱离关系。

上述所论南征失策，不过举其荦荦大端，其中政治上联左政策为重要关键。如前所述，当时革命委员会组织本身力量固极薄弱，其所谓左派成员大都无群众基础，且又缺乏革命意志，乃一群政治投机分子，故一遇劲敌即自瓦解。兹就其主要成员个别简介如次：

邓演达，字泽生，原黄埔军校教育长，时兼任国民党农民部长，兼北伐军总政治部主任。一九二五年曾赴德考察，自视为左派理论中心，其出身原本军人，先后在武昌、保定，受过八年军事教育，曾任陈炯明第一师营长。好发表政论，请求加入中共，未果，乃倡导工农平民民主主义，颇思于国共外独树一帜。一九二七年六月，邓演达从汪精卫处获悉清共方案内容，大为惶恐，遂于六月十三日秘密离开武汉，到达郑州与苏联归国顾问一行，乘自备汽车至兰州，经内蒙陆行四十五日抵达莫斯科，欲留居以坐观时变，时值苏联清党，邓如惊弓之鸟，乃西行赴欧洲。南昌起义时，邓正在欧洲避难。

一九三〇年秋，邓演达自欧归国，纠合谭平山、章伯钧、彭泽民、季方策、宋庆龄等成立中国国民党临时行动委员会，独树一帜，自为领袖。又集合旧黄埔同学余洒度等组织黄埔革命同学会，此举深为蒋介石所忌，一九三一年冬十一月邓为蒋枪杀于汤山。国民党左派遂复销声匿迹。

陈友仁乃武汉政府外交部长，七月十五日后即匿迹不露面，声称不预闻南昌兵变。八月十三日以出席日内瓦国际联盟代表名义偕家眷经苏联赴日内瓦。后在欧洲做寓公。宋◇◇时居上海法租界，自称与革命委员会无关系，旋任南京政府国府委员及国民党中央委员。

蔡廷锴，八月七日军行至江西进贤县，蔡廷锴首先反水，脱离革命委员会，率所部第十师开往浙江转向南京投蒋。蔡廷锴此举引起全军震动，革命委员会初拟派兵追击蔡师，但恐分兵引起效尤，遂决定置之不问，听其自去。（蔡行动备受蒋介石嘉奖，后一帆风顺，历任军长、省主席及剿匪司令等职。）与蔡同行者，军过信丰时，陈业伟又将追击炮连带走，离开革命委员会自去。

姜济寰为谭左厂（延闿）智囊团人物之一，曾任长沙县长，大革命时期随谭左倾，为国民党左派活跃分子，八一以后离革命委员会，不知所往。

革命委员会除上述数人外，其余左派人物可谓"自郐以下，不足齿数"，全是挂名虚职，号称两头蛇分子。

革命委员会于前述诸子外，其他诸人到香港视其宦囊丰啬而定去向，如吴玉章赴法国巴黎做寓公，谭平山赴比利时游历，更多的人则卜居香港。当时群公纷纷出国养望，以待东山再起，成为一时风尚。仲一称彼为"滚滚（衮衮）诸公"，树溪则讥之为"脚底揩油"。某公闻二人言，夷然不以为意，说道："我们暂时下车，歇歇脚，休息一会，你们把车子开到前边去，回头再来接我们就好。"津川笑问："革命有这等便宜的事，真正岂有此理！"某从容解释道："这并非岂有此理，有些人今日从这方的车子跳下来，搭乘对面开来的车子，朝后方跑，过了一些时候，将来总会有人把他们请回来坐上席的。这也是一种革命的车轮哲学，实际例子着实不少哩！"

参加革命委员会中共党员从汕头撤退时，由于时间仓促，有些人未及登上日轮海康号，乃分批单独赴香港，其中有潮汕失陷后单独雇木船漂海赴港者，如郭亮、柳直荀等一行十余人，坐木船漂海到香港，中途遇盗，七日夜始达码头，因系木船，逻者不注意，黑夜登岸。郭、柳后转辗归湖南。又据十一军连长于昆突围归沪时向我谈东江战事失利，主要由于作战计划疏略所致，又兼指挥不灵，仓促应敌，各师团未能发挥战斗力量，在历次战斗中，团长以上军官无多伤亡，特别是来自黔方队伍的二十军，平时素质较差，训练不足，缺乏集团作战经验，故一遇强敌即溃。如汤坑之役，二十军可谓全军败绩。当时但一曾用幽默口吻说："此行往返水陆数千里，漂洋度岭，跑了一趟冤枉路，做了一次送礼专使，礼重情轻，说不出口，确实有些难为情！"汕头兵溃，◇◇逃香港后一去不复返，其部属多人亦逃港未返。

一九二七年岁杪，在上海中央一次会议上，讨论到南暴问题，但一发言报告本人亲历所见，中间说到当时五届中央在七月末解体，八七会议后，临时中央忙于内部人事分配，对八一暴动后开赴广东军队，未曾作任何指示，未采取任何措施，也未派一介之使，前往军前联络或指示机宜，听其所止，置之度外，真令人百思不得其解。瞿秋白不耐烦，屡报以白眼，二洛（二国际代表罗米那则、罗埃曼）在座，默无一语。会后做出决定，南征失败，特立应负全部责任，给予暂行停职处分。特立当时亦未置辩。

八月汉口会议缘起

中共"五大"会后举行过一次二中全会，决定中央迁沪问题。五大二中全会后，中央正在迁沪途中，国际代表忽然来到中国汉口，主持召开中共特别紧急会议。其缘起、经过情况如次：

中共五大中央迁往上海。一九二七年七月间武汉酝酿革命危机期间，在中共五大二中全会上，曾经郑重提出：巩固全国革命阵地，加强斗争实力，以及有关应变诸问题，决定准备对于反革命政变实行全面进攻。当时通过中央机关迁回上海以利指挥，并决定大部分中央委员分散到各省地方党部、武装部队、工会、农会等基层组织，加强领导，指挥实际斗争。

在五大中央执行上述重大政策与方略时，并决定在武汉方面成立长江局，该局所留人员不多，具有看守机关的性质。在中央迁沪过程中，迁沪工作尚未完成以前，各省工作联系暂时由长江局代任其事。所以中央工作在半月以内实际上陷于停顿，一切等候中央迁沪完毕后再做处理。（长江局位于汉口珞珈碑路。该路为外侨集中地区，房屋系公寓式两层洋房，对过为小花园，地址幽静，附近有俄式餐馆，高悬霓虹灯，有 Banko 字样云。）

当全部中央人员紧急动员分途出发奔赴各方面工作时，却发生少数党员畏缩不前，临阵脱逃情事。如鄂省总工会向忠发席卷公款逃往湖南。刘少奇与瞿秋白等携眷匿居庐山，他们均系自由行动，下落不明。又如所周知，周佛海首先发表《脱离赤都武汉》文章，施存统发表《悲痛的自白》，李达在报上刊登脱离党启事，其他继起踵武投降南京者，亦不乏其人。

国际东方部的突然袭击

正当五大中央离开武汉，迁往上海途中，大批中委及干部奔赴全国各条战线，组织工农兵士全面斗争，向反动派进行反击的时候，此时国际东方部却在策划新的行动，对中共中央采取自上而下的全面改组，实行夺权。国际东方部决策经过是非常周密的，而且是采取突然袭击的行动。

先是当五月武汉政府出师再度北伐，收复河南时，那时冯玉祥率所部开出潼关，会师汴郑，国际闻讯，认为国民党左派势力伸张，整个北方可以底定，中国革命全域胜利在望！兴高采烈，有逾寻常。不料不到两个星期时间，自中国传来噩耗，武汉形势恶化，旋即急转直下，一日数惊。一九二七年六月，国际代表洛易等自中国撤离回到莫斯科，报告武汉异动情况，国际东方部聆悉如同晴天霹雳，一时感到手足失措，乃召集该部全体会议研究对策，最后决定为稳定局势起见，确定政治原则，中共继续支持国民党左派，中共可以退出武汉国民政府，但不得退出国民党，仍应在国民党内联合左派，用国民党左派名义反对宁、汉政府。

一九二七年七月十五日武汉政府分共反水后，原先号称国民党左派分子谭延闿、孙科与实力派军人冯玉祥、张发奎、朱培德等均跟随汪、唐而去，陈友仁与邓演达出国避难。剩下所谓左派分子人数既少，并无实体存在，有之亦不过瞬息多变的魔影，所谓"支左"实际是"支无可支"。但当时国际指示仍"胶柱鼓瑟"、"刻舟求剑"，不知改变。所以南昌起义时，仍用国民党左派名义，起义军队仍树青天白日旗帜，所以八月一日贺龙自南昌发布宣言，强调总理遗教与拥护三民主义，通观全文纯属国民党口吻，无丝毫工农革命气氛！因此，当时有人误认为："没有'左派'就没有革命。"这是当时流行的"逻辑"！但是客观事实的演变，前项政治逻辑终于破产，中共党员已再无人理会，为了改弦更张是全党与革命群众共同的意向。东方部有见及此，不得不转移了方向，同时为了维持国际威信起见，决定自上而下改组中共中央领导，撤换书记，另派继任人选，部署既定，乃立即派代表赴中国召集特别（紧急）会议，贯彻执行。

大革命正在"青黄不接"的时候，国际所派遣的代表 Nomminotz U.Neuman（以下称二洛）首先到达上海。时中央迁沪尚在途中，所以双方没有接触，二洛乃乘轮溯江西上，来到武汉。时在七月下旬，国际代表到达武汉先由苏联驻汉领事关系找到长江局（Blitz 亦在汉），国际代表乃向长江局联系，开始进行一切工作。此次国际代表东来，带来一个方案，其主旨在召集一个特别会议，超越五大所选出的中央，另行成立一个中央。当国际代表见到长江局负责人罗亦农，告以此行任务时，亦农听说甚为诧异，不知所措。答称："五大中委几乎全部离开武汉，会如何开得成。"对方称说："这样正好，我们决定另立中央，与五大中央无干。"因问瞿秋白何往，亦农说："也不在武汉，听说到牯岭避难去了，现在住址不明。"国际代表："我们立即举行会议，一边设法找他。"当经商定于八月七日举行紧急会议，由长江局通知有关方面代表到汉口出席会议。

汉口八月会议经过

这个特别会议（紧急会议），由二洛单方决定于八月七日在汉口举行。汉口会议在汉口鄱阳街惠罗洋行楼上举行（该洋行原为俄国商行，附近一带均外籍商人居住。布里次即寓居惠罗洋行二楼）。

由于时间短促，参加会议代表主要为长江局及留汉共青团方面成员，外省只有湖南、九江代表参加，其他各地因路途较远均无代表参加。汉口会议由于筹备非常仓促，所以会议时间很短，因此一切文件均在会后补写发出。汉口会议政治报告中主要内容：1）强调大革命高潮中国际路线的正确与中国党领导的错误。2）强调土地革命问题是中国资产阶级民权革命中的核心问题，是中国革命新阶段社会经济的主要内容。3）武装工农，确定在湘、鄂、赣、粤四省地区举行秋收暴动。（八月会议后，临时中央原决定发动湘、鄂、粤、赣四省暴动计划，由长江局通知各省执行，但除湖南外，即长江局所在的湖北亦无动静，江西亦然，广东远在南方，寂无下文，俱属空谈。）

出席八月会议代表事先既不知道会议性质，故无从准备，临时又未见到任何系统文件，只凭国际代表所做简单报告，所以也就无法开展讨论。就这样，大家听取报告完毕，就算会议即告完成。此次会议出席人员均系临时决定，所以来去匆匆，无所得益。汉口会议结束多时，临时中央乃发布《告全党同志书》及《最近农民斗争决议案》、《最近职工运动决议案》和《党的组织问题决议案》等几个文件，这些文件均未经会议讨论通过，是事后补写的急就章。会议此种掩耳盗铃伎俩，真乃形同儿戏，令人啼笑皆非！

在八月会议举行时间，关于临时中央负责人的问题，国际代表提名叫瞿秋白任书记，但阿双（秋白号）仍未露面，通过长江局专派交通员辗转探索，才寻到他的踪迹，随后又派人到九江把他叫回汉口。他到汉口立即被任为临中书记，但他初表示不愿意干，自称"无才无绩，不能胜任"。但国际代表坚决叫他干下去，他最后只得半推半就，粉墨登场。因此，有人嘲笑阿双说：此番推戴经过，颇似历史上"刘盆子故事"，大类沐猴而冠。据亦农告人说："二洛曾说过，当时如阿双还不露面的话，只好由我担任书记，姑且维持局面。"阿双既就职，遇事有国际代表做主和支持，亲加"耳提面命,褓抱提携",渐渐能够自己主动。最后羽毛渐丰,也就不免自行舞弄笔墨,肆无忌惮起来!

瞿秋白小字阿双,江苏常州人,其家世代书香,祖为清朝显宦,后家道中落,父拓弛不羁,生活放荡,中年以后酷信道家导气之术,守庚申,参星斗,服丹砂求作地仙,遂为黄冠(作道士,弃家),◇◇远游死于异乡。其母身染恶疾,自经身死。阿双童年孤苦,曾皈依佛教,宅心虚无。后考入北京俄文专科学校,毕业后长期做翻译工作(舌人)。攻心计,善勾结,转辗依附东方部以求得官自显,后与向忠发、◇◇◇等勾结。于一九三五年在福建为宋希廉所捕杀,行刑前发表《多余的话》。

临时中央严重渎职

临中成立以后,恩来担任军委书记,高高在上鲜所作为,当时工农兵革命运动事实上陷于瘫痪状态,与此相应便发生重大渎职问题。临中主要渎职行为造成南昌暴动、秋收暴动与广州暴动的连续失败,牺牲惨重,招致党与革命实力的浩大损失!

1. 南昌军事行动于八月一日爆发,国际代表是七月下旬来到中国的,他亲自知悉此事,汉口会议举行已在南昌军暴后一个星期。就常情判断,对于如此重大的军事行动,是国际代表与临时中央应该密切注视并采取积极措施去争取胜利的。但是事实却完全相反,汉口会议并未把南暴问题提到议事日程上来,对当前这样重大问题竟未加以讨论,或专门研究。在此千钧一发的时候,临时中央对于江西方面军事行动,既未发出一项指示,指示作战机宜,又未派出知兵大员随军协助,甚至更未派遣一介使者到前方进行联系,或提供有利于军事的情报,或派人协助解决有关后勤事项的问题。当时临中对此客观上只是隔岸观火,漠不关心,视同秦越。坐令前线几万大军,盲目行军,在失去与后方联系情况之下,进入东江方面敌军预设的袋形阵地,陷于重围。造成全军溃散,几万人一齐缴枪(突围北去者为数不多),铸成大错的严重后果。这是国际代表与临时中央共同应该负责,百喙不能辞其咎的。

2. 湖南秋暴原是临中成立时决定的。论理更应十分重视,全力以赴。但临中对此除最初原则上做过一次决议外,以后并未做过具体指示。如对于作战部署,亦未做过安排,只是坐待捷报。以致坐失机宜,最后造成平、浏战役先后失利,全域皆非!

至于广州暴动是国际二洛和临中亲自发动的,而且是在南暴与秋暴之后举行。论理应接受上两次暴动的经验与教训行事,但事实却完全相反,在作战计划中对敌我估计不正确,粗心大意,结果又重蹈覆辙。终于是一败涂地,精锐全失,死伤惨重。而且在战斗中又发生指挥军事人员◇◇◇、◇◇临阵脱逃,落港逃生情事。

反观敌方对军事行动却采取统一指挥,联合一致行动,前方与后方互相配合。如广东,粤桂军阀对汕头实行包围作战,湖南军阀对平江、浏阳也是采取统一作战部署,据此双方形势优劣互见,胜负之数,早已可以预卜。据长江局同志峻川说:"国际代表与临时中央,在八月会议前后时间忙于布置内部人事,并集中注意力到各省,继续做夺权部署。所以对于军事无暇顾及,坐视未理,客观上是听其自生自灭!"又当时国际代表坐镇上海,君临其上,发号施令,担任对临中的实际指导,所以应负连带责任!

综观上述三暴失败经过,临时中央疏忽失职是十分显明的,但是二洛、阿双等人却以种种理由为借口加以辩护,如云:"历次军事行动,都在敌强我弱的条件下进行,失败是难免的。"但是这种说法的理由是不完全充分的,古今中外军事上以少击众获得成功者,其事例屡见不鲜。如大家所熟习的三国赤壁之战,北方曹操军号称八十万人,江南东吴周瑜有军四万人,加上刘备军一万人,两军合计不到五万人,会战结果北军失败,而南军胜利。

又如苻坚南征，夹淝水而阵，当时北方苻坚兵精锐六十万人，南方军只八万人，东晋以谢石为大都督、谢玄为前锋，力战却敌，苻坚兵大溃，八公山上草木皆兵！

此次南昌军事发动时，中共所拥武装力量约枪支五万人，加上工农武装为数称足，如运用适当，指挥得人，很有可能克敌制胜，有计划地逐步引导革命走向成功之道路。

汉口会议结论

汉口会议在中国革命与中共党史历程上是一个明显的标志。在汉口会议以前，中共领导革命虽然曲折艰难，但是仍然循照正常轨迹运行。溯中共革命在中共领导之下，发轫于二十年代（一九二〇至二七年），历备艰辛，始达到相当成就，一九二六年冬乃获建立武汉革命政权。在前此革命进展期间，虽然遇到重重阻力与挫折，但从大体趋向观察革命是前进不止的，政治路线一般是没有遭逢到严重的失败。但是自汉口会议起与成立临时中央后，中国革命形势却引起质的变化，从此以后，中国革命势力乃一蹶不振，由此至一九三一年第二个临时中央成立，革命颓势仍长期继续存在。追源祸始，实与当时临时中央错误的政治路线息息相关的。为了总结一九二五至二七年中国大革命失败的经验与教训，前章已对于中共中央五大会前后的政治上的错误政策加以论究，本章只就汉口会议临时中央时期所发生的事项略加以分析与判断。

1. 库迭达的一幕。首先应行指出，东方部导演的八月会议，虽然名曰"会议"，按其实质不得称为会议，因为它既无合法根据，又没有构成会议的形式与条件，只能说是政客导演的阴谋诡计的一幕。由于汉口会议按其性质是于党章规定以外，鼓动几个不逞分子，向中共中央进行夺权，另行成立非法的临时中央，所以也就是中共党内第一次非法分裂党的行动；这种非法行动所采取的形式是不光明磊落的，是封建时代历史上宫廷政变（库迭达 Gudetar）的重演。

中国共产党是与广大革命群众有血肉联系的党。中共中央的产生与存在是通过全体党员的意志，并由中共成文法（中共党章）所规定的，无论何人都不能用任何借口，对此妄有所变更的；如果野心家不按党章规定而擅自成立中央，篡窃党中央大权，那便是非法行为。这是起码的常识。但东方部却冒天下的大不韪，违背中国革命权益，悍然于超越中共五大权力之上，召开汉口会议，解散合法中央，另立非法中央，并任意指派一个于法无据与众不孚的人做傀儡，命他代行中央职权。这是完全违法乱纪不得人心的。

同时还应该说明，一九一八年第三国际在莫斯科成立之时，曾由各国共产党会议通过第三国际组织法与规章（十三点）。中共是一九二二年按照规章加入第三国际作为国际一支部的。按照规定国际兄弟党间，必需遵守民主精神，彼此平等对待，并互相尊重、互相支持与友好相处。这是历来国际兄弟党间共同守则。但是这次东方部召集汉口会议却违反平等、互助的精神，破坏第三国际章程，践踏国际兄弟党相处准则，违反公理，任意横行霸道，实行以大国役使小国，以强凌弱，以上压下，违背国际革命道义，莫此为甚！而且事实上，在国际方面自从汉口会议恶例一开，以后变本加厉援例发生，在第三国际内更仆难数。在中国，一九三一年东方部再度策划召开四中全会，成立以王明、向忠发、刘少奇等人为仆从的第二个中共临时中央，这也表明是再度对中共进行分裂党的组织。其后果严重，毁党与危害革命罪恶昭著，可谓后先一辙！

2. 三次左倾路线及其质变。自汉口会议以后，临时中央的政治面貌以前后连续出现的三次"左倾"路线为其代表。三次"左倾"路线的发生与发展，用临中的话说，就是："抢占左方高地！""唯我独左！""从左到左！""左之又左！"临时中央就是按照这些行动口号轮番接力前进。对于当时中国革命利益来说，这些行动口号都是错误的，应该受到纠正。因此广大党员群众对于临时中央所决定的错误政策不得不奋起抵制，予以合理批评。临中负责人却固执己见，坚持错误，一意孤行。并对提不同意见的同志，肆行造谣诽谤，诬为"右倾"并加以种种罪名，这样双方便展开争论。当时大多数五大中央委员为了保卫党与革命利益起见，支持广大党员群众的正确意见；对于临时中央的荒谬意见，针锋相对，予以反击。这样便形成持久的路线斗争。由于东方部米夫完全支持临中意见与主张，对批评者十分嫉视，不怀好感，助长临中气焰。所以此时党内有些人，明知临中不对，但处于积威之下，为了明哲保身起见，不免苟且求容，甚至随声附和，从风而靡。这样使临中错误路线得到庇护，没有及时纠正过来，造成党与革命的重大危害。临中错误路线继续发展下去，正常的路线斗争遂被迫停止。由是滚滚逆流，汇合成为党内思想战线上的狂澜。此际临时中央乘机利用，大造利于自己的舆论，"众口铄金""积非胜是"，以售其奸，终于造成颠倒黑白，以伪乱真，歪风邪气……这样，便使党内具有原则性的路线斗争发生质变！于是正常的路线斗争遂告失败。临时中央在东方部支持下，更进一步把路线斗争变成小集团的宗派斗争，自瞿秋白、李立三、向忠发直到王明、刘少奇一伙人，先后代起都是在进行宗派斗争，互相倾轧，排除异己，把一个具有革命传统的中国共产党变成了地下小朝廷。党的组织渐趋削弱，中国革命大业沉霾昏乱，蒙受到铩羽不振的打击！

3. 临中的组织路线与瓦解过程。临中的组织路线，是与其政治上左倾机会主义路线平行产生的。首先应该指出，汉口会议所采取的组织手段是违反党纪与党章的。当五大中央迁沪期间，米夫闻知立即派二洛乘虚而入，直趋汉口，在神不知鬼不觉的情况下，旧的合法中央立被解散，任命了一个众望不孚的人为政治傀儡。米夫在导演惠罗洋行一幕成功后，自诩手段高明，但却极不得人心。这是全党皆知的事。东方部米夫在汉口会议后，志得意满，予智自雄，在临中会议上便趾高气扬，目空一切起来。他对临中颐指气使，如对待奴仆。往往滥用"否决权"否决会议通过的决议，他作威作福，独断独行，操纵会议，咄咄逼人。大家对他喧宾夺主，气焰凶横，感到无可奈何。东方部平日坐镇莫京具有无上权威，遥制中国革命。东方部派到中国工作的人大都是属于下驷人物。如一九二七年共产国际代表罗易 Roy（印度人），年少不更事，受汪精卫愚弄，以共产国际机密文电私示汪，汪遂以此为口实，宣布国共决裂。东方部所派遣到中国担任指导工作者的二洛也是一般干部，既不甚通晓革命哲学与理论，又缺乏革命实践经验；平日深居简出，更不了解中国具体情况，对于中国经济、政治、敌我斗争的复杂情况均茫然无所知，只凭钦差大员身份，以国际路线为护符，闭门造车，师心自用；自以为是，强不知以为知，遇事照本宣科，削足适履。他们在中国工作时，诸般决策悉由主观片面决定，并不反映客观事实。所以遇到实践，就如同盲人瞎马乱闯起来。他们高高在上，不是决策失当，错出主意，就是胡乱指挥，贻误革命也就丝毫不足为怪的了。

在十一月上海会议上，多数出席代表曾建议讨论有关大革命成败的问题，总结其经验教训。大家一致认为长期以来，大革命取得的经验教训是很丰富的。中国革命历程经时很长，事项繁赜，而且中共组织备历险阻与艰辛，她付出了惊人的代价，所以对于总结大革命经验教训是非常重要的。但是由于事实上国际对于大革命失败负有重大责任，所以心怀惴惴不安，不愿接触到这个实际问题，因此不敢公开承认错误，同样理由，所以对于大革命成败经验也就掉以轻心，没法如实地认真总结出来。直到无法敷衍时，只有推卸责任，嫁罪于人。这不过是自欺欺人，明眼人是完全知道的。临中干部政策任人唯亲，只凭个人恩怨，不讲实效。东方部所信任厮养的傀儡仆从，通过事实证明，大都是才具平庸，愚呆无能，不知革命为何物，而又质量恶劣，阿腴献媚的驯顺奴仆。所以临中的干部政策是敌我不清，贤愚不分与是非不明。其所亲信的厮养走卒，大都革命赘瘤与群众渣滓！

在汉口会议前后党内生活引起了很大的变化。大革命时期党内民主普遍建立，党员生活在革命大家庭中，在政治与生活方面一般是互相关切、互相勉励，团结一致，相忍为国，共同向敌，不断去争取革命胜利。当时党员生活是比较健康与愉快的。但是在临时中央时期，党员生活情况完全不同。由于临中的组织路线，是建立在宗派统治与残酷斗争上面；他们工于掩盖错误，文过饰非，推诿责任，实行偷梁换柱，指鹿为马，以此愚弄他人。他们表面上虽然披着革命伪装，满口马列词句，但其行径却另是一样。他们为了个人私利不惜残害同志出卖组织，可见"对革命完全失其忠诚"（反四中全会提纲语）。

临中少数人高踞上层，为所欲为，原来的党内民主已被取消，党的规章制度已成空文，失其存在。他们以惩办制度代替说服劝导，领导阶层横行霸道，违法乱纪，无恶不作。这种倾向发展到第二个临中时代，而益变本加厉，倒行逆施起来。当向忠发、王明窃据临时中央领导时，他们以个人为中心，穷凶极恶，两面三刀，到处进行无原则的斗争。其属下敢怒而不敢言。向等更公开倡言"顺我者生，逆我者死！""你死我活，决不客气！"丧心病狂，莫此为甚！于是临中一手造成当时的地下恐怖。其后果是全党混乱失序，同舟敌国，岌岌不可终日。党组织由瘫痪而分崩离析，濒于瓦解。经过长期积蓄的力量大部化为乌有。"十年成事不足，一旦毁之有余！"到了一九三三年，临中已日暮途穷，奄奄一息地步。他们把在白区的革命力量丧失百分之百，在苏区力量损失百分之九十五，于是临时中央仓皇脱逃，迁入江西苏区，国际代表则撤离中国，一去不返。

如前所述，从汉口会议到一九三一年四中全会，前后连续出现三次左倾路线，翻云覆雨，实行以错误路线代替错误路线，其实只是错上加错。在此期间中共三次错误路线的渊源及其发号施令者，均来自东方部，其政策监护执行者为驻在中国的国际代表团。其代理人先后多次换马（如向忠发、王明等），却是江河日下，"一蟹不如一蟹"！总此诸因，在积重难返的情势下，造成对于中国革命的严重后果！

总结起来，这是中国革命的不幸，历史的遗憾，同时也是国际的悲剧！（米夫本人被处决，一九四〇年共产国际宣告解散）这一切难道不是为亲者所痛，为仇者所快吗?!中国革命大业蒙受这番严重挫折之后，实际上延长至二十年始获复兴机运。在此期间中国人民水深火热的长期持续的灾难，与临中倒行逆施是具有因果关系的，这又是逻辑的必然结果！

湖南秋收起义

到湖南去收拾残局

湖南关系全域。风云突变，祸起萧墙，一九二七年国共合作的大好局面，终因内外夹击而趋破裂。中共五大会后不久，形势日渐严峻，随着国民党宁汉合流，白色恐怖顿时笼罩大江南北。七月间，我参加武汉党中央最后举行的中央局会议，会议集中讨论有关善后与打开局面的具体事项，包括中委工作及地方省委人事调整问题。在讨论时大家认为武汉固然是极重要的革命阵地，但是过去曾在武汉长驻的中委及省委原则上须一律离开武汉，并充实到更迫切需要的前线去。

当时湖南形势关系着全域，在决定调动名单前，仲甫用铅笔写了一张腹案初稿和大家商量，同时他询问我，对此有何意见，我对于北方、上海、广州等处干部充实问题提供了几点意见，仲甫说："你自己打算到何处去？"我答："最好仍回北方。"仲甫说："北方虽然重要，但目前工作在湖南尤为重要，如果湖南局势改观，则迅速影响到东南全域，所以希望你仍是到湖南去走一趟，主要是收拾马变后残局，整顿省委，恢复工会阵容。"我点头说："可以，就这么决定吧！"因会前润之也就我的去向表示过类似的意见，认为马日事变后，湖南许多干部被暴露，工作难以为继，而我原籍湖南，又长期在外工作，鲜为当地反动当局所识，这是开展工作的便利条件。于是，中共中央派我与润之回到湖南执行中央巩固党群组织、加强对敌斗争的决定。其后,在湖南秋收暴动期间,二人均驻湖南指导工作。

我回到胭脂山省委办公处,召集省委会议,在会上(特立连日未到省委,准备东征)把当天中央决定各事通知大家。经过讨论后,凡需离开武汉的中委和省委一律准备交代,限三日内成行,省委机关立即转移,另建地下省委,并向新任省委办理交接事宜。会后林育南兄弟、向警予、许白昊、龙大道等均到,在汉口会谈,商量汉口、汉阳、江岸、礄口各区工作布置问题。七月中旬武汉形势紧张万分,政治部、中央军校不少干部,纷纷自由脱党,沿江东下投向宁方。此时汉口组织部却接受了几个工人入党,其中二人为江岸机厂工人,二人为汉阳兵工厂工人,一人为礄口纱厂女工。某夜晚在江岸举行入党联组会议,参加会议的人十分感奋,认为不同寻常,会后组长某同志讲说临危授命的精神。会毕已深夜,工会派手摇车送我和白昊等回汉口,在循礼门附近因调车频繁,手车几乎与火车相撞,紧迫间手车撞翻,人幸无恙。

乘济川号赴湘。我于诸事安排定妥后即动身赴长沙,当由中央秘书处派来一个同志帮他料理行李等事。初拟乘火车赴长沙,但徐家棚工会负责人不同意坐火车,说车上盘查极严,不容易通过,建议改乘轮船。可是轮船码头上下均有困难,后来朱宝廷告我,平湖门外有一艘私商货船不载旅客,直航长沙,已交涉好,可以附乘入湘。我离武汉前往别春木,春木说他亦不愿久居此地,即当赴沪并云后会有期,当在上海!随即到仲甫寓,仲甫出迎意态如常,但怅惘之情仍难自掩,随问我何时动身?我答:"今晚动身。"仲甫说湖南工作目前应注意整顿,将来可作革命复兴根据地,但仍需注意全域,勿偏一方。又云只要不把身体拖垮,就可以转败为胜。并表示中央秘书处可派专人护送到长沙。我说,不必送,本人虽离乡多年,但乡音未改,行路可得不少方便处。遂同进餐,餐毕辞出。回寓蔡以忱夫妇来会，我约蔡同行。蔡云："二人目标更大，可能同时落网，还是分开走方便些。"因与蔡约定到长沙后接头办法而去。随后朱宝廷来引我登轮。该轮大副徐冬林是党员，水手均徐自己亲信，大副允许把我作为亲戚带到长沙去。我当晚被引到船上与大副见面，大副虽不知我为谁，却殷勤招待，让出自己铺位给我住，我从大副口中方悉该轮名川济号，原系军阀萧耀南所有，后被逆产处没收，让与唐老太爷，唐老太爷即唐生智之父，用该轮经营武长线货物运输。时唐老太爷亦在船上，年已七十余岁，另有搭客张国威及其眷属数人，围坐大餐间作方城戏。张国威身体肥胖，自言体重二百多磅，性情急躁，时向大副催促要开快车，大副笑答："你不知道这是老太爷的船呀！"（意思是说船已陈旧）（按：后来一九二七年十月蒋唐战争内唐败退，十一月十二日张国威因唐军节节败退，请唐生智下野，唐见大势已去，乃乘日轮逃往日本，临行前诱张至寓，将张勒毙于浴室中。）在轮上从张唐闲谈中闻及有关萧耀南事，据云：萧耀南既杀施伯皋，受舆论谴责，内不自安，尝语人：此举实为吴佩孚所误，致开罪全国，一九二五年孙中山北上，萧忽暗中联孙反吴，准备在武汉组织革命政府，旋为吴侦悉，被吴谋害服毒而死，军阀行径，诚多反复。

整顿组织待机反攻

船抵长沙时，因装有私货，为避开大西门税务人员耳目起见，在北门外码头停泊卸载抛锚，我随即登岸，时已近深夜，相偕到大副家休息。第二日省委即派交通来接。随后蔡以忱夫妇也到长沙。第三天上午我出席湖南省委会，做了关于武汉中央会议的详细报告，自马日事变以来，省委工作几陷于停顿，至是局势始渐趋稳定，一切工作均须从头做起。时省委负责人书记彭公达、组织夏明翰、宣传龚际飞代、农民部易礼容、军委李子骥、省总工会蘄去病，我以中委身分兼任宣传部长及工人部长。此外省委工作干部尚有毛润之、罗学瓒（组织部）、林蔚（秘书处工作，后任醴陵县委书记）、蔡以忱、何资琛、毛泽民、庞人健、王基永、刘鄂、庞人侃、王则鸣、曹伯韩等。（郭亮参加南昌起义，随军去汕头。）妇女干部有：朱舜华、李杰英（郭亮妻）、易震寰、石觉非、章宗亮、杨玉梅、熊季真。湖南省总工会干部有：谭汉镇、萧汉云、彭万兴、欧阳梅生、沈汉臣、袁晓照、涂国钦、潘福岩等。全省及长沙市委工作干部原有：王岳斌、曹子俊、张玉英、黄人白、杨福涛、顾群、蔡声硕、熊志高、颜南山、梁桂生、熊巽泉、杨昭植、许仲武、胡德成、余庆和、宁希戚等。粤汉铁路总工会有：易庆和、伍海清、熊介龄、萧怀清等。株萍铁路工会有：石作珍、吴汉卯、王义和等。女工部有：罗启雾、田学梅等。工会在秋收暴动中，湘东、湘南成立特委，并在各县重建县党委。湖南外县党委主要干部：安源有刘昌炎、朱绍莲、李涤生、朱景棠、谢怀德、方福胜等。醴陵有刘毅、汤正清等。水口山有刘东轩、罗同锡、陈枚生、李保华等。浏阳有陈昌、潘心源、王德吾、聂永辉等。平江有罗纳川、毛简青等。汝城有朱青勋、李涛等（朱在一九二七年八月间汝城战斗中牺牲）。宜章有高静仙、杨子达、毛科文、胡少海、胡世俭、张际春等。攸县有罗震等。道县有陈河清等。石门有袁任远等。（罗震、陈河清等先后牺牲。）

当时省委办公机关在浏阳门外肇嘉坪某号旧式楼房，有房约十数间，其后邻左家花园。秘书处、组织、宣传各部部长均集中办公于此，不作开会用。此外工委机关二处设在富雅里保节堂附近某号，宣传部设在大西门外河街礼和洋行弄内，农民部在北门外八角大樟树大屋，河西农会工作接头处设在水陆洲洞庭庙附近与裕湘纱厂工会秘书处同屋。总交通处设在小吴门外某里内。

湖南省委一九二七年七月二十三日向中央报告：

全湘党经整顿后有七县委，特委十一处：1）岳阳、临湘、湘阴书记杨孔万。2）安乡、南县、华容书记李运钧。3）益阳、沅江、安化书记廖如愿。4）常德、汉寿、桃源、临澧、慈利、石门书记潘心源。5）沅陵、古丈、麻阳、溆浦、芷江书记丁基础。6）桂阳、新田、临武、加禾、宁远、兰山书记袁昨非。7）茶陵、攸县、安仁、酃县书记潭天民。8）衡阳、衡山、常宁、◇◇耒阳书记陈佑魁。9）零陵、道县、江华、安源、永明书记彭锤泽。10）宝庆、新化、武冈、新宁、城步书记罗纳川。11）郴县、宜章、资兴、汝城书记夏明震。

直属省委者有七大县：1）浏阳书记余本槐。2）长沙书记顾万琮。3）平江书记毛简青。4）宁乡书记曾三。5）湘乡书记邓飘之。6）醴陵书记罗学瓒。7）湘潭书记向俊奇。

外有三特区：1）安源书记宁迪卿。2）水口书记何宁修。3）锡矿山书记彭平之。

各特委所管辖的书记计岳阳二人，南、华二人，常德五人，沅陵一人，宝庆一人，衡阳四人，零陵一人，桂阳四人，郴县四人等，共三十一人。

我初到长沙时传达中央政策，主要是恢复整理湖南境内党与工会、农会的组织，特别是恢复长沙、安源、水口山、锡矿山等地组织。加强对军队党组织的领导，发展军队中的党员，扩大宣传工作。目前中心工作是防止资本家地主进攻，保卫工农切身利益，充实革命阵营力量，待机而动向敌反攻！根据客观局势乘反动统治在湖南立足未稳时，只要艰苦卓绝，奋勇前进，深植基础，预计半年以内一切工作可以就绪，革命卷土重来亦非遥远之事。在八月上半月内省委举行各项工作会议，调整省委本身人事，充实各部力量，并派人到全省各地恢复党、工会及军队党组织，刷新宣传工作阵营，一切工作配合全域，纳入轨道，按序实施。但是自八七会议以后骤然改变政策，硬性规定为立即实行暴动，随时暴动，就地暴动，夺取长沙，进攻武汉等等。于是原有部署全被打乱，省委整个工作完全沉溺于主观革命高潮与不断暴动之中。

秋暴准备

说到秋收暴动，应先从苏联领事馆会议谈起。

麻园岭会议。先是罗米那则考虑到执行八七会议决议的重要关键在以湖南党领导的军队与农民为主力，如果在湖南不能发动武装暴动，则八七会议决议将成一纸空文，所谓临时中央亦难立足。因此派罗埃曼在会议一周内亲往长沙召集中委、省委举行会议，做秋收暴动的动员报告，并解释有关会议各问题。会议在长沙北门外麻园岭苏联驻长沙领事馆内秘密举行，参加会议者有我（中委）及湖南省委各部负责人，共六人。（苏联领事彭礼、农民国际代表（化名尼古拉）同到长沙苏联领事馆。）由罗埃曼在会议上做关于八七会议的报告，罗埃曼报告经过三、四小时（包括翻译时间）。他首先谈到国共分家后一九二七年中国革命失败的错误责任，应由×××完全负责，他说国际领导一贯是正确的，强调斯大林的英明领导，并说只有在斯大林正确领导下中国革命才能迅速获得胜利。接着罗说到中国革命性质，现在已由资产阶级民主革命转变到社会主义革命，因此策略是在全国范围内的无限制性的武装暴动。湖南党的任务是坚决迅速用全部力量发动武装暴动，不惜任何牺牲，夺取长沙。罗谈话由饶漱石担任翻译，麻园岭会议开了一天一晚。会毕，各人于次日黄昏以后分别离开领事馆，回到省委召开行动会议，把暴动计划付诸实施。

苏联领事馆会议事后被唐生智侦悉，当由武汉政治分会程潜名义电知省政府，谓俄领事馆有窝藏共党密谋暴动，接济卢布等事。遂于十月二十三日由唐令长沙卫戍司令部派兵将领事馆查封，驱逐俄领事彭礼出境，又以此为借口大张旗鼓宣传共产党员媚苏卖国，大肆杀戮。

秋暴方针决定后,省委立即召集全体会议讨论执行方案。这次会议是八月十五日在北门外喜鹊桥沈家大屋举行,驻湘中委、省委各部负责人全体出席。主要是讨论关于实行暴动等问题。当时议定四项:1)省委组织及所属各县委与特委的组织部署。2)秋收暴动军事部署,即有关建制、驻防作战与给养等问题。3)长沙暴动计划方案,包括工会、农会的武装问题,武装配给、暴动行动计划等。4)其他有关问题如宣传、鼓动等措施。

武汉中共领导的军队主力,已东开江西,湖南境内尚余兵力两营,它是平浏工人纠察队与农民自卫军于马日事变后所改编的,番号是二十军独立团,辖第一、二两营,在湘赣边区游击,八月中旬进据江西高安县,随即撤退,经由上高、宜丰,进占铜鼓县城,另有一团兵力为武汉国民政府直辖的警卫团,由卢德铭率领开赴南昌,抵黄石时,闻叶、贺军已离南昌,乃在黄石登陆,西开武宁,到修水后,乃改番号为江西暂编第一师,就地休整,正在向铜鼓移动。两支兵力合计约二千人。同时湖南境内工人武装,水口山有工人纠察队三百人,安源有矿警队二百人,工人纠察队五百人,可以武装成军。此外,湘东醴陵、浏阳、湘南、攸县、桂东、宜章、酃县等县,各有农民自卫军可用。合计有枪一千余枝,此均一九二七年七月前中共遗留下来的武装种子。省委根据上述情况,于是决定:1)就警卫团、独立团、安源工人武装,平江、浏阳、醴陵等县农民自卫军加以组织,估计约可得五千人,作为暴动主力军。2)派毛润之到铜鼓军中,去组织全部军事行动。3)军事暴动时间暂定为旧历中秋节(九月十日)前后发动,九月十五日攻取长沙。4)破坏粤汉、株萍铁路及电讯交通,截断敌方水陆交通运输线。5)各县就地发动暴动,配合统一行动。6)组织并武装长沙工人及郊区农民,一齐响应攻城。

会后大家在花厅内团团而坐，主要是讨论省委工作问题，最后我问润之说："你身体不好，天方盛暑，此去路途遥远，能受得住？"润之答："不要紧，可以去的，希望老兄在长沙多住几时。"此时旁边明翰插言道："决定派泽民同去，一路照拂，谅无妨碍。"润之走了，明翰告我说："润之虽未学军事，但曾在四十九标当过兵，况有湘军血统（其父亦曾当过多年士兵），不难成为打仗里手（内行）哩！"润之于八月十六日登程，经安源、浏阳，于九月四日到铜鼓。二星期后，泽民自浏阳回省，报告沿途遇到张家坊民团哨兵盘诘情形，及脱险经过，省委方知润之已安抵军中。润之到达铜鼓山口开始军事布置，即召开会议，会议上决定就全部武力改编为中国工农革命军第一军第一师，师长余洒度。第一师下辖四团：第一团即原武汉政府警卫团，由苏先骏任团长。第二团即安源矿警队与萍醴农民自卫军合编之团，由王先亚任团长。第三团即原二十军独立团。第四团即夏斗寅部降兵改编为一团，共约三四千人。

同时决定秋收暴动军事计划总任务是夺取长沙，第一第四两团由修水出发，先攻取平江，再打长沙，第二团自萍乡、醴陵进攻浏阳，会师长沙。上项计划送到省委，经省委同意即日施行。自八月初间起，省即积极行动，准备策应暴动，占领长沙。省委在准备过程中，召集了几次动员会议，决定武装本市工人及郊区农民。省委军委主持召开了军事行动会议。在小吴门内某里举行留长沙中委及湖南省委各个负责人与军事干部全体参加会议，主要是讨论工人武装编队及关于作战准备等问题。当决定按地区编为几队，并讨论设法取得各种武器武装工人及其他具体行动事项。会议时接到长江局来信，内称："武汉三镇暴动已准备就绪，立待发动，以汉阳兵工厂工人为主力，码头工人数千已组织参加行动，武汉暴动发动时，立即可以占领汉阳、汉口、武昌三镇。"事后证实以上所云均属想象之词，毫无事实根据。这次会议是在白色恐怖极度严厉下举行，在会场前后门布有三道便衣武装岗哨，把盒子炮、手提机枪藏在菜担篓内和人力车座中，准备有警时击退军警突围，但会议经过一天未出事故。

农民武装准备会议是在北门外丝茅冲距城约十里大石碑附近农庄举行，当地群众基础很好，一切顺利，参加者为省委工农军各部负责人及重要军事干部。主要讨论布置近郊农民准备武装策应，围攻长沙执行细则，解决武器弹药、联络等问题。会议通宵达旦，会场有武装农民守卫，往来出席人员由哨兵分段护送，以防万一。

江神庙会议是在水陆洲洞庭庙船工家举行。当地群众基础亦好，所以会议在白天举行，主要任务是组织水陆洲划工、船工布置接应沙西农民武装队伍进城，准备在小河搭浮桥，大河集中划子渡船，并组织担架队备用。会毕我在江神庙附近江边偶与向忠发相遇，因问向几时来长沙，回答："来已月余。"我复问："有介绍信否？离武汉时见白昊、亦农否？"向答："均未见到，我乃自行离鄂来湘，现住洞庭庙街，请给我找工作。"我漫应之。返城后，我向从武汉来人询及向事，都称不明究竟，月来武汉机关连续被破获不少，此事与向是否有关亦难断定。又经过数周方判明向是在混乱中自由离开组织，总工会帐目存款亦未作交代。我第二次见向室内陈设宁波木器，一妇人油头粉面一榻横陈在抽鸦片，向见有人至急令妇人离室他避，诡称其妻胃病复发所以抽烟。我与向接谈知其码头生活积习仍深，不易改变，但认为只要大德不缺，一切可以原谅，所以未加深究。后来向与李立三臭味相投，造恶多端，良非偶然。

暴动宣传鼓动会议在大西门礼和洋行某里议定宣传鼓动工作，会议决定临时筹办一个刊物在工农群众中发行，用通俗语文宣传暴动政策，并印行传单在城乡散发，又决定在暴动成功后刊行日报，由龚际飞负责筹办。暴动中需要大量弹药武器，除秘密购买或策动反动军队士兵拖枪归顺等方式取得外，同时还设法自制各种武器。当时安源矿上的炸药库钥匙由工人同志某掌管,取出炸药后用锡片裹炸药装上雷管与引线,制成手榴弹。在安源制成后,由李涤生用箩筐运到长沙车站,上面覆以红辣椒,先在工会卸下,夜深人静,运往指定地点备用。又在农村中有各种土制武器,如鸟铳、大号过山鸟铳、土驳壳枪、松树炮等。其土法所制炸弹,用玻璃管加硝酸加黑铅金属灌中央,四周用炸药硫磺铁片填满密封之,即可用,投掷声音宏大,廿公尺内有杀伤力。还有用步枪子弹装发的大手枪及火药枪等。

军事失败　三湾改编

平浏醴方面军事行动原定于九月上旬分路发动攻势。九月八日,第三团进入浏阳东乡,攻下白沙市(润之随军),前进三十里,到东门市,遇到当地团队鲁忠修率队袭击,伤亡甚大,退驻排埠,士兵多湖北人,相率溃散,三连连长不辞离军,由于交通阻隔,不能将战况通知第二团,故各路行军不能互为声援。

萍乡方面先是矿警队早于九月十日(中秋节)发动占领安源,将矿警队二百人,工人纠察队五百人改编为工农革命军第二团(团长王先五,计三营八连约二千人,攻萍乡未下,向西攻打老关,即占领老关。九月十二日攻下醴陵,缴枪八十支续进攻株州,敌人溃退。九月十四日敌增援反攻醴陵,第二团乃向浏阳进军,于九月十五日攻占浏县城。因当时第二团不知第三团在东门失利及在排埠被阻事,故仍按预定计划攻占浏阳。此时东门之敌急驱浏赴援,从浏阳东门入。十七日下午王先亚率军从西门突围出向南市街背进,敌军火力极旺,过浏水时,死伤甚众。此时驻排埠第三团,竟未出动夹击浏阳敌军,坐失机宜,致造成南市街重大死伤。第二团退出浏阳城后退醴陵渌水游击,一九二九年改编为湘赣独立师第三团。九月九日第四团进攻平江长寿街,正在长寿街战斗中因内部反水,勾结敌军夹击第一团,第一团在金坪受创,乃向浏阳退却,平江一路完全无功。以上各军在平浏作战，不满十日先后溃走，主要由于敌势强大，但我方谋虑不周，统率无方、联络失机亦难辞咎。

湘南军事失败。在湘南方面省委曾命令桂东县何成举率领一个团由农民自卫军改编为工农革命军第二师第一团，向资兴、衡阳进攻，策应工农革命军向长沙进军。何团随即占领汝城，在汝城被敌军袭击退出城外瑶岭休整，停止前进。由于各路军事迭遭挫败，围攻长沙计划遂告搁浅，同时长沙市郊工农武装暴动亦因孤掌难鸣，迅被镇压下去。

秋暴损失：于此应特为指出者，秋收暴动前后数年间在农村方面白色恐怖尤为普遍，特别是湖南境内由于秋收暴动所引起的牺牲是极其严重的，中共党员、赤色工会、农会干部与群众被杀者不下十万人，其中浏阳、平江占半数，约五万人，军阀屠戮残酷异常，千百人同时异地一朝毕命，虽古代屠城坑降，不过如此。人口锐减，土地荒芜，凶年饥岁，历二十年而未止！在秋暴期间浏阳城战失败中死伤惨重，其中如黄昆吾、张氏兄弟等死事壮烈。黄昆吾浏阳东乡达浒人，原长郡中学生，参加萧乐天部起义，后为留法勤工俭学生，归国后参加湖南农民运动，秋暴中率领本乡农民武装围攻县城，战败落荒走西乡普迹，乡农会携一牛赠彼作逃亡旅费，行近长沙郊外，牛被军队夺去，并械送民团局，黄于审讯时，出其不意，奋勇击伤团局人员数人，冲出包围，敌兵追击，被乱刀砍死。黄在中学时，自负奇才，注解孙吴兵书，以匡救国事为己任。出国后，在巴黎蒙达尼工厂工作，将平日自着有养晦斋诗文多篇悉毁去，由是器质大变。一九二七年到武汉晤我，意欲参加军队随军北伐，以建军功，后见事机不谐，乃返湖南，终为敌所戕。与黄先后罹难者尚有张氏兄弟，张斧、张钺、张弩三人在作战中牺牲。其他姓名未明者不计其数云。

平浏各路军围攻长沙计划失败后，九月十九日到文家市集合，经过短期休整，后乃决定警卫团与农民自卫军合编为工农革命军第三团，伍中豪任营长，时罗荣桓任三团九连党代表。安源矿警队与醴陵农民自卫军合编为第一团，向井冈山进发，九月二十四日，路过泸溪镇受敌军江宝定营伏击，损失严重，卢德铭战死。以后军中官兵续有逃亡，师长余洒度不告而去，陈继之亦逃。军次三湾，成立前敌委员会，重行改编军队。在三湾改编为工农革命军第一师第一团，实在只有二营共七连人。三湾改编后，十月到达宁岗古城，官兵约一千人。王佐、袁文才派人到古城联络，送袁马枪一枝，筹赠军饷六百元，继又送王、袁步枪一百枝，扩充两连，王、袁决定一团进驻井冈山北麓茅坪。一团到井冈山休整一月后，下山攻取遂川，得现款五千元，解决给养问题，后退出。十二月进攻茶陵，战失利，三十一团团长成浩拟投敌，连长刘庚，副连长周伯坚，党代表何成兴均离开队伍，即撤成团长职，以张子清代成为团长。引兵回井冈，将事变中成浩等四人处死，十三人撤职。一九二八年春，朱德率兵来会，开各军联席会议。一九二八年五月各军会议决定成立工农红四军，下辖五个团，即二十八团（朱德所部）团长王尔琢，营长粟裕、胡少海、杨至诚。二十九团（宜章农民自卫军改编）、三十团（湖南暴动队伍改编）、三十一团（湖南秋收暴动队伍改编）团长朱云卿、党代表何挺颖、营长苏先骏、王贲民等。三十二团（原王佐、袁文才部队）、水口山工人纠察队则编特务营，一九二七年秋收暴动至是告一段落，开始井冈山时代。

于此应指出者，秋收暴动向平浏进攻，正是叶、贺军队在向潮汕进军的时候。此时数千里外，两方孤军作战，既不通声气，更不相支援，势成两橛，临时中央高高在上，毫无主张于其间，此种行径，可谓不负责任，渎职已极！结果两败俱伤，全域隳堕！

长沙暴动经过

长沙暴动与浏阳各地军事先后挫败同时，长沙城内湖南省委主持的暴动计划亦迭遭破坏，因此遂失去扭转全域的力量。现在就省委在策动暴动期间与敌人斗争过程择要理叙如次：

猴子石爆破军车。在暴动高潮中，双方剑拔弩张，曾发生过不少惊心动魄的事。当时敌方对萍浏不稳情况，早有所闻。因此敌军在株萍铁路线上调兵遣将，军运频繁。我方为支援萍、浏、醴方面军事行动起见，决定破坏株萍铁路军运，阻敌增援。某日傍晚，我方探悉有兵车一列自长沙车站开赴醴陵，我方乃决定炸毁该军运列车，预先在长沙南门外猴子石附近设伏埋置炸药，兵车开到，触及地雷，轰然一声，路毁车翻，死伤极众。当时因铁路破坏程度颇大，立即修复不易，军队遂下车步行。执行爆炸同志在对面山上了望，军队离开后，始乘芦苇洲边预伏小舟安全离去。

密使被获。八月初旬，省委曾将关于暴动军事问题布置写成密书通知前敌委员会，由交通处负责人物色二位可靠郊区农民同志前往浏阳送信。临行前，子骥把其中一人叫到跟前当面叮嘱沿途小心在意，一定要把信送到。该青年挺胸答道：你放心，我一定把信送到，如意有不成，红炮子穿心！言讫大踏步而去。二人一先一后相距半里，行经黄花市（入浏阳通道）遇团兵盘查，前行者身边无信，挺身向前受检查，后者乘间走小路登山越岭绕道过去。二人随后会合，更番前进，终于通过层哨检查，把信送到。但是后来另一次交通失事，出城不远，信被抄获，将信洗出，全部获悉准备暴动计划（该信后在湖南国民党所办日报刊布）大为震动。立即加紧戒严，广布侦探，刺探有关暴动情报。当时省委内部谈话，避免秋暴二字，语及此事，以秋阳婚事为代。

自由告讦。敌方一面调动军队防守长沙各专区中心城市；一面全市宣布戒严，动员全部人力、物力及宣传机关进行反共工作，特别是在长沙，铲共委员会日夜办公。仇鳌、曹伯闻等公开宣扬要对共产党斩草除根，一个不留。公安局长周安汉奉令亲自领队巡逻街巷，带同眼线捉拿共产党及工会会员，男女学生及其他嫌疑人犯，闹得满城风雨，鸡犬不宁。当时长沙市实行十家连保，十家之中如发现一个"暴徒"，九家同罪入狱。又实行自由告密，不拘任何人，一纸告讦，即予捕杀，至于各县团局，上行下效，一片杀声，更是刑人如同儿戏。

反共宣传会上斗争。八月下旬，正当暴动高潮与白色恐怖交织时期，国民党湖南省党部铲共委员会在长沙教育会广场召开反共宣传大会，到场党、政、军、警各界数千人，由仇鳌、周安汉、曹伯闻、曹典球等人主持会场，讲演共产党暴动杀人放火罪恶，正在气氛激昂中，台下忽然有人向主席台上掷用布裹的圆形爆炸物，顷刻冒烟，台上人见状惊慌失措，急忙往台下逃走。同时又有人向台上连续投掷巨石几块，登时会场秩序大乱，听众纷纷作鸟兽散，军警立即包围会场，搜捕投掷爆炸物的人。纷扰多时，竟无所获，随后在会场门外捕去嫌疑市民一人，不问情由即行处斩。另一贩卖油条小孩，偶因湿泥污手，乃随手撕去沿街张贴的反共标语一角，用以揩手，适为巡逻军警瞥见，遂加逮捕，以暴徒论罪，就地正法。宣布罪状文告说："该暴徒憨不畏死，罪不可逭"云。

经过铲共宣传大会，国民党省党部、省政府决定九月一日起在长沙市内举行一次大规模户口清查运动，由党政军首长带头参加，带同眼线，挨户进行检查，日夜轮班工作，如此持续了十天未有间断。清查时发现有嫌疑人一律拘捕，经过眼线指证姓名者，一律处死。有时在街上行走，遇到熟识"暴徒"或形迹可疑者，不问情由，予以拘捕。

龚、庞、鹑等人牺牲

在这次持续半月的大搜查中，省委各机关全部被清查过，大家镇静应付，勉强过去。不幸的是宣传部，工人部几处机关在搜查时先后被破获，宣传部秘书龚际飞，工人部秘书蒉去病夫妇，省总工会组织部长庞人健等均被逮捕处死，全案牺牲三十余人。

龚际飞，湘乡人，兑泽中学学生，湖南学生联合会副主席，大革命前偕王基永（湘乡人，学联正主席）等领导湖南青年运动，极有劳绩。一九二七年任省委宣传部秘书，时住大西门外下河街宣传部办公处，同住者有石觉非（女）、曹凤英（女）等五人。该屋前临河街，后为菜圃，地极隐僻，但因此反引起警探注意。前后经过几次户口清查，均未出事，最后一次警探同一湘乡籍探员深夜排闼直入屋内搜查。该探过去为联中学生，瞥见际飞，大呼此人即学联会主席，有名的头号共产党员，当即予以逮捕，并捕去同屋男女同志五人。临行时派人守候，翌晨又捕去三人（均宣传部工作同志），送往铲共委员会拘押，随全部处以死刑。罪名是："反革命罪魁，国法不容，立予正法，以昭炯戒。"

工人部机关二处均在富雅里内，周安汉事先得报，总工会负责人庞人健匿居长沙市内，经过长期调查，探明庞妻来往路径，因而踪迹庞人健住址所在，周安汉原与庞相识，一夕深夜，周安汉本人带同军警一排直至庞寓，时庞已入睡，军警撞门进内，从床上将庞拘走，解往铲共委员会审讯。委员会仅询问姓名，庞因审讯者均其旧识，未发一言，即被判处死刑，推往浏阳门斩首，并命其妻亲往殓尸，解回原籍监视。

庞人健乃庞人铨之弟（庞人铨与黄爱组织裕湘纱厂工会为赵恒惕所杀），湖南高等工业学校学生，人颀长清瘦，极其胆识，深入险地，如履坦途。我常在庞家开会住宿，深夜庞妻率女工在屋外放哨巡风，通宵达旦，会后又分别护送各人出门，亲见其安全抵家始返报庞，庞乃就寝，率以为常。

在清查户口期间，省委秘书处田德沛（湘西人）出外工作，在藩正街上遇到同乡某（时任密探）立谈间，即报警拘田。法官向与田稔,劝田反水,做协捕工作,田不理,下狱,后判处死刑,绑赴刑场,时经过秘书处后门,为其妻姜保英瞥见,立即昏蹶,妻苏醒后神智失常,终日坐晒台上望刑场痛哭,随后出外不归,不知所往。

庞人健被害后约半个月,敌方继续破坏机关多处,翦去病亦全家被捕。翦去病住所在教育会坪侧保节堂附近,有楼房十余间,翦偕章宗亮住楼下,我住楼上,厨司为杨姓农民,女工即杨妻曹淑媛,二人均为共青团员。在庞人健被害后,我与翦夫妇计议他迁,但一时无适当房屋,加之人口众多,如无充分准备,迁居亦容易引起邻居注意,故只有勉作镇定,徐图迁居。不料军警已从他案觅得章宗亮线索,遂于庞案发生后约半月左右,公安局实行搜查翦宅。在翦宅被搜时,我适因赴肇家坪开会,会议延至午夜方散,我因市内戒严,街道不能通行,宿秘书处,遂免于被拘。翦被捕时并未搜查出证据,但因翦曾任省总工会要职,其妻大革命期间曾任宁乡县长,铲共委员会办案人员多认识翦、章二人,故将其全家逮捕处刑,无一幸免。后又捕去长沙泥木工会中坚干部杨福涛、张汉藩、任树德等,均加以杀害。

翦被逮后不久,湖南省委办事处亦被查抄(时我已离湘赴沪),书记彭公达,宣传部、组织部、妇女部负责人王永梅等被捕。彭公达于被捕后降敌,交出组织名单,并为敌作伥,立功赎罪,湘省委遂大部落网,牺牲众多,只易礼容、夏明翰、罗学瓒等少数人逃出长沙。湖南省委书记彭公达,湘潭人,农民运动讲习所学生,马变后即留在长沙工作,激昂慷慨,口头决心甚坚。彭与某为中表亲,某极称其能,但我在长沙时,听罗学瓒说:"公达嘴劲大,言过其实,决不能独当一面。"后果如所言云。

秋暴失败的消极因素

首先,我们可以肯定秋暴进攻长沙计划是已告失败。造成秋暴失败的消极因素颇多,从客观与主观双方加以观察,这些因素有属于政治的,也有属于军事的,也有属于自然条件和其他条件的,大略分析为下列各事。

就全域观察,自七月十五日事变以后,我们党的政策已失却主动,南昌暴动中共武装主力数万人,调离湘鄂二省,这是一大失策,从此两湖革命力量十分空虚!

反之,敌人方面所结集武力则数倍于我方,当时,湖南政局由唐生智控制,湖南省主席周斓。湘中十二县驻兵为何健、鲁涤平、叶琪、许克祥等几个师,加上民团、挨户团不下十万人,众寡悬殊,显属事实。军警密布,铲共组织遍布全乡各地,白色恐怖空前猖狂!反动政府既无崩溃迹象,而革命民众组织则涣散无力,因此,更无强大革命力量促以施行反击,所以匆匆举行全省暴动是失机宜的,是时间的错误。

从时间条件观察,秋收暴动是正在农忙收割季节举行,各地区行军作战,在发动农民参加作战这方面受到很大的局限性,这种情况与前一年北伐战争时代的情景比较大不相同。行军作战既少耳目,又少翼蔽,因此孤军往来,极易为敌所乘。

从军事指挥作战方面,四个团改编以后虽然表面上隶属一个师,但是实际上却分驻平、浏、醴、萍四个县,互不相统摄,这便造成"将不知兵,兵不认将"的情况。各团彼此之间关系疏远,匆匆出征,作战时各行其是。不能灵机应变,也就是说不能对变化的局势肆应无碍。

反之,敌方军事部署却是统一指挥,比较机动灵活,运用自如一些。如在浏阳城郊争夺战中,敌军增援,源源而至,又占领有利地形,我军陷于包围后,全凭消耗,后来再衰三竭,力竭方始突围,这些显然是与师、团长的指挥无方,有以造成。

从第一团方面分析,也发现不少消极因素,如警卫团向修水移动,总的精神是为了"避战",又士兵多鄂籍,怀有思乡思想,加之近月以来,政治教育与军事训练都放松了些,所以指战员士气不旺,临战缺乏"巨鹿作战"的精神,大敌当前,不能突破。

再说第四团原系夏斗寅部败兵所改编,政治上与第一团有严重分歧,政治上极为不稳,本来早已成为问题,但是第一团顾虑多端,因循未予解决,未能采取快刀斩乱麻的手段解决问题,于是酿成变生肘腋的祸患,终于影响全域。在这个问题上,卢德铭事先疏于防患,临变失去果断,实不能辞其咎。

第三团在估计敌方力量时也有失误的地方,如东门市团防队乃当地大族鲁、左等姓招募在乡军人所组成,装备颇齐,军事训练有素,战士成分多属地富阶层,时常出外参加反共作战,是具有相当战斗经验。且该队以主待客,地形熟悉。但这些都被团长忽略,因此东门之役引起我方损失不小。

总结上述情况,可以说秋暴失利关键在于:一败于平江,再败于南市街,由是便无接近长沙希望,原定计划全部不能实现,分析其原因,是众寡悬殊与主客异势!

从地理条件方面来说,秋暴地区分布湘东北丘陵地带,山区交通极感不便,行军作战,全靠步行,无公路汽车,故军队运行远落敌方之后,加之电讯器材缺乏,方圆数百里间传令通讯均有困难,于是不能在最大限度内发挥我方全部作战力量。

这样,当时湘南方面虽有部分农民武装,但因距离较远,所以未能响应湘北行动,这也是原定方案意料所不及的。

还有在军队组织方面,我方后勤组织简陋,补给困难,医药条件缺乏,伤兵处理由于病床担架不足,加上天气炎热,疾疫流行,也是造成减员条件之一。

总之,自八月初至动员出征展开攻势,时间仓卒是事实,所以一切方案计议未周,于是造成全军重大减员。还须着重指出的:八月一日南昌暴动后六日，即八月七日临时中央又决定秋收暴动，两次暴动在连续进行，按理在作战计划方面应有适当部署，采取联合作战行动，双方互相支援，但当时临时中央对于南下大军漠不关心，如同隔岸观火，叶、贺军于九月十三日到达潮汕，旋即战败，与浏阳军事失利时间相距不很远。

（我向中央会议所做湖南秋暴报告，内容大致与本文吻合，该报告题为"关于湖南秋暴经过"，报告人为中央特派驻湖南中央委员文虎，记录者刘鄂，一九二七年十一月，可备参考。）

十一月中央扩大会议对湖南秋暴做了决议，大要说秋暴失败平浏方面由于润之失职，决定撤销其中央委员职务，国际代表用意在掩饰自己的错误。

重莅武汉

湖南省委所计划的秋收暴动全部失败，但上级命令仍坚持贯彻武装暴动政策，因此湖南省委正在设法重整旗鼓，将长沙市郊所余人力全部投入未来新的暴动（即后来的灰日暴动）。当我亲赴水口及湘东各县视察归来时间，忽接上海来电，嘱我即动身赴中央商议工作，并参加中央扩大会议。我于接到临中来信即准备到上海出席临中扩大会议，并在省委会上提出讨论。当经会议决定：由我代表省委在扩大会做工作报告，并将秋暴过程中有关各项问题整理成报告，由我带沪参考。我离开省委时重新调整人事，宣传部工作由任卓宣、何资琛代理。省委新增调来工作人员有：涂正楚、仇寿松、罗春桓、向钧、姚韵梅（女）、林蔚（秘书，后赴醴陵工作，任县委书记牺牲）等。我待诸事交接完毕，于十月初离湘赴汉转沪。

我离湘前夕，适逢近邻失火，火势熊熊，距住所不过几十公尺，救火水龙纷集，街上讹传共产党军队进城放火，满街军警出动戒严，如临大敌！纷扰中刘鄂手携衣包先赴小西门外码头等候下船，我随后亦至。关于刘�此次同船赴汉事，于此须略加说明。先是我在省委宣传部负责时，由于会议繁忙，实际事务均由刘�与龚际飞二人相助处理，龚牺牲后则由刘独任其事。

刘�，安化烟溪人，周南女校高材生，在校时各科成绩冠于全班。其父鹏万为湘军高级军官，殁于战阵，兄右文，弟右武，均现役军官。其幼年生长兵间，善骑术射击，故人称为将门之女。一九二七年春，�','celebrate在新化锡矿山做工人运动，任纠察部长。在马日事变后，锡矿山局长吴宗伯率矿警三百人围攻工会，杀邹剑武与萧石月二人，刘�率武装纠察队突围而出，占领矿区附近要隘，继续与大矿主刘铁逊、杨次百等周旋，作战经过三昼夜，终因寡不敌众，死伤累极，刘�带领驳壳枪队十余人冲出重围，向湘乡山区撤退，最后遂脱险到长沙，在省委宣传部工作。刘�在省委工作时因熟习长沙社会情况，故常在市街活动，每外出时恒青衣手帕，身怀短枪，出入城郊联络工农会员，往来无阻。我赴沪开会，时省委因工作需要专派刘�至中央商洽有关湖南省委各项问题，刘�自请与我同行，二人遂决定于十月初动身赴武汉转沪。当时长沙市轮船铁路军警检查十分严密，武汉码头管制亦严。刘�建议先乘木帆船至汉阳鹦鹉洲起坡，可以避免逻者耳目。刘有同乡在汉阳鹦鹉洲木材厂，旅居颇便，二人乃决定乘帆船北航。时秋末冬初，湘江水位下降，舟行风波不大，经三日即抵城陵矶，五日渡洞庭湖，凡七日夜船泊鹦鹉洲，登岸后至某木厂留宿一晚。刘�即渡江至汉口华景街访问毛佩文，毛遂派人接引我与刘�至某家（寓德华里四号）暂住。

二人在寓守候两日后，向警予得讯即来寓相晤，刘�与向在周南女学原为前后同学，久别重逢，畅谈半日，临去时约定次日黄昏再来引我与刘�同到长江局去。次日薄暮电灯已明，警予应时来寓，我与刘�即随向到长江局。

长江局见闻

长江局位置在英租界某洋行内,有汽车行,室中陈设颇华丽,壁炉地毯,侍役白衣白帽,俨然洋商气派。时已七时,亦农留我和刘、向三人,同进晚餐。亦农性格豪迈,高视阔步,乃大开大阖一流人物,平时抵掌剧谈,漫无拘束,白昊常戏称他为"国际巨人"。自言长江局工作遇事直接请示二罗(罗米那则与罗埃曼),二罗对他遇事肯听从。亦农时方与李哲新婚,意气扬扬,掩不住内心喜悦。餐后,我与亦农二人促膝共谈,从亦农谈话中,知道罗米那则与秋白已赴上海。据亦农说:"国际代表对湖南暴动原先怀有极大期望,认为纵然不能会师武汉,长沙是一定可以夺取到手的。"我把湖南情况据实向亦农详谈,亦农说罗米那则到上海后总会有办法的。我说:"兵凶战危首先要知彼知己,过去湖南省委对此疏忽,所以一切军事行动不如人意。你是长江局负责人就应该对全域真正负起责任,运筹帷幄工作做好后,才能决胜千里之外。"亦农说:"说老实话,我实在没有这等本领,如果我干不下去,就只好走路。"我道:"不是这等说法,你只要能临事郑重考虑,就可以干得好的。"随即谈到南昌军队去向,我问亦农是否知道最近情形,亦农说:"江西方面一点消息也没有,不知道他们搞甚么名堂?"我建议湘赣鄂三省军事行动应取得密切联系。此时张皓从外进来说道:"他们总共有好几万人,点火把走夜路,人多不怕鬼,一定能搞出个名堂的。"向说:"也说不定,但要看事实如何?"三人谈至夜深始散,主要是谈关于鄂东农民暴动情况。从这次谈话中听到种种说法,如云:"中国贫困,失业众多,是资本主义剥削的根源,也是进行战争的凭借,在战争中浪费一些人力资源,也是不可避免的事。"等等如此。警予告诉我说:"亦农是临时中央的坚决支持者,他同何资琛一样又是不断暴动论者。他说群众革命潜力只有用火暴去擂,才能激发出壮大革命声势。"一次他与礄口区负责人谈话说:"八七会议开过已久,你们为什么不动作起来？我们一定要拿出决心表现力量，也可以让国际代表看看场面。"当时亦农反复说明暴动政策只要能把红旗挂出来，就是挂几个小时也是好的。碛口区负责人答："我不是不懂这些道理，但是没群众使唤，听你怎样擂也擂不出名堂来。"

我随后又出席长江局会议，当时与湖北省委等同志会晤，同时见到来自江西省委以及鄂东特委等处工作同志，谈到各方面有关工作。当时长江局组织有罗亦农（书记）、许白昊（组织）、马骏山（秘书）。（长江局地址在洞庭街惠罗洋行内。）湖北省委：陈乔年（书记）、任旭（组织）、向警予（妇委）、杜林（宣传）、陈春和（海员）、张金保（碛口女工）、童昌荣等。少共省委：关向应、刘昌群（麻哥）、李子芬等。江西省委：刘俊山（书记）、方志敏、邵式平、于溟涛、严北溟、王秋心、丘迪（农民部）等。武昌区重要干部为：学联曹壮父，省农协陈荫林、丘群生、符向一、刘振一等。汉阳区委张皓、龙大道、许白昊及欧阳梅生等。

我与刘鄠在武汉期间从当地同志谈话中获悉汉阳越狱事实。据说，有曾在省委宣传工作的女同志章桂楠（武昌女师学生）在武汉政府分裂后返汉阳乡间避难，行至蔡甸，被军警识破立予拘送汉阳县政府下狱。该县长夫人为其旧同学，因向县长说情保出，暂居县署。时汉阳狱中有政治犯四十余名，内有汉阳籍黄埔学生数人，计议越狱。事为章桂楠所闻，因通知妇联转告李明珂设法施救。李黉夜至县署与桂楠密议采里应外合办法。在旧历除夕，合署戒备疏弛，章桂楠私取县长警卫手枪，藉巡查为名闯入监内，先将同志释出几人，他们立即用枪击毙看守，大开监门，将全部政治犯释放。此时狱外由李明珂鸣枪接应，大伙遂随章、李冲出县署，暗夜中乘混乱出城向鄂东而去。据说，桂楠已赴上海，住林贞家。

刘鄠在汉寓居时，深居简出，偶一外出，必在灯火黄昏以后。一夕到警予处谈话，夜深始归，路过兰陵路剧院，忽遇国民党部同乡某跟踪。鄢迅速行至江边跳上舢板划至鹦鹉洲宿一晚,次日始返寓。鄢未归寓时引起大家一场虚惊。警予闻讯后即禁止鄢外出,有事时警予必亲自往来代劳。警予与刘鄢见面必长谈,二人互称神交。警予生于乙未（一八九五）,时年已三十五岁,然鬈发如云,目似点漆,气韵非凡！自言平生有几大转变。一九一五年在周南女校毕业,回溆浦自办小学,尝自誓：愿生命永在东方献身教育,诲人不倦,人称为女圣。约五年后辞去小学校长,仍返周南任教,加入新民学会,如春冰初解,此一变。逾年出国到巴黎,结婚时已二十八岁,随即归国,在上海参加工作,先后生育孩子数人,日夕不离家庭一步,居然贤妻良母。一九二六年忽然抛却家庭,独身赴莫斯科东方大学,耽于理论学习,此为第二次转变。在莫学习时间生活情感突变,纵情肆志,与十年前判若两人。一九二七年四月归国,即废去婚约,独身参加工会下层工作,此为第三次转变。警予生活三变正与刘鄢目前处境相同,所以二人遂成莫逆。

一九二七年冬十月,我决定偕刘鄢离汉口搭乘英商怡和轮船直赴上海。行前忽见礄口女工部负责人万时珍匆匆赶到,说省委疏散时,曾将西班牙式柏朗宁手枪一支托伊保管,问如何处理？我即着她送亦农处。刘鄢说长江局不乏手枪用,因将手枪带往上海,转给军委备用。

我与刘鄢动身赴沪前夕,警予到德华里话别。警予对刘鄢说："我前番与文虎在汉阳渡口遇险未死,心境泰然！我目前已毫无挂碍,今后决心守在礄口工作,相信你们不久会来的。"谈至深夜,我与刘鄢送警予回礄口,时繁星灿天,潮汐满江,三人徘徊沿江大道,互道"珍重"而别。

船到上海,我与刘鄢共住三洋泾桥湘益公旅社,中央交通处得讯,派交通来旅馆谈话。第二天下午苏兆征偕苏大嫂手携点心盒前来旅馆做探亲访问,二人见面,劫后重逢,彼此欣然。黄昏时候,我随即把行李搬至苏寓暂住。当晚我与阿苏谈话,将自七月武汉分共后详细经过告苏,苏见我所谈湖南情况与长江局报告有出入,特别是与向忠发所谈情况不同,因说道:"向不负责,太不可靠,以后还能做工作吗?"阿苏向我说:"你来参加中央扩大会,可以把湘鄂情况谈出来,并向扩大会多提具体建议,我已向中央及国际代表建议让你以后留上海中央工作,大家在一道遇事可以共同商量,共同负责。我已要秘书处为你安顿了住的房子,位置距此不很远,你休息一两天就可以搬过去住。"后经临中正式决定,我留在上海中央工作。

临时中央与泛暴动主义

上海十一月扩大会议

一九二七年十一月,临时中央在国际代表领导参加下,举行中共中央政治局扩大会议,会议地点在上海英租界西区,出席者为五大一部分中委,各区及省委书记与少共中央代表等四十余人。

上海扩大会议,根据国际代表的政治报告,通过一个政治决议,即《中国现状与共产党的任务的决议案》。该决议分析中国目前形势,认为中国革命性质是"不断革命""现在革命斗争已经必然要超越民权主义的范围而急剧的进展,中国革命的进程,必然要彻底解决民权主义任务而急转直下进入社会主义的道路。"(非革命阶段论)又称"中国革命形势正在'不断高涨'","现在全国状况是直接革命的形势",又认为应该"组织城市工人暴动去领导农民暴动"。

上海会议后迭奉国际指示向全党发出号召,立即紧急动员,雷厉风行,采取具体措施,以期贯彻政治决议案的精神与实质,即在全国范围内的实行广泛的暴动政策。于是广州暴动(十二月十一日)与各省兵暴,及城市工人暴动次第发生。(详见别章)

全国工农运动新计划。出席上海扩大会议多数代表鉴于自汉口会议以来,由于临时中央领导力量孱弱不振,致使全国范围内工农革命群众运动阵地一片荒伧,反革命势力有增无减,情势岌岌可危,乃应客观形势的迫切的需要向扩大会议建议,一致建议恢复中央工委,加强城市工人运动。经过热烈讨论,一致通过恢复中央工委、农委及军委的机构,并责成我拟定全国工运新计划,彭湃草拟农运工作方案,旋经分别提出会议通过计划,并决定我担任中央工委书记,彭湃担任农委书记,恩来担任军委书记。在扩大会议上,我建议应加强中央及地方工运战线,强化工会组织宣传鼓动方面工作,具体办法首先把中央工委组织充实起来,从广东召回苏兆征,从北方召回史文彬,从湖北调回项英、林育南等,分别加入中央工委及全总、铁总、海总工作。工委在宣传方面,出版《奋斗》、《中国工人》等刊物。在组织方面开办工运训练班,与工农武装干部训练班等。扩大会议恢复中央工委、农委与军委机构,并重新部署各该方面工作充实人力,这是差强人意的措施。并且使广暴以后的残破局面逐渐恢复正常,重新积聚力量充实革命元气。

扩大会议通过三个组织决议,大革命失利同时南昌暴动与秋收暴动先后失败,党内舆论哗然,议论纷纷,临中对此为解除当前所处困境起见,乃做出下列三个决议,将革命失败责任推卸给他人承担,自己却逍遥局外。

第一个决议是对于武汉大革命失败而发的,即开除谭平山党籍的决议,理由是谴责他在大革命时期动摇退却,并宣传组织第三党,对革命失其忠诚,对党离贰,进行分裂,应给予组织处分,开除党籍。

第二个决议认为南昌暴动失败,应由前敌党政军总负责人担任书记职务的张国焘担负全责,决定停止工作(其他副职人员免议),并给予警告处分。

第三个决议认为湖南秋收暴动失败关键在平浏战役指挥不当,前敌负责人毛泽东不能辞其咎,因此决定撤销其政治局候补中委的职务。

国际代表提出上述三决议客观上减轻自己的责任,同时也开脱其他有关人员的责任,如此可以藉助于三个决议以重新树立临中的威信。会议上对于临中失职问题,为顾全大局起见,也就"既往不咎"了。

扩大会议尾声：在扩大会议上我提出《关于湖南秋收暴动》的书面报告，甚为详细，并附有平浏作战行军草图。二洛阅后很动容，并约我面谈秋暴细节。他们表示以前完全不悉内情，临中把这方面消息都未给他们阅看。

上海会议讨论南昌问题时，特立在上海，但未让他出席陈述意见。会后将一纸决议派人转致，亦未当面交递，特立大为不满，说："我要找洛米那则讲话！"洛未见面，随又写信申辩，洛亦未理会。这个决议直到中共六大会，才自动失效，特立再当选为中委。

平山见扩大会决议，拍桌叫骂说："岂有此理！番老要把我和仲甫做替罪羔羊，决办不到。"因与邓泽生等商议，决定组织第三党，正式与中共分裂。扩大会议上阿双曾倡议仲甫应与谭一例处分，但讨论结果，未通过。事后他语老寡妇云："处分就处分，于我何干!?老◇给我走的道路太窄了，左右为难，洛易胡闹！他本人难道完全不明白吗？真是错怪了人。"又说，"他叫我穿高橇，踩钢丝索，又不给撑伞，这怎么行？"会后不久洛告他，奉指示要他到莫学习。他默不作答。后派人催促动身，他告其人说："我不打算去！不愿坐洋牢！"后遂连发三信公开批评临中路线的错误，信中又指名责说：全总就是罗章龙，罗章龙就是全总。

又，扩大会上有人向洛提出讨论关于中国革命责任问题，洛感到尴尬，回避而不肯谈，语翻译说："现在没有时间，以后再说吧！"离席而去。当时会上有人主张仍谈下去，阿双说："我没权谈这个问题，还是等以后再说。"春木半开玩笑地调侃道："天下无不是的父母，哪有儿子诉说老子的道理！"

暴动发动群众

一九二七年十一月中共中央在上海（一说在庐山，不确）召开中央临时政治局扩大会议。因"八七"会议否认五代会，是超越中央召开的，所以这次会议不称五届二中全会，只称扩大会议。参加扩大会的人以瞿秋白集团中央干部为主，此外有部分五届中委如我、阿苏、老史、老项等参加。扩大会议距"八七"会议约四个月，瞿秋白预定策动一个全国性的暴动高潮，后来国际文件称第一次盲动路线是从一九二七年十一月七日开始就是这个理由。（其实第一次盲动路线应是从"八七"开始，而不是从十一月开始。）

在中央扩大会议上，由瞿秋白做政治报告，主要是渲染"八七"会议后暴动政策的重大胜利，目前革命高潮来临，已届普遍暴动夺取最后胜利的阶段，具体主张是用暴动来发动群众，而不是组织群众去发动暴动。但是会场上对瞿秋白报告发生许多分歧意见，特别是当时全总负责人力持异议，说："全国工会与党组织由于国民党反动，元气损耗太大，近几个月才渐告恢复，目前形势还不到全国暴动时候，应积聚实力，养精蓄锐，谋而后动，才能有决胜把握。"秋白急忙道："现在就是最好时机，不必再迟疑了，应按国际决议指示精神办事，一切由我负责。"老史、老孟等先后发言，力斥其误，认为暴动应该在赤色工会群众有组织的领导下进行，而不是单凭极少数孤立于群众组织以外的先锋分子去冒险幸图一逞。因此夺取反动派影响下的工人群众艰苦工作是不可避免的必经之路，决不能绕过这条路而寄托暴动胜利于其它渺茫的无根据的希望上面。但是当时国际代表听不进这些话，说这是"暴动条件"派，闭聪塞明，一概不理。散会后阿苏向老史（文彬）说："要暴动不知从何处着手，难道暴动外就无工作可做，这是怎么搞法？"在中央扩大会议上秋白有气无力，频打呵欠，项英在会后轻语说，瞧他精神萎顿，肩耸背弓，齿牙黄黑，似有大烟瘾，那副模样真是急死人！据实说起来，当时租界燕子窝极为普遍，精神疲弱，身体乏力者趋之若鹜，亦无足异！

在扩大会议后紧接着是发动广州暴动、长沙灰日暴动与北方暴动，并先后在浙江绍兴与兰溪、江西万安发动农民暴动，但均归失败。由此至一九二八年六代会，尚在各地继续不断消耗所余无几的有生力量。在有些人看来，既然是奉命行事，非暴动也着实无法交差，这是当时临时中央的处境实情。

此外，江苏与浙江省、北方区等处来上海参加中央扩大会议的同志对全国广泛性暴动，也都认为不当，但少数人一意孤行，独断独行，真可谓盲人瞎马在乱闯！

广州暴动

十一月扩大会议以后，紧接着就是广州暴动。先是武汉政府时代武汉中央分校建立以中共党团员为中心的警卫团，后改为教导团，隶属张发奎第四军（张时为国民党左派）。武汉分共时张率第四军经九江回广州，师次广州，张以该团中共分子占优势，派兵将该团包围勒令缴械，徒手随张回到广州。张到广州后，驱除桂系武力，向东西江用兵，因感力量不足，仍发还教导团枪械，令其担任防守广州市内任务。时教导团驻黄花岗四标营，有兵员约一千三百人，其中党团员约二百人（大都是下级军官）。

十一月十七日，张发奎与桂系火并，桂系军阀退出广州，张发奎令第四军李汉魂师驻惠州石龙对抗陈济棠。许志锐师驻西江肇庆，薛岳师驻江门，缪培南师驻西江，对抗黄绍竑、白崇禧等。广州后方仅有教导团、警卫团、保安队等少数部队留守，所以后方非常空虚，时省委书记张太雷将当前广州形势报告苏联驻粤领事转告国际代表。国际代表向上级请示，奉到指示决定暴动，在东山俄领事馆会议上，省委决定于十二月七日成立行动委员会，命令教导团党员公今寿、谢扶民等事先清除该团内不稳分子，并由蔡申熙联络警卫团第三营五百人枪，同时组织工人纠察队约二千人（七个支队，少数有枪支）共同行动。暴动原定十二月十七日发动[1]，但张发奎已有所闻，在广州市内宣布特别戒严，省委乃决定提前于十一日晨二时开始发动。

省委十二月七日在秘密条件下召开工农兵代表会议，出席代表八十余人，选出工农兵会议执行委员等。原决定十二月十三日行动，张发奎侦悉情况，拟解除教导团武装，乃决定提前于十一日凌晨三点半发动。

十二月十一日凌晨教导团士兵与工人赤卫队首先包围教导团的一部分不稳官佐，拘捕十五人，经处分后，乃决定计划：先分路围攻炮兵团、警卫团、公安局等，然后派兵占领政治分会各厅、银行、电讯局，占领监狱释放政治犯。当时进攻路线是教导团三营九个连决定分乘汽车进攻下列目标：四标营由一、二连主攻，三、四连攻取观音山、石井兵工厂，五、六连攻市公安局及宪兵司令部，七连负责解除西关宪兵队武装，八连负责攻占广九车站，九连袭取炮兵团。

另方面决定工代会中坚队伍分别由铁路、海员、机器、榨油、汽车、印刷、港口、省港罢工工会、邮政、电报、运输、石井兵工厂等组织工人赤卫队七个联队，每队三百人，共二千一百人。另组成汽车队担任市区交通，肃反队担任公安，宣传队担任鼓动，救护队担任红十字会工作，再加上郊区农民赤卫队，共五千多人，行动前，按指定地点集中。

工人赤卫队作战部署计划如下：一联队助攻公安局，二联队攻取第六区署与第七区署，三联队袭取保安队（太平戏院），四联队进攻四署及大佛寺保安队，五、六、七联队攻占其它警察区署。经过两小时激战，先后攻克省政府、观音山、市公安局、军械局、宪兵司令部、财政厅、邮电局等机关，缴收步枪八千支，大炮三十尊，其它

---

[1] 本文所涉暴动计划的日期待核实。

军需物资不可计数。惟二十四师师部、第四军军部二处坚守未攻克。

起义时，广州工农民主政府人民委员会地址设原市公安局，广州工人代表会地址在学宫街渭宾书院，中共广东省委设明星戏院。

广州暴动后即成立苏维埃政府，组织工农兵代表会议，执行委员十六人：主席苏兆征（苏时在上海全总，由张太雷代），内务兼外交委员黄平，海陆军委员张太雷，总司令叶挺，秘书长恽代英、参谋长徐光英，肃反委员杨殷，劳动委员周文雍，土地委员彭湃，司法委员陈郁。委员会计划扩军三个师，但因武器兵员补充问题一时未能解决，致未实施。

革命政府同时公布政纲如下：打倒帝国主义，拥护苏联！打倒国民党蒋介石、张发奎、汪精卫。一切权力归苏维埃。保证人民自由权利。大工业、运输、银行收归国有，实行八小时工作制，工人监督生产，提高工人工资。恢复和扩大省港罢工会一切权利。一切土地归农民，没收地主土地。改良士兵生活，规定每月饷银二十元。

先是张发奎所部粤军于十月中旬开到广州，桂系黄绍竑、李宗仁见势不敌，乃退出广州。当时张所部为薛岳师（三千人）、新编第二师（四千人）、军官教导团（一千三百人）、炮兵团（一千人）、警卫团（二千人）。在广州河南驻防为李福林第五军（三个团），此外加上其他保安队与军舰多艘，合计敌军兵力约五万人左右。

在广暴时张发奎所部大部开赴粤桂边界，广州市内兵力较弱。当十一日晨张发奎、朱辉日、黄琪翔、陈公博等闻警即逃往河南海幢寺第五军军部，并令宝壁军舰向长堤轰击，另一军舰江大号亦开炮助战。时张发奎见援兵不至，亲乘电艇赴江门，次日晨邓龙光率兵一团赴援（留两团守江门），随后肇庆林翔又率兵一团至广州。此时五军从江北调到潘枝一团，在广州东沙登岸反击。同时张发奎据乘江大、宝壁二军舰向长堤炮击，十二日晨薛岳军三千人回师攻广州，冲入市内，此际陆续回来结集广州敌军约五万人。十三日清晨，敌军从韶关回师前锋占领观音山，十二时敌军大队到达观音山，双方在观音山进行争夺战。在广州市内争夺战中，教导团因连日孤军作战，内外援绝，敌军源源而至，武器精良，火力强盛，遭受重大伤亡。

十四日敌军在东山苏联领事馆前（一说在公安局前）枪杀苏联副领事，并拘捕苏联正领事等六十余人，驱逐出境。据一九二七年十二月二十四日外人方面发表调查：张发奎、李福林在市内逮捕枪杀兵民二千多人，东北校场及河南杀死兵民二千多人，与在阵地牺牲者合计达五千人。在敌军四面合围战斗中，张太雷在乘汽车赴东山苏联领事馆途中于十二日晨中流弹阵亡，（张太雷，字春木，常州人，天津南开大学学生，北京马克思学说研究会会员，一九二二年派往苏联出席远东各民族会议，为代表，自后长期任英文翻译工作。鲍罗廷来中国后改任鲍翻译。扩大会议后赴广州工作，生如迅雷烈风，死若昙花忽谢，心境虚明，声光烂然。代英后归沪为我道及春木阵亡时事云：十二月十二日下午二时，春木与苏联领事同车赴观音山，中途遇敌兵狙击，一弹飞来适中胸部，春木连呼："有鬼！"顷刻间血流满车座，不及施救，遂气绝。代英并诵其挽双国士诗一绝。春木身后无子女。[1]）其他委员临阵失踪或落港，军中无主，士兵大部溃散或阵亡，余部向北城外花县撤退，十六日到达花县，改编为中国工农红军第四师，下辖十、十一、十二共三个团，有一千二百人。师长叶镛，党代表袁裕（国平），十九日部队从花县向东江出发向从化、龙门进军，约经过十日到达紫金县龙窝，通过公平，一月中旬即达海丰（海陆丰暴动在十月三十日成立苏维埃）。从此以后，中共潜伏在广东旧军队中的组织力量一律毁灭无遗。此次战斗张太雷阵亡，影响全域颇大，叶剑英、叶挺、徐光英临阵脱离指挥，

---

[1] 张太雷的夫人王一知，与前夫育有一子女，携于身边。

陈郁、黄平等重要负责人乘乱军中落海走香港，全域混乱，遂失抵抗力。

广州暴动被张发奎军压平后，陈济棠与陈铭枢以平共为名，又从东江向广州进攻，张发奎军节节败退，师长许志锐阵亡。黄绍竑领军自梧州东下，会师广东，张发奎自知不敌，令四军退往江西，本人下野，四军军长改任缪培南，张发奎本人逃往香港。李济琛回到广州，立平共纪念碑，宣扬共产党杀人放火，汪精卫、张发奎助共为乱的罪行。尔后李济琛任广州政治分会主席，陈济棠任第八路军总指挥，陈铭枢任广东省政府主席，继续杀戮共产党与工人不止。

长沙灰日暴动

与广州暴动差不多同发动的，有长沙灰日暴动，但其规模较小。先是一九二七年八月至十月间长沙党与工会连遭损失。

当时长沙党员与工会仅余裕湘纱厂一部分力量，该厂因未参加秋收暴动，故保存地下工会，由曾华湘任主席。一九二七年十月湘省委书记到长沙后，即奉临时中央命令发动长沙暴动，任弼时从上海来湘，并决定由工会主席曾华湘领导小队工人二十余人，向长沙进军，暴动于十二月十日发动，国民党长沙党部事先闻讯，即派兵渡河到牛头洲镇压，包围裕湘纱厂，捕去曾华湘夫妇及张华实等数十人，随即将曾华湘夫妇枪毙，同时牺牲者有张华实等二十余人，地下工会组织消灭，此次长沙暴动号称灰日暴动。

灰日暴动失败后，湖南省委北门外木厂、学宫街、营盘街等处机关连续遭到破坏，省委书记彭公达、宣传部长任卓宣、军委书记王一飞等均被捕，彭即投敌任职于省政府，捕捉漏网同志。一九二八年一月王一飞在长沙被害，先后被难者有罗月梅等二十六人。任亦同案被捕，判处死刑，与王等一同绑赴浏阳门外十字岭枪决。时正日暮，事毕，行刑者匆匆离去。任卓宣弹中肩项，非要害，未死，倒卧血泊中，当时任昏迷不省人事，凌晨始苏，痛不可忍。适有农民进城挑粪，任呼救，农民背任回家医治，伤口渐合。彭公达侦知其事，再度往捕，将任从床上拖走，送到铲共委员会处刑，法官陈迪光重行判任以斩刑，任即辩按法不应两次判刑，法院乃向何键请示，何说："任大难不死，必有后福。"遂释之，任遂事敌，宣称仍不放弃宣传马克思理论。

彭投敌后，于是长沙、安源、水口山、锡矿山等地党组织与工会组织因灰日暴动破坏无余，湖南省委书记何资琛自长沙到上海如庆重生，但何向临中做报告时却说革命浪潮日益高涨，高潮是潜藏在地下，一旦爆发，便同火山一样，平常的人是看不见的。国际代表闻何语，大为激赏，打算仍派何回去。何大窘，即避不见面，脱离临中。（何后加入陈独秀反对派，签名政治意见书，从陈至江津共居。）

湖南省委残破一时不易恢复，郭亮返湘后奉临中命在岳州重组湘鄂赣边区特委，继续贯彻执行暴动政策。特委有干部六七人，群众线索十余人，郭赤手空拳，不能发动，后一度策动麻田兵变亦告失败。一九二八年三月中旬，特委干部苏先骏到长沙接洽工作，时长沙省委机关已被破坏，书记彭公达反水，即将苏夫妇二人诱捕，并从苏口供中知郭亮现居岳阳城外木船上，乃劝苏立功赎罪。苏遂于三月十七日夜间带领湖南军事分校学兵队一连到岳州将郭亮及同住妇女三人捕获，二十八日押解长沙交铲共法院审讯。当经过湖南省主席鲁涤平、湘政治分会主席程潜（一九二八年一月至四月期间程潜任政治分会主席）明令将郭亮在长沙司门口斩决，悬首示众。与郭同时被害者尚有三人（化名马淑纯、马志纯及付凤君，不悉真名）。郭身后遗子一人，名志成（乳名多难）。

其他南北各省暴动

由前所述可见以湖南与广州为中心的暴动闹得马仰人翻，损兵折将，但临中仍先后于其他地区进行暴动。临时中央由武汉搬迁到上海时，四顾茫然，在上级命令急于星火紧急状态下，先后又在江浙、广东与北方依样画葫芦，断断续续地发动各地暴动。这样就造成所谓暴动三阶段，即暴动！（指两湖秋收暴动阶段）暴动!!（指广州暴动阶段）再暴动!!!（指一九二八年至一九二九年全国大暴动阶段）暴动到最后阶段竟使中国革命主要阵地已陷于不能动弹的瘫痪状态！临时中央当时对于统治南北的军阀，只要他们中间有一点风吹草动，无不视为革命高潮来临的信号（如一九二八年蒋冯战争爆发，六月张作霖出关被炸死，均认为暴动条件成熟）。下面就一九二七年至一九二八年间，南北各地发动暴动事例纪其要：

琼崖，一九二七年八月广东省委命令广东琼崖岛上王文宇、王文明在乐会、万宁等处组织农民暴动，先后成立琼崖苏维埃政府，旋即失败，逃入深山。

海陆丰，一九二七年十月三十日海陆丰暴动，十一月十八日海陆丰组织苏维埃政府，一九二八年后被围攻，战事失利。

浙江，一九二七至二八年间，浙江在执行盲动主义政策时，决定在杭州、温州、海门等地发动大规模暴动，但均未成功。在此期间中共浙江省委书记◇◇◇，组织部长罗学瓒（湘潭人），沈干城（萧山人，沪杭甬铁路工会会长，铁总执行委员）、贝介夫（杭州人，黄埔四期）、郑叔衡、周定、王一定、葛汉臣（杭州总工会会长）、王家漠（宁波人，省委）、沈乐山（闸口工会主任）、赵济猛（省委宣传部长）、陆铁铮、朱效巡、曹阿堂、池耕襄（崇德人，浙省工委主任）、胡友生、项志成（省委交通）等干部，均于一九二七年十一月十八日先后被浙江省军警逮捕杀害。后来国民党在浙江平阳县杀革命干部及群众一千五百人，该县曾举行人头展览会，县长张韶舞亲自主持大会。

江苏，江苏省委于一九二七年十一月一日发动江苏宜兴暴动，由万益领导占领县政府，成立苏维埃政府。二日被当地警察及商团袭击，万益率队退出县城，遇伏兵，万益被俘，当日被杀。同时牺牲史家祯等二十余人，党组织全部瓦解。

十一月九日，发动无锡安镇农民暴动，十日被敌围攻，溃散。十一月十四日晚发动江阴农民暴动在后塍镇，有农民一队攻入公安局，当日失败。十一月十五日发动崇明农民暴动，杀收租员一人，旋上海援兵至，暴动失败，死亡十数人。海门农民暴动由陆铁强领导，陆被捕，农民被军队开枪杀三人，陆亦被杀。

南京，一九二八年夏决定津浦南段暴动，当时在津浦铁路徐州工会群众组织已经恢复，铁总特派员兼南段工会主任姚佐唐奉中央行委命令发动暴动。姚佐唐估计力量，熟察地形，认为时机尚未成熟，难期必胜。但当地行委坚决要姚下令发动，说："你只下命令就是，成败可以不管！"姚不得已，遂执行命令，暴动尚未行动起来时，敌已派兵包围，于九月中旬将姚佐唐、孙津川、贺瑞麟等十余人逮捕下狱，十月六日判处死刑。南京市共青团书记史砚芬（五月五日下狱）亦被杀害。孙津川，皖寿县人，沪宁路工会主席兼书记。贺瑞麟，徐州人，南京市委组织部长。孙、史、贺等被捕，南京党与团组织消灭。

姚佐唐，安徽桐城人，自云中学毕业考入某工业专科学机械技术，后进徐州津浦铁路机车厂做工，为徐州皖帮工人领袖。一九二二年我从北京到开封领导陇海罢工，归德桥梁厂工人程胜贤等闻讯，派代表迎接我到陇海东段去参加工会成立典礼。姚佐唐在徐州召集工人群众开会讨论加入工会问题，交通系派人暗中散布谣言，破坏书记部声誉，姚佐唐仗义执言云："书记部是北大学生所组织，他们是心地纯洁的学生，他们为工人利益赴汤蹈火，勇往直前，交通系是一群极其下流的政客，他们瞎编书记部的坏话，实在是桀犬吠尧，太不自量！"在"二七"罢工时，姚佐唐奉书记部命奔走各路策动同盟罢工，交通系藉煽动工潮罪名开除姚的工作。一九二七年北伐时，姚佐唐转到京汉铁路工作，组织工人敢死队，随军出发，在河南作战，军次临颖，足负重伤，被送后方医院，锯去一足，遂成残废。姚身体虽残，但仍有进无退，重返战场。大革命失败后，党内斗争乘机窃发，姚内心悲愤，仿徨失措，虽遭瞿宗派集团打击，直到被捕入狱，党内斗争仍烈，在绑赴雨花台刑场前，法官问他有无遗嘱，家在何处？姚大声答话："我的家在北京，就是劳动组合书记部！"法官见其视猛声厉，不敢再问。姚遂从容跛行登车而去！姚佐唐被害后，津浦沿线各地党组织继续被破坏，牺牲前后凡三十余人，党的工作停顿三年之久。

南方暴动连串失败消息传到上海，国际代表仍然执迷不悟，无动于衷，照常在下令催促北方各地行动。临中奉命惟谨，表面上更不敢承认国际政策失败。某次领导江西万安暴动的张兴万来到上海，曾在会上说："当今农村比较空虚，大可兴风作浪，我们随时可以乘虚抢到一座城池，但是此得彼失，保持不久，因而牺牲重大，如果大风暴从上海、武汉等大城市出发，全国风靡，那么大势更顺，成功就更迅速。退一步说，工人运动必须与农民运动平衡才好办。"但是这些话并没有引起临中应有的重视。

在北方，临中于一九二七年八月匆匆决定，发动河北延庆县暴动。由辛朴田领导农民反对旗地征款，农民六千人进围延庆县城，县长唐玉书被迫承认停止旗地征款，农民胜利。是年秋，辛朴田在北京被警察总监陈兴亚逮捕，囚北京狱中。一九二八年一月十九日判处死刑，被杀于天桥刑场。

辛朴田乃新安县及端村人，一九二五年与韩麟符共同领导河北农民运动。曾赴广州，一九二六年在第六军政治部工作。被害时二十九岁。

延庆暴动熄灭以后二月，又下令强迫发动玉田农民暴动，由于方舟领导。玉田书记解学海担任玉田、丰润、遵化农会会长，杨春林任总指挥，刘自立任参谋长。九月中旬攻入玉田，次日退出，随乘虚攻入遵化县城，旋又退出，在鲁家峪被敌包围，战不利，全军覆没。十一月于方舟、解学海、杨春林、刘自立等在丰润沙流河被俘，解往县城。一九二八年春四人被杀于玉田。当地农会组织瓦解。

一九二七年冬安徽方面芜湖暴动，万诚牺牲（万诚，巢县人）。皖北农民暴动薛祚汉牺牲（薛，阜阳人）。潜山农民暴动余大化牺牲。安徽各次暴动均未成功。又陕西同志魏野畴从杨虎城军队退出后到安徽阜阳，策动高桂滋部特务团组织农民暴动，后被高建白军包围，战败被俘，魏亦牺牲。

在北方暴动失败后，北方党员群众一致痛悼死者，同时又悔恨临中决策失当，谴责北方局阴差阳错，造成不必要的损失。他们说："十年合硝（制造黑色火药），一铳轰光！太不思前顾后。"在北方局会议上，韩麟符慷慨陈词道："自一九二一至二七年间，北方党与书记部在工、农、兵、学生、市民中撒遍了无数革命种子，这些种子，因势利导，辅以正确策略，自然会发芽茁壮开花结果的。但是如今却不然，强把种子掘出来，用火硝去炒着，这样干下去，自然是枉费牺牲，得不到什么好结果的。"有人称此为阴差阳错，自取灭亡！

一九二七年十月，张阎战争发生，十月六日北方局奉命决定在三特区，南口、北京、天津、唐山、京东等处，准备暴动计划，由于当地党与全总所属工会反对，暴动计划始告搁浅。于此更须明白指出者：临时中央期间自秋收暴动、广州暴动至北方暴动等，其中绝大部分是由于强迫命令所发动的。

泛暴动结论

以上所述诸事实，由于文献失征，诸多阙载，但即此可以窥见

其梗概,并吸取教训。其中如广州暴动规模较大,对革命影响较为深远,党内评论滋多,兹略论其要如次:

从总的战略观察,当时正当南暴与秋暴两次新败之后,中共军力损失奇重,党与群众的革命组织力量正在休整,所以中央扩大会议中委多人对广暴决策力持慎重,主张积聚力量以图大举,但是主持者急于求表现,不顾革命利害,遂造成重大错误。

国际方面是制定政策者,直接推动泛暴动工作的是临中,但事过境迁,国际的言论后又渐呈改观,前后判若两人。一九三〇年国际执委第九次全会讨论中国问题时,正式宣称:"中国大革命浪潮已经过去,在许多工业中心里,由于遭受反动势力屠杀压迫的结果,工人运动是相当消沉。"又云:"目前形势中最大危险是工农运动的先锋估计形势不正确,过分低估敌人力量,脱离群众前进,溃散自己的力量,使敌人得以各个击破。"(全会决议)

关于广暴评价,国际方面于一九二八年六大会时判定广州暴动是退兵一战,其说当否,当时各代表看法不同,究未作为定论。在一九三〇年十二月东方部马基亚(Mazia)之国际第九次代表大会批评广州暴动的错误,并承认这个错误的造成,当时指导的国际代表负有责任。同时枯西木夫(Kuziumof)亦云:国际执委第九次全会批评广州公社的错误。临中却搁置不发。国际既指示暴动于前而又在事后三年力陈其误,其错误果在何处,文中亦无明文交代。一般意见是认为:广州暴动没有无产阶级强大组织力量基础,广州暴动原是军事袭击性质,乘敌后方空虚,一举占领广州。如果在敌援兵麇集以前,迅速整军而退,往农村建立据点,其结果远比被包围待歼为好。但是当时错认革命高潮已临,所以计不及此,结果遂肇全军覆败惨剧。于是中共自建党以来惨淡经营的武装力量,一耗于三河坝,二耗于湘东,三耗于广州,遂致在短期内面对抗敌军事斗争一蹶难以复振。至于当时国际代表指导下的临时中央对广州暴动讳言失败，他们唯恐因此会受到党内同志责难，所以先发制人，大肆宣传广暴的政治胜利与中央政策的一贯正确性。为此临中强调广州暴动是革命高潮产物。目前中心任务仍是坚持暴动政策，它是国际所决定的政策，党必须坚决执行等等。当时临中言行所产生的错误已十分明显，但由于积重难返，他们浑浑噩噩，认识不清，而且改过无勇，所以为时不久，故态复萌，李、向、王、博左之又左，接踵而起，再度成立第二个临中，最后遂为祸更大，造成更严重的后果。

（注：广州屠杀市民凶手为张发奎、李福林、薛岳、缪培南、蒋光鼐、黄琪翔等。旋桂军回到广州乘机肆虐，所杀尤多，黄绍竑、李宗仁、李济琛等实为元凶，但事后彼等互相推诿，企图掩饰罪恶，显属不合。）

中共第六次代表大会

去莫斯科举行

远溯中共一大会是在上海召开的,三大会是在广州,五大会是在武汉,均在国内召开。六次大会却在国境以外的莫斯科举行。当时中苏断绝外交关系,进出国境甚感困难,全体代表在克服种种困难后始完成大会工作。

一九二八年五月间,共产国际派人来到上海向中央传达国际指示,决定本年六月在莫斯科召开中共第六次全国代表大会。至于大会在莫斯科举行的理由,一是为了大会代表的安全,同时共产国际认为在东方部直接领导下召开大会,可以完全控制以防意外。当时中共中央为此召集一次特别会议,讨论筹备"六大"有关事项诸问题。如出席代表人选标准、代表人数、出国手续、大会报告准备等,都一一做了详细研究。关于出席六大代表,大致确定为一百二十名至一百五十名,代表条件是,前线的工农代表要占较大的比例,五届中央委员一般参加,共青团中央负责人,各省的负责人,全国总工会、铁路总工会、海员总工会、上海总工会(以纱厂工人为主)都有代表参加。湖北、湖南、广东、上海、北方党组织按规定的党员人数,选出代表,其他省如江西也有代表。各地代表决定第一步由党中央与工会党团系统分别通知各省委与工会党团支部按规定办法,分批选出出席代表上报中央,再由中央通知各地代表先到上海集中。各地区代表到上海集中学习一周后再统一行动,分组出发。

为加强组织纪律性起见，出席大会代表按各地区及工会系统分为几个代表团，每团推举团长一人，负责政治领导。编组工作完成后，立即通知共产国际方面，分批出发。当时分批情形大致如下：1）毛简青、陈海青等；2）袁炳辉、余茂怀等；3）我、苏兆征等；4）蔡和森、史文彬等；5）中夏、特立等；6）关向应、周恩来等；7）王仲一、蔡畅等；8）李立三、黄平等；9）张兆丰、项英等；10）家属夏明等各为一组；并其他组合计约二十多个组，先后参差出发。

我与阿苏等四人在六月上旬出发，先乘日轮至营口，经大石桥转南满时，即被日本派出所警察盘查，但查无所获。临行，一日警说："你们速离南满，不要停留！"四人遂安全登车，经长春到哈尔滨，在南岗某旅社向苏联所设代表招待站办理过国境手续。该站负责同志自称名叫怀特（White），操英语指示关于过国境时应行注意事项：1）过境时进入苏联所用通行证为一元美钞一张，应默记该钞票号码，随时可以说出来。2）对苏联哨兵询问口号时，高呼 Ton-na-go。3）过国境后与苏联接待站所用暗号为 Equedor（厄瓜多尔），此为西班牙语，译成汉文意为赤道国的意思。4）过境时身边不得携带任何东西，未用完的中国货币及其他物件一律交站存放。据怀特相告：东北中苏国境关卡有黑河、满洲里、绥芬河三处，各处除守军外，另有国境警察一百二十至二百名。万一遇到国境警察找麻烦时应保持镇定，护送人员自会采取措施，不必惊慌。临行怀特并告诉在满洲里已预派马车迎候，并将马车式样、驭者面貌特征、马匹毛色等一一交代清楚，言毕握手为别。

我们辞怀特后，即持预先购好车票到车站，乘坐开赴满洲里火车向西北行驶。在车中我们几人佯作互不相识，分坐各车厢一隅，车行经过齐齐哈尔、海拉尔等站，于次晨破晓车抵满洲里车站。此时天气清明，大家缓步向一高大木栅门走去，正徘徊间，忽见一人执长鞭走进前来，细审面貌，知为事先约定迎候之人，遂尾随其后。

行约十分钟，见道旁停有马车十余辆，中间一辆特别宽大，车前有栗色壮马四匹，车左边座上有一少年，环眼鬈发，状极英武，持长鞭者伫足，略一注视，一跃登右边车座。我们见状，亦紧随其后登车，坐甫定，少年驭者略一扬鞭，驷马昂首扬鬣，并驾齐驱，如风驰电掣，绝尘而去。车行半小时后，越过一广阔草原，即缘山岗前驶。山岗列碉堡一群，约每隔五百公尺即有碉堡一座，堡上哨兵荷枪监视，碉堡外远远有马队巡逻。此时驭者聚精会神驱车急驶，穿插于山丘溪谷间。约一小时后，行抵一山丘下停车。此时只见四马汗流浃背，毛片尽湿，驭者声言现已越过中国国境，进入苏联边界，可暂休息片刻再前进。从驭者谈话中知他们二人系父与子，父子二人操此职业驰骋于中苏国境线上已十余年，勇敢机智，驾轻就熟，想古之造父王良也不过如此。我们下车稍憩，即有一位苏籍少年向导前来，引导四人步行前进，经过重重苏方岗哨，出示证件，毫无阻留，不久行抵一小车站，略进饮食，随即登开往赤塔火车向西继续前行。

　　车抵赤塔，代表们被引至城内一中型旅舍安置，时中国代表陆续到达先后有十余人，共住旅舍一层楼，大家聚首一室共道途中经历，知道先前出发一组同志五人曾在途中遇到留难。据他们在大连登岸时，即被金州警视厅埠头派出所警察认为形迹可疑，被带至派出所问话。警官劈头问道："你们是上海来的共产党吗？你们来关东州干什么的？"当时被询者故作镇定，把预先准备好的回答及表明正当身份的证件拿出阅看，日警询问半小时，毫无破绽，即停止询问。随说道："你们就是共产党，我们大日本政府也不管，只要你们不在南满地带活动。希望你们不要在南满多停留，迅速离开这里。"说毕遂派警察把五人送往火车站，直到登车离开大连为止。后来在火车上又遇见向忠发，向对我说：他与吉光炯等过大连时亦被拘讯一小时始释，其经过情况与上组所遇大致相同。大家认为此事如果发生在长春或沪滨，那就不免会引起更多的麻烦。我们在赤塔小住了几天，乘暇游览近郊，并组织俄语临时学习组，帮助代表中的男女工人同志学习日常生活用语及沿途地理知识，随后仍然分批登车向莫斯科进发。一星期后，车抵莫斯科。未及进城，即转乘火车赴郊区某小站下车，改坐马车驶离铁路约十二公里处，抵一别墅，即会场所在地。

别墅在莫斯科郊外，距市区约四十公里，原为帝俄时代贵族邸第，有旧式楼房二幢，平房数十间，礼堂一大间，有音乐台、钢琴等。门外草地有一区域辟为球场，附近有中型芬兰式浴室二大间以及洗衣房、烤面包房、牛奶棚、厨房等设备，足供应居留一百余人需要。每个代表发给军服一套，红军外氅一件，衬衣、军鞋各备，进城开会有专车接送，食堂使用饭票，供应啤酒、汽水、冰其凌等，洗衣、理发、入浴均凭证免费。别墅外面，泉流潆回，牛羊饮水过去，草带泥痕，四望林木参天，鹰隼成群，巢窟高枝，别有一番宁静幽趣。特别是黄昏以后时间，鸥鹇鸣声发自深林，因名鸥林别墅。别墅警卫严密，设有岗哨，稽查出入。

我住在楼上正房，坐北朝南，同室四人，其三人为刘伯承、潘家询（翻译）等，邻室为瞿秋白、邓中夏等，另外，布哈林、米夫同住一室，早来晚去。

正式会议

中共第六次全国代表大会于六月十八日正式开幕，七月十一日结束。正式代表一百余人，内列席四十余人。当时有党员四万人，军队及农村党员比重较大。正式代表中包括五届中央委员之一部，八七会议后中央委员会一部分工作人员，少共中委之一部，各省级党委选派代表，全总、铁总、海总、上总等工会选派的代表，其主要人员如次：

史文彬、唐鸿景、徐兰芝、罗章龙、苏兆征、项德隆、王仲一、李震瀛、孙秀峰、刘俊才、张兆丰、张国焘、瞿秋白、周恩来、李立三、刘天章、何孟雄、张金刃、关向应、贺昌、李子芬、何资琛、刘昌群、丁继盛、毛简青、刘义、陈海青、黄平、蔡和森、韩麟符、阮啸仙、汪泽楷、余茂怀、邓中夏、罗明、夏曦、王凤飞、温禹成、袁炳辉、吴汝铭、李昌荣、刘伯垂、吴服景、殷鉴、李求实、张昆弟等。

当时中共派赴苏联高级军事院校学习同志有刘伯承（陆大）、罗章凤（炮校）、朱瑞（炮校）、曾锺圣、熊受暄（步校）、常乾坤（航空）等均被邀列席六大参加专专门问题小组委员会工作。列席代表包括少共中委之一部，在莫斯科学习干部之一部，中委家属等，主要人名如次：卜士奇、沈泽民、秦茂喧、林伯渠、郑超麟、庄东晓、潘家询、李泽、汤正清、秦缦云、徐特立、何叔衡、李梅羹、冀朝鼎、杨子烈等。

各地代表到齐后略事休息，乃由共产国际主持大会事务的人召集各代表组织负责人及五大会一部分中央委员举行大会准备会议，研究六大议事日程、政治报告内容，各小组委员会组织名单以及有关大会的各项事务问题，并成立大会秘书处，由周恩来、我和黄平分任正副秘书长，兼管文书事务和接待兄弟国家友党来访事宜。东大中国支部一部分学生则参加大会翻译和记录等。

六大会成立各项决议案小组委员会，从事讨论与草拟大会各项决议案，这些小组中最重要的为政治决议、党章、大会宣言等，各委员会成员有共产国际代表与中国各代表团负责人组成。如北方王仲一、湖南是我、广东苏兆征、袁炳辉、湖北项英、上海余飞等。每晚开会，小组前后开会十余次，充分搜集各方意见，最后草拟各种决议草案，然后提交大会讨论通过。政治决议案起草委员会工作放在第一位，政治决议案通过我、苏兆征、王仲一、项英、瞿秋白等为起草委员，以共产国际代表为召集人。该草案原由布哈林用俄文写成，翻译成中文后，提交委员会讨论，经小组反复讨论，定稿后向大会提出。政治问题起草委员会一连举行两天一晚的会议，讨论的问题集中在下列各点：即大革命经验教训、革命性质与革命动力、十大纲领等问题。对于总结大革命经验与教训问题所收集各代表的意见极多。

国共合作的成败及其经验与教训（我在六大会发言提纲）。

在政治决议小组曾广泛开展讨论关于国共合作成败及其经验教训的问题，大家认为这是一个工农革命势力与资产阶级合作所共同发生的问题。在中国演变情况如此，在其他条件相同的国家，在运用联合战线时，也会有相同的情况，总是发生，可供参考与借鉴。

我在三大至六大会期间担任中央委员，在武汉政府时期在中共中央工作，同时兼任中共湖北省委宣传部长。七月十五日以后领导中共湖南省委及秋暴中指挥工作，十一月回上海中共中央出席十一月扩大会议后，担任中央工委书记。该发言提纲主要是就以三大至六大期间亲身经历诸问题所组成。由于全文过长，现仅就关于国共合作问题部分摘要引述，余从略。

一、国共合作的成就。国共合作问题是大革命时期最重要的事件，也是六大会政治决议文献集中讨论的问题。提纲中谈到国共合作问题，系统地说明国共合作、国共争衡与国共分离的主要进程，全文包括历史教训与政治现实诸问题。

溯自中共建党以还（一九二一至一九二七年上期）由于政治路线方向正确与决策合宜，同时党内组织采取精诚团结，万众一心，艰苦卓绝，戮力向前，摧毁强敌，因此七年之间，结集了强大的革命动势与动量，造成一九二七年的全国范围的革命高潮。在革命高潮期间，中共党组织扩大到党员与团员共达五十万人，工会、农会等革命组织实力超过四百万人，革命武装近五万人。与此同时，政治威信提高，革命各条战线汹涌澎湃，沛然莫之能御！大革命高潮时期显著的成就便是第一次与第二次北伐完成后，扫荡北洋军阀的专制恶势力。武汉革命政府拥有长江流域广大地区和亿万人口（两广、湘、鄂、赣等省区）与资源。当时在中共支持下，收回汉、浔租界，削弱封建势力，给予反动势力以沉重的打击。武汉政府时代，革命形势发展迅速，由此更进一步争取非资本主义前途，统一全国，指日可期，完成民主社会革命任务并进而开辟中国共产主义革命的康庄大道，前途是充满希望的。中南革命大势扶摇直上，瞬息千里，其业绩震荡世界，有目共睹！

这些成就，是与一九二四年起国共合作有相当关联的。这也是国共合作的积极方面的表现。特别值得提出的是从一九二六年北伐军到武汉时起至一九二七年七月止，前后近十个月时间，中共中央及其所属湖北省委、江西省委与湖南省委等，在长江流域从事建党、建军、建立工农革命组织，推动革命进展各方面，发挥了积极作用。全党同志壮志凌云，大刀阔斧，雷厉风行，卓著成效。其中最显著的历史伟绩如：奠定武汉政府基础，铲除贪污，建设廉洁政治；收回汉口与九江租界；发展工农群众革命组织，建立革命武装部队；顺利完成中共五大会决议；临危不乱多次击退夏斗寅、杨森、刘佐龙等武装叛乱。凡此诸端都是在武汉中共中央时期完成的。上述革命业绩声光广被，影响深远，均具有不可磨灭的历史意义。但是遗憾的是，不幸在关键时刻，由于党缺乏经验，人谋不臧，决策失当，致使大革命事业功败垂成，这样酿成后来历史上的国民党统治的黑暗时代。

由上所延可见国共合作虽有成功的一面，其失败的后果更是非常严重的。

二、国共合作失败的原因。上述诸成就后来经过国民党反动派的摧残，受到了严重的损失，这就使新军阀统治在中国重复得势，帝国主义再次抬头，中国政治一时出现倒退现象。中国大革命中途发生顿挫，原因何在？党内同志议论纷纷，但综合起来不外两方面：首先是理论认识不够明确，其次是在实践方面发生偏差。前者是属于意识形态的问题，后者是属于战略部署的问题。在思想意识方面，首先可以回溯到一九二四年共产国际关于国共合作问题的决议。共产国际一九二四年所通过关于国共合作问题决议案，寥寥数百字，从理论方面观察是十分疏略的文件。该文件只着重说明两党合作的需要，却没有深入研究合作具体策略与部署问题。因此，决议全文既有失粗疏，而且后来在国共合作三年的过程中，也没有一个具有纲领性质，双方共同遵守的文件。这样对于合作问题的解释就不免各持一端。无共同纲领作为依据，遇到实际问题总是时也就彼此观点分歧，发生争执，无所适从了。再说当时党报《向导》等刊物对于国共合作的文章，有些也是片面不全，谬误滋多。特别是对于革命领导权问题认识模糊，同时对于合作革命进程中可能发生的风险情况缺少预见。当时党员群众对合作问题的思想意识不用说也是受到不正当影响。

从实践方面去考察，中共方面自共产国际代表至中央造成一种气氛，对于国民党左派总是全力以赴，万分迁就，惟恐影响团结。也就是说："一味强调合作，容忍让步，疏于警惕，不作思患预防之计。"如自一九二六年三月十二日事变以还，直到赣州、安庆事变，国民党多次发动进攻，中共多次遭到袭击，完全失其主动，便是最显著的例子。结果造成左派骄矜放纵，独断独行，得陇望蜀，漫无止境！一九二七年上季，上海（四一二）、广州（四一五）、长沙（五二一）等地连续发生反革命政变，中共中央和共产国际代表犹漫无准备。这便是由于平时认识不清，理论既失诸疏阔，实践更不免疏于防范，可以说两者关系是如影随形的，中间纵然偶有察觉，但亦旋觉旋迷。在大革命危机的关键时刻，当时湖北省委曾提出紧急行动方案以图挽救危局，事尚可为，但中央畏首畏尾，犹疑寡断。于是这个重要倡议在中央会上未被采纳，坐令千载一时的战略部署稍纵即逝，闻者均引为憾事！同时在南昌起义与广州起义方面，中共在决策与具体战略部署方面也产生过不少的错误，大局遂不堪收拾了！

三、国共合作的责任问题，重蹈辛亥革命覆辙。说到国共合作失败的责任问题，应从历史演变的客观事实加以考察，实事求是以探讨经验与教训。历史上革命事业的成功与失败均有其当代历史背景与国际环境的渊源，但人事亦属因素之一。综计诸因素便知道一代革命大事业其成功乃积千万人之烈绩所致，其失败也有其历史因缘。总的说来，国共分裂及其所发生的反动政治种种罪恶，应由国民党反动派负其全部责任，这是毋庸争辩的事。但是如果从革命阵营方面加以考察，中共在执行国共合作政策由于人谋不臧所造成的种种失策亦自有其责任。特别是当时决策与领导人不能置身事外，更不能辞其咎。但这不是说应由某些人独负其咎，因为历史的发展成功与失败往往不纯然是由于个人起决定作用。综观大革命失败的轨迹与十五年前辛亥革命失败经过颇有相通之处，也就是说类似辛亥革命失败的重演。如所周知，辛亥革命发动时期，人心倾向革命，如领导有方，民主革命可以完成。但是当时北洋军阀袁世凯伪装赞成共和，运用种种阴谋诡计愚弄南京政府。（按：此指一月二日孙中山电袁世凯表示"推功让能"，但要求北政府南迁，袁佯允其请。一月二十九日夜，袁唆使第三镇曹锟所部军队在北京放火行劫，通宵达旦，天津、保定继续兵变，袁遂借口不能离开北京，拒绝政府南迁。）于是孙中山拥袁为总统，放弃领导革命，自动辞职，结果南京政府解散，让政权于北洋军阀，由是太阿倒持，授人以柄，造成中国历史上倒退，使革命一蹶不振，中国国民蒙受长期灾难。这种情况说明，历史上每当新旧变革的时候，新兴势力往往被旧势力所倾覆，这是由于新兴势力经验欠缺，遂被狡诈的旧势力所制服。

中国两次革命失败，均遇到同样的历史逆流，使革命蒙受巨大损失，这也是值得注意的教训。

代表言论集锦

政治报告讨论时间最长，前后经历两个多星期，辩论亦最激烈。出席代表各就本人对政治见解发表意见，同时并结合自己在大革命高潮中，曾亲自参加各种实际斗争（包括政治、经济、工会斗争、农民斗争与武装斗争等），说出各条战线的经验教训等，大都是陈述具体、生动，足以惩前毖后，昭示全党。如广州代表对于广州暴动问题，湖南代表就"马日事变"教训自述所见，各有独到的地方。其中对上届临时中央所推行的冒险政策与宗派统治情况尤多阐明与发挥，现分述如下：

1. 盲动主义。大会代表一致谴责"八七"临时中央盲动主义。主要是就一九二七年七月以后持续一年的全国暴动政策的严重失败事实，分析盲动主义的形成内容与错误。大家公认最先传播盲动主义者为罗米纳兹，罗初到中国来接替罗伊，他们的前后作风是从极右走向极左。这种做法不仅在十月革命前沙皇时代不敢采用，就是在东欧也未曾实行。但当时主事者竟悍然不顾，不惜用强迫命令方式，实行持续不断的暴动。这样，使中国革命的元气大伤，延缓了真正革命的来临，其错误是显然的。临中负责人尝自称是"奉命行事"，但在罗米纳兹的启发与指使下，他们自己也有些自以为是的发挥。以下是临中常用的话语。他们说：中国革命的性质是"不断革命"。中国革命的进展是"不断高涨"，因此在奉行政策时，就应该如放连珠炮一样，只有放手扣扳机，一刻不停，就会把国民党政权冲垮。他们常自称奉令工作，就必须不断采取暴动手段，因为如果不这样干，就会无命可革了。所以他们明明知道所有的暴动都无胜利希望，但仍不能不硬着头皮干下去，"为暴动而暴动"！

广东方面代表对盲动主义体会最切，驳斥最力。他们认为临时中央所策划的多次暴动，结果都归于失败，最后闹得人仰马翻，牺牲惨重，这些经验可谓十分沉痛，而且具有历史教训的意义。

2．宗派统治。出席六大代表们对于"八七"以后临时中央的失职及其错误行为普遍感到不满，特别严厉谴责它破坏党的组织路线所造成的宗派统治及其严重恶果。党内宗派是中国旧社会积习遗留下来的事物，它是从封建社会、宗法组织与宗教、行会等杂糅而生的混合体。宗派组织是反映种种落后意识而形成的。这种思想大都来自没落的统治阶级与非劳动人民（如流氓与把头），所以客观上它是不利于革命的，是有危害性的组织，党的内部隐藏的破坏力量。

党内宗派组织盛行于"八七"会议以后，当时临时中央大力培植宗派组织，这是符合于临时中央上层少数人的需要的。因为临时中央的产生，他们出任领导工作是一时权宜之计，并无广大群众基础，这个时机便容易发生宗派统治。当时宗派组织的作用主要适应于在政治上推行盲动主义，组织上有利于独断独行，排除异己，实现派系的清一色。宣传上树立"一言为定"作风，他人无发表意见的余地。由于中共广大革命同志坚决反对上述宗派统治，曾先后提出批评，同时又力制止临时中央的错误政策。这样就引起临时中央掀起党内残酷斗争的阴谋。

在宗派统治下党的残酷斗争象征着取消党内民主，抑制批评与自我批评。事实上临中在导演残酷斗争时，广泛地运用组织手段惩办同志，粗暴地践踏党章，实行顺昌逆亡的做法。在发展残酷斗争过程中他们对待发表不同意见的同志更是不择手段，视如仇敌，时时怀着"你死我活"的情绪，事事强调"先下手为强，充分发挥政治迫害，造成党内离心离德，以致为亲者所痛，仇者所快！他们在暂时取得党内控制权以后，高高在上，脱离群众，志得意满，不可一世，便妄自尊大，目空一切起来。他们予制自雄，一意孤行，瞧不起其他同志，更瞧不起群众，在革命事业方面一筹莫展，毫无作为。后来渐渐丧失信心，思想僵化，生活腐朽，意志消沉！结果宗派组织活动到处破坏党的优良传统，危害革命，造成党组织瓦解，同时自己也濒临毁灭的境地！

基于上述事实与教训，大多数出席代表鉴于党内宗派是推行盲动主义的组织基础，存在经年，后果可虑，因此群起一致倡议，彻底摧毁宗派组织，制止盲动主义，以便和缓党在组织上的危机。这个倡议深得出席大会全体代表的赞同。

十大纲领与党章

代表进行广泛辩论后通过各项决议案（另见大会文献），兹记其中的数事如次：

1. 十大纲领。在讨论十大纲领时，字斟句酌，主要是从中国人民各阶层角度提出动员全体革命群众的口号，包含下列十点，规定了十大政纲。1）推翻帝国主义的统治。2）没收外国资本的企业和银行。3）统一中国，承认民族自决权。4）推翻军阀、国民党的政府。5）建立工农兵代表会议政府。6）实行八小时工作制度，增加工资、失业救济及社会保险等。7）没收一切地主阶级的土地，耕地归农。8）改善兵士生活，发给兵士土地和工作。9）取消一切政府军阀地方的捐税，实行统一的累进税。10）联合世界无产阶级和苏联。

当讨论到拥护苏联，不干涉中国革命二个口号时，有人建议把顺序颠倒一下，但是结果仍照顾原来译文未加更正。又在政治决议案尚有译文不正确处，如 Rationalisierung 本应译为合理化，误译成节省主义，虽经我指出，亦未改正。（Rationalisierung 乃以统计技术及计划的提供增进经济能率之一切适用的手段，其目的在使货物低廉，数量增加，质量改良，借以促进经济。）

2. 党章。六大会通过的党章，内容颇为严整，主要规定：正确执行党的民主集中制，反对独裁制，中央委员的选举及中央委员会的组织均须经过全国性代表大会产生，对共产国际有独立自主权。监察委员会有监督中央委员会工作的权利，对中央错误与过失有随时检举之权。但是这个党章墨迹未干即被向、李等弃置不顾，一九三一年临时中央的成立事实上完全把党章撕毁了。

3．工农武装提案搁浅。在大革命期间，中共武装力量约有五万人左右，由于"八七"会议以后临时中央指挥不当，各次战役着着失败。南昌暴动与广州暴动结果，将"三大"以还历年积聚的武装力量大部被断送。在六大会上，有不少来自基层，长期参加斗争的工农代表感到工农徒手赴敌，牺牲重大，一致要求大会讨论武装工农的具体问题，经过交换意见后推中夏和我整理文字，提出方案。二人将初步方案提出后经过大家讨论研究，认为应先向共产国际提出，征询意见，再做决定。随后即将方案转知共产国际代表，内容要点如下：1）选择几个有群众基础的地区，建立地下武装，武装工会纠察队及农民自卫队。2）先筹款十万元，就地购买或从外部运入武器，成立地下武装。

此案向国际代表提出后，国际代表立予拒绝，认为不可行。同时又说："需款太巨，国际并非银行，不能照办。"

各代表闻悉，认为共产国际代表不重视此事，且又措词失当，殊不可解，又找共产国际代表交涉。共产国际代表承认措辞不当，但仍认为问题重大，不能立即做出决定，事遂搁置。事后某代表愤愤不平地说道："国际先后送给蒋介石、冯玉祥等武器各值数百万元，我们所要求尚比不上一点零头，何重彼而轻此，可谓本末倒置。"

中委选举

六大会最后议事日程是选举中央执行委员会与监察委员会。当时共产国际负责人出主意，成立选举小组，由五人小组主持大会选举事务。经过研究后，小组参考了欧美资产阶级议会制中的经验，采用代表团集体提名与记名投票方式。根据这个提案，将大会各个代表团作为提名单位，首先由各代表团提出中委候选人名单，人数比定额多一倍。先是，六大代表到达莫斯科向大会登记的代表按照地区主要分为几个代表团，如北方代表团（团长王仲一）、湖南代表团（团长是我）、湖北代表团（团长项英）、广东代表团（团长苏兆征）、江苏代表团（团长余飞），其他省份代表人数较少，则联合组织代表团。如我是由湖南代表团提名，苏兆征由广东代表团提名，史文彬由北方代表团提名。代表人数较少的省份可以联合几个单位提名，按代表党员比例决定提名人数。各代表团选举人名汇齐后，先交选举小组审查，经过初步研究，召集各代表团负责人共同进行协商，调剂盈虚，考虑对妇女、青年进行照顾。再经小组讨论同意后，打印成中央委员选举人名单，然后发给大会各代表圈定。圈定后把选票送小组核对无误，据此公布。

选举时只见代表们大家交头接耳，情绪颇为紧张。如有人担心自己得票不够，与同伙往来奔走，如热锅上蚂蚁一样，最后考虑到本派利益起见，周左顾右盼地用笔将润之名字勾去选上别人。（全部选票均交选举小组核算，我是参加选举小组成员，所以确知经过情况。）

中央监察委员也是采取同样方法进行选举，由选举小组单独进行会议，商讨有关问题。按照小组研究，中共中央监察委员大都是党龄较长，年龄较高的产业工人与从事工农兵工作资历较久的战士。

大会选举小组成员是由各代表团推选组成。选举小组工作经过时间约一周以上，选举完毕后解散，全部选票送共产国际存档。

六大会中央执行委员（包括候补中委）：

唐鸿景、罗章龙、项英、苏兆征、余茂怀、孙秀峰、黄平、王若飞、王仲一、邓中夏、蔡和森、卢福坦、蔡和森、张国焘、周恩来、瞿秋白、彭湃、杨殷、陈潭秋、李立三、徐锡根、刘伯坚、阮啸仙、罗绮园、陈郁、朱宝廷、吴汝铭、李震瀛、蔡畅、刘俊山、任弼时、恽代英、张金保、毛泽东、孙津川、关向应、林育南、方志敏、贺昌、李求实、陈寿昌、何孟雄、沈先定、袁乃祥、于谓珊[1]、谭寿林、顾顺章、向忠发等。

中央监察委员；史文彬、徐兰芝、邓发、刘义、王凤飞、毛简青、张昆弟、刘俊才、杨匏安等。

中共第六次全国代表大会闭幕后第三天，共产国际负责部门通知各新选中委进城开会。一时喜气充盈鸥林别墅，代表们渴望离开这个逗留四个星期的古老乡村，重返本国革命工作岗位上去。

次日清晨，全体新选中委乘专车进城，直往联共本部克里姆林宫，下车后随即进入联共党礼堂议会厅，正式举行六届一中全会。举行仪式颇为隆重。厅内陈设华丽，宫灯高悬，帘幕低垂，六大在莫斯科的执行委员与监察委员全部出席，此外还有国际来宾多人。

会议开始后，首先由国际书记致词，随后是联共党书记、德共党书记等讲话。法共党书记、职工国际代表与苏联工会代表均列席并讲话，共祝中共六大会胜利完成。联共书记发言经时颇长，反复说明国际局势与中国革命形势，详细解释目前马鞍形的革命高涨趋势等问题。并重申六大政治决议及其他决议案在国际领导下的正确性，强调遵守党章，动员一切力量开展群众斗争工作。会议在柔和灯光下举行，历三小时始完。

会议后，大家当晚到国立大戏院观戏。第二天起部分中委、监委分别到莫京内外、列格勒、基辅及南俄各大城市参观访问，并出席当地党员大会与工人群众会，报告中国革命问题。有些委员旅行

---

[1] 于渭珊，即徐渭珊，或徐畏三，应为同一人。

到黑海海滨疗养，逗留经时始联袂东返。这次会议是一个空前盛会，为前所罕见，数年以后各国支部变化极大，风流云散，后来共产国际本身亦宣告停止活动。

（补记：六大中委选举时，工贼向忠发忽被选入。此事突然发生原因有二：一为瞿、李等结成死党，处心积虑，幕后策动所致，由是以向为傀儡，重组宗派统治。二为斯大林昧于知人，偏听偏信，以个人私见强加于大会，未经选举，指定向忠发为中央书记，遂致铸成大错。向后来在工作中与李立三、刘少奇、王明等狼狈为奸，破坏革命，罪行累累，最后投降南京，公开进行毁党工作，白区工作全部瓦解，后果严重，人所共知！均向忠发、李立三、王明、刘少奇等宗派集团所为。）

莫京春秋

二十年代我多次出国参加国际会议并驻在国外工作，留居莫斯科颇久。我旅居苏联，初寓莫斯科京城市内，后迁往郊区，后又赴南俄旅行，前后经时颇长，与外邦人士晋接频繁，观感所及珍闻轶事，往往而有。

芦克思大厦（Lux Hotel）为莫斯科国际饭店，富丽堂皇，名实相符。寓居芦克思大厦大抵均世界各国来苏联访问贵宾，多为各国共产党中央与革命工会领导人物。大厦通用语言，首为德意志语，次为法兰西语，末为英语，一切通告则用俄文与德文，电话亦然。进餐凭票证，出入凭汽车红色通行证，参观访问沿途优先放行。芦克思面对克里姆林宫，往来出席康民特尔 Kamintel 会议与晋洛芬特尔 Provitel 会议均经过红场及列宁墓，宫门警卫森严，检查出入证极其周密，进宫以后则行动无甚拘束。我居 Lux 有暇则参加大厦文娱体育活动，与各国同志交游，结识不少来自波兰、里加、法国、德国、意大利等国的朋友。又在大厦中遇见一个中国籍红军军官，我与他谈话，据称：王姓，山东胶隩人，幼随父下关东，转往海参崴、伯力佣工。在十月革命期间欧俄及远东战场战斗激烈，中国旅俄华工亦多参军助战，当时成立中国工人联队，在 Perm Ural 参战，对革命建立战功者不乏其人。近将退伍转业。又见其母，自远东来探望儿子于莫斯科。伊自言，丈夫为赤塔工人，其子参军后，多年无信息，伊乃沿铁路西行，沿站步行寻访其子下落，行径万里，最后母子始得相见，悲欢离合，终得团聚云。

鸥林别墅位于莫斯科郊外，为中共六大会议会址所在地。当时与我同住一室者有特立、江英、维它、兆征等。当时中共派赴苏联高级军事院校学习同志有刘伯承（陆大）、罗章凤（炮校）、朱瑞（炮校）、曾锺圣、熊受暄（步校）、常坤（航空）等均被邀列席六大会参加专门问题小组委员会工作。东大中国支部一部分学生则参加大会翻译工作。代表报告与政治决议案讨论时间最长，前后经历四个星期，辩论亦最热烈！在讨论报告时，有湖南代表发言，报告醴陵农民武装斗争地主情形，说到某次斗杀地主，同时用梭标杀死地主的女儿二人。坐中有某女同志不觉呜咽流泪说："投生地主家女儿真太不幸！"并引起其他女同志的共鸣。有一北方工人代表见状，忽起立发喊道："女同志们应该清醒些！我们同志与工人农民在长辛店、丹水池、唐山、浏阳、平江等地不是成千成万在阵前牺牲，流血成河吗！我们是进行阶级斗争，你们为什么难过！"正在流泪的女同志连忙偷偷拭干眼泪，默默不响了。

六大会后一中全会决定，过去在工作中犯有错误的某些同志留莫学习。（尚有十余人因长期在国内工作身体弱或患病，留苏休养。）但当时东大支部认为他们犯右倾错误，大施攻击。我行前，特立、中夏来寓话别，大家互相勉励一番，说："留莫的把代表工作做好，归国的把国内工作做好。"临别时记得中夏说了两句笑话："止谤莫如坐监狱，犯错误才当代表。"

在留莫期间,代表们集中住在鸥林别墅,会毕后一部分中委分别到各地旅游参观访问,在这一段时间,我和项英、虞卿等曾在列宁山休假二星期,随后到列格勒访问参观市内 Malinsky 宫与 Bavlovsk 夏宫。看到沙皇穷奢极欲,残民以逞的种种行径,令人发指!后来又到热海旅行。在海滨休养地区有欧、美、非、亚各国同志集合居住,其中东欧诸国国籍人数更多。他们皮肤异色,语言异声,衣服异制,文字异形,生活异俗,但彼此友好无间,相互倾谈极为融洽。在大家坦率漫谈中,互相启发,彼此得益不少。据非洲同志介绍:在非洲有世界最古老专制帝国,君主政体朝代绵延二千年,皇帝传统可谓"万世一系",这是过去黑暗非洲的象征,也是未来革命的火山。另一些非洲同志来自非洲中部扎伊尔,是非洲盛产金刚石矿区的地方,与盛产黄金、钻石的南非同是西方资本主义冒险乐园。当地剥削骇人听闻,也将是构成非洲革命爆发的火药库!至于非洲北部的埃及,人民处于黑暗时代最长,号称"压迫愈大,反抗力亦越大"的国度,她将是非洲最先见到光明的国度。

海滨风物明秀,嚣尘不染,生活宁静,仿佛世外桃源。某次周末,有当地女校师生特为远方客人举行游艺晚会。在精湛的音乐与舞蹈表演过程中,她们以无限的热情倾泻在观众同志身上,友好的深情厚谊,使人们万分感动!隆情盛谊,令人难忘。临别大家互出纪念册题字,中国客人想到本国灾难重重,感怀尤多。当时我挥笔题四句:"阿山(阿尔泰)有积雪,热海夏生寒,人间正炎暑,未许桃源看!"以后,我即冒着西北利亚风雪东行返国工作。

莫斯科河流经市区,同巴黎塞纳河、上海苏州河广度相当,为游人打桨泛舟之所。东大学生课后常到莫河游玩,习以为常,但当年暑假却因游艇失事造成四人溺水死亡的事故。

先是,东方大学中国班有湖南女生占多,她们努力学习,成绩优异,平日极少外出。校长拉狄克尝劝他们要出外运动,锻炼身体,因此她们开始划船活动。莫斯科小艇◇◇如梭，才容数人，人坐舟中不能回旋，长桡如剑，操作不便，前进时，艇身摇曳，状极不稳。这次参加划船者四人，平日不习荡舟，更不谙游泳，登舟后心怀惴惴，舟偶失均衡，艇稍倾侧，她们便惊惶失措。时值日暮，忽起大风，艇旋转失灵，遂告倾覆。当时水深浪阔，四人落水后，瞬息间悉告灭顶下坠，捞起后虽多方急救，无法回生，同学闻之，大为震动。是役死者全系湖南周南女校学生，事后送往郊外火葬场焚化，刹那之间化为一缕青烟直上太空。亦农悼词说："梦魂夜夜湘江水，世事长怀革命忧！"临场者均表悲恸云。

我寓鸥林别墅附近松柏茂林，清泉怪石，湖水澄澈可以见底，林间古木参天，上有枭鸟构巢树杪，为游人行猎之处。某日天气晴明，台尔曼（Tellman）、◇书翁（Buchman）二人来寓访我，茶会后相率出外行猎，闻林间高处有鸥枭，咕咕鸣声，书翁循声而往，屏息举枪瞄准，但闻枪声一响，鸥鸟应声落地。随后又前行，复猎获大鸟，但不识其名称，兴尽而归。阿双见之，亦称不识其名，乃往查禽鸟辞典，仍不得其解。台尔曼笑云："鸟类辞书所未见者岂止此鸟？"乃携归，拟解剖剥制，陈列以资研究观览，其闲情逸致，有非他人所可及处。归国后人事倥扰，回忆前影如同梦境！

中国同志当时在莫京学习陆海空军事者有刘伯承、朱瑞、罗章凤等均列席六大会。刘，四川人，时在陆大学习，博览群书，生活阅历丰富，最为健谈。时年三十七岁，身材高大，肤色黝黑，眇一目，辩才无碍，议论风生，能诗文，不类武夫。自云家世贫穷，父为吹鼓手，少历行伍，长入讲武堂，出入战阵，入浴时见其浑身弹痕历历犹在。"他带着眼镜，有很多可敬的伤痕！"（Engek：Kan Schorlemmers Leben）刘在一九二三年春曾任四川军第二混成旅旅长（受赖心辉节制），在资中对杨森作战，屡立战功，后熊克武全军退出四川，刘因负伤休假遂离军，一九二七年取得中共党籍。刘长期亲历战阵，故用兵自有法度,与古代兵书暗合。常云:"五行若定,克敌制胜,五行不定,输个干净。"所谓五行系指掌握任务、敌情、我情、地点与时间等因素而言。又言兵凶战危,可弭则弭,故以止戈为武,在陆大学习,专心致志钻研近代战术及俄文,后译著有合围战术、步兵战术概要等书。回国后,担任方面军领导,钻隙行军,运算如神。

六大会会场内外充满浓厚的国际气氛。由于实际需要起见,大会会场用俄文与中文。国际友人憧憧往来,络绎相属,会外交际及生活则用英、德、法等语文。大会翻译机构人员众多,打字员工作颇忙。

六大会议第一日,由第三国际书记布哈林(Buchrin 一八八八~一九三七)出席致开幕词,并即席做政治报告,报告甚长,连续两日(约十六小时)始完毕。随即印成书面报告,发给出席代表开始进行讨论,讨论时间经过二星期(包括翻译时间)。布时年四十许,头已光秃,精力过人。他对于大会做了政治报告兼讨论,均全力以赴。大会政治决议案及宣言均由彼起草,历十余日未尝间断。却未料到 Damocles 利剑已高悬到他的头上!

不少曾与中国同志相识的国际友人如卫金、魏尔德、鲍氏夫妇等纷纷来到鸥林别墅访问旧友。大家结伴郊游到列宁山远足,畅述广州、上海与武汉往事,历久不倦。台尔曼 Tailman 三年前在德国与我相识,久别重逢,他乡遇故知,另有一番情趣。大家结伴出游,河梁携手,莫河荡舟,漫谈往事。在交谈中,台尔曼极重视中国运输工人组织,谓其与西方工人斗争有直接关联。他告诉我,以菲门 Fimen 为首的西欧运输工人阵营,已起了重大变化,不再是一九二四年前形势。同时还谈到关于中国工人斗争特殊战略及武装斗争等问题。台尔曼胸怀开阔,气韵沉雄,远非他人所能望其项背。

一九二八年八月我与项英偕第一批中委及工作同志毛简青等二十二人从莫斯科起程回国。大家归心似箭,蹼程前进,经过二星期后,始到达哈巴罗夫斯克。因铁路被阿莫尔河水淹没,乃决定改乘轮船前进。

在伯力候船南行期间,忽然发生一桩意外事件。一个周末下午,我们正在江边游息的时候,游人往来颇多,有一群青年正在打球和游泳。忽见一女生在大江中被急流冲走。女生力弱,不能自振,随波逐流,载浮载沉,情况非常危急,乃高声呼救。堤上游人喧声盈耳,但一时急切无法施救。我见状,乃商同代表柳谊等三人疾趋埠头,解缆跃登舢板,驾小舟,操长桡,犯波涛,奋勇前进。柳本国内南方水手,坐后艄掌舵,三人努力拨桨,舟行如飞,一里外追及溺者,卒将女生救起,安置艇中。她脱险后,初时神志昏迷,不省人事,众人围集,设法急救,渐渐苏醒,恢复体力。其家属同学多人闻讯赶到,见我们衣履尽湿,精疲力竭,大为感动,乃热情邀我们到附近学校休息,并开茶会招待慰劳。他们对中国学生舍己救人精神表示十分感谢,并挽留我们一行盘桓数日,在当地从事参观游览。经此一番应酬,于是当班轮船未及登轮,延迟至二日后始继续出发。

汽轮行一昼夜,再乘火车,及抵海参崴,已秋末冬初。在海参崴红河子某山庄,停留一星期,等待越渡国境。山庄主人名尼考夫,年四十许,热情待客,但为保密起见,禁止客人外出。入夜,尼考夫为客奏三弦,并令其子女伴歌,以慰旅中寂寥。尼所奏为《阿莫尔河畔》《贝加尔湖倒影》《地上撒满豆子》等歌曲,琴韵悠扬动人。某日向晚,主人宣称今晚启程,乃亲导余等四人循山阿小河畔步行前进,约十公里至一山岗,改穿红军制服披外套,乘坐马车,继续乘月色前进。途中丛草没胫,巨蚊叮人极痛,约一小时后下车步行七八里,遥见前面横一小溪,尼考夫吩咐大家卸去军服,轻装涉水前进。时已午夜,月色昏暗,朔风凄厉,繁星蓝天,尼考夫头系白巾,大家望其影摸索前进。遥望远山,老松岭一带野火焚林,火龙飞舞，漫延数里，窜入云中。近水处村庄灯火已熄，万籁无声，忽闻一犬猛吠，众犬争鸣，此起彼落，大家闻声，不顾一切，衔枚疾走，此时众人足履桦皮凉鞋，手扶短棒，俯首弯腰，越过溪流，后经一村落，到一狭长丘陵地带。四顾悄无声响，尼考夫令大家徐行，过一设置障碍物沟渠，遂抵一处。尼开口说现已到达目的地，并叫大家席地而坐，休息片刻，整理衣服。顷之，黑暗中闪出一青年向导，引我们欢步进入车站（五站），并交给每人当晚西去卧铺票一张，及旅费与途中日用必需品等物。据尼考夫谈话，越绥芬国境比经黑河、满洲里困难，所以必须夜行，万一被国境警察发觉即当献贿求释。苟不获允许，则准备坐牢。如果吃官司，往往旷日持久，悬而不决云。

一九二八年底，我们回到了上海。去国时正当夏季，回到上海已届冬初，征途往返，前后经过半载，此行山川人物与诗思梦境，历历如绘。时若萍重病以后，方出院不久。廉思无恙，尚留江北，阿京已回海门。询查上海工作处于半瘫痪状态中，乃共南平、北平等召集会议，重新起步！半年后，全域发生骤变！

中央工委及全总

中央工委恢复

自一九二七年起至一九三一年止,在此期间,中共主持全中国革命工人运动的机构,党内为中央工委(设书记一人,委员若干人),工会为全国总工会(设主任一人,委员若干人),全总主任有时由书记兼职。我任中央工委书记前后历四年,本章所述内容就是我任期内的史事。

一九二七年七月武汉政变以后,中共中央以全力充实各省武装斗争,中央工委负责人星散,工作陷于停顿达半年之久。一九二八年一月,国际代表建议恢复中央工委及全总系统工会工作,经国际党与工会代表决定,一九二八年二月召集全总第一次扩大会议(二月八日至十二日),重整工人运动阵营。会议做出几项重要决议,其中最主要的是恢复中央工委及全总,并从各方面调回中委及省委重要工作人员来上海重建赤色工会组织,加强中央领导力量。先是中央工委负责人一九二四年书记为我,一九二五年为王荷波,一九二七年为我、兆征,至是(一九二八年)决定我自湖南回到上海,担任中央工委书记,苏兆征自广东回上海担任全总常委负责人。同时又从湖北调回吴汝铭、项德隆、林育南担任上总工作,从广东调回陈郁负责海总工作,并派张昆弟、张金刃、孙云鹏到铁总工作,刘成章(陕西人,北方书记部成员)到唐山五矿工作。人事布置既定,于是全国工会运动激扬动荡,在严重的白色恐怖之下逐渐开展起来。

全总系统所属工会对敌斗争浪涛起伏，成败互见，简约纪述，见于下述各事：

根据扩大会议决定由全总发布宣言（全文长四千字），申讨蒋介石、李济深、冯玉祥、唐生智、汪精卫等军阀屠杀工农的滔天罪行，提出政治与经济斗争一致行动的要求。

全总第一次扩大会议详情见我所写《中华全国总工会扩大会议的意义》（笔名真君），刊布在一九二八年二月二十七日《布尔什维克》第十九期。在扩大会后约一个月，全总于一九二八年三月十日策动上海八十九家丝厂，工人六万四千五百人罢工，反对厂警殴伤女工，经过一星期胜利复工。国民党与政府见工人斗争抬头大为不安，乃设计加强防御。

一九二八年五月国民党上海市党部联合国内各方面破坏工人运动分子如马超俊、冯自由、杨德甫、谌小岑、陆京士、潘公展、朱学范等工贼在上海成立工会整理委员会与全总对抗。全总采取合法斗争与非法斗争各种形式击退工贼分子的反攻。是年九月一日国际青年节纪念日，全总在上海公共租界南京路组织群众示威游行，公共租界捕房出动军警大队逮捕李伟森等二十多人。华界与租界同时戒严，搜查全总宣传及印刷等机关。（李伟森不久释出。）

一九二八年十月二日，上海邮政工人为要求改革工资和待遇，爆发约三千人的大罢工。全总派张之钰、吴雨铭等前往领导，与工贼陆京士、朱学范等展开正面斗争，（陆、朱等初为工统会直接屠杀汪寿华的凶手，后为蒋介石口下七大工会主持人。）结果全总工作人员被逐，经过三日，罢工失败，全总秘书张之钰在杭州被捕被害。张，浙江萧山人，被害时二十六岁。上总组织部长吴雨铭被捕入西牢，我在南京路新新公司被敌探张廷浩所追踪，几陷囚车，经工人群众翼护脱险。吴汝铭一九二三年二月七日入保定军法处狱，一九二五年出狱。一九二六年在天津被捕入狱，一九二七年出狱。一九二八年十月在上海入工部局狱，一九二九年二月始出狱，计前后入狱四次，居狱中四年。出狱后即赴北方工作[1]。

全总所领导上海邮务罢工虽然失利，但在天津方面斗争却获得成功。一九二八年十月，河北省邮务工人罢工胜利，取得八小时工作制待遇。

一九二八年冬间，冯玉祥、岳维峻在北方自组御用工会，指使工贼大规模残杀铁总工作人员，铁总受到重大破坏，全总乃加派王仲一、吴汝铭等到北方组织铁总领导机构，恢复各路被破坏组织，击退冯玉祥进攻，在斗争中损失同志姚佐唐等五人。

在东北方面，全总与张学良政府间的冲突日烈。一九二八年十一月下旬，张学良纵兵屠杀哈尔滨工人、市民和学生，死伤一百余人，被捕工会会员及工会工作人员十余名。（全总于十二月常委集会，讨论张学良前在上海、近在哈尔滨屠杀工人学生问题，曾发表宣言。）

一九二八年十一月，国际劳工局局长汤麦（法国社会党）来到中国与蒋介石、冯玉祥、白崇禧、阎锡山会见，共商反共问题。全总于十一月十四日决定开始举行反汤麦周，并发布《反汤麦宣言》，在反汤宣传示威中，工会会员四人被拘于西牢。

一九二八年十二月三日，法界电车工人为吴同根被法国水兵殴死（八月间发生）事举行罢工，并提出经济要求，由于国民党走狗从中破坏，未达到要求，于十二日复工。全总派人重新组织斗争，十六日再度举行第二次罢工，但又为工贼刘云、洪东夷出卖，于三十日复工。在双方激斗中全总工作人员被构陷入西牢者有徐炳根等三人。

以上记述自全总恢复至一九二八年十二月止全总工作荦荦各大端，于此足见敌我斗争激烈情况一斑。在这期间内有几个关于中国

---

[1] 作者所述吴雨铭的四次被捕入狱，与吴自己的回忆略有出入。

革命运动的重大事件，首为召开太平洋劳动会议，次为《中国工人》复刊及《斗争导报》等几个刊物的创办，在群众宣传方面与国民党展开了激烈的争夺战。

太平洋工会会议

太平洋会议是在上海举行。一九二八年十一月二十一日至二十四日，我代表全总出席太平洋劳动会议秘书处会议，在外白渡桥百老汇路某洋房二楼秘书处举行，连日会议食宿均在秘书处。出席代表：中国、朝鲜、苏联、法、美等国工会代表二十四人，代表会员约一千万人。会场用英语记录。主席团：佐治（英）、柏尔德（美国）、卡尔登（澳洲）、罗章龙（中国）。开幕执行主席佐治。

第一日会议开始后，首由我做中国工会及斗争情况报告，报告通过英文翻译，由书记以英文速记，再笔译成各国文字交各国代表传阅，所以费时间很长。报告主要在分析当前国内外局势，自一九二八年四月至九月，中国全总领导罢工九十九次，参加斗争工人共十二万六千人，其中全胜十五次，部分胜利三十二次。谈及白色恐怖问题时，提出比较可靠统计数字，自一九二七年四月至一九二八年十一月，全国工农被屠杀者约十万人，其中经过法庭正式宣布死刑者为二万七千六百九十九人，蒋介石所杀者为四万人，冯玉祥所杀者为三万人，李济深、唐生智所杀戮者为三万人以上。当时被蒋、冯等判刑囚禁狱中者为一万七千二百人，工人因政治原因解雇失业者约十万人。（报告在《中国工人》一九二九年一月一日第四期刊出）

当时太平洋各国工会阵营颇为整肃，具有不可轻侮的群众组织力量，但是，由于一九三〇年以还，国际工会内部的派别斗争，中坚组织迭遭破坏，最后工会实力大损，终致名存实亡！一九三二年，负责人 Newland 被捕入狱，秘书处被查封。

刊物复刊或创刊

在大革命前中共中央工委及全总系统举办重要刊物凡十数种,其对群众发行数量远在党内刊物之上。自一九二七年中央工委工作陷于停顿后,《中国工人》亦停止出版。一九二八年十月,太平洋秘书处书记首先向我建议恢复《中国工人》,作为指导工人斗争理论刊物。经全总常委开会决定于一九二八年十二月正式复刊,由阿苏、我、项英三人分负编辑兼发行责任。

一九二八年十二月起复刊,第一期出版(随后于一九二八年十二月十五日出刊第二期,一九二九年一月一日起出刊第三、四、五期,一九二九年二月出刊第六期,一九二九年五月一日出刊第七期,五月十五日出刊第八期)。复刊后《中国工人》因地下印刷发行条件均极困难,故撰稿者人数减少,主要论文第一期沧海(我的笔名)论文二篇,第二期伯尔德、沧海、仲一各一篇,第三期沧海、炳辉(袁炳辉)各一篇,第四期沧海、溪石(童昌荣)各一篇,第五期沧海五篇,溪石一篇,第六期沧海、文彬、石溪各一篇,第七期至第八期,沧海、项英、苏兆征各一篇(后略)。《中国工人》恢复出刊到第八期,由于地下印刷工厂发生障碍,遂于一九二九年六月起决定停刊,改出不定期刊物,同时又刊行《斗争导报》、《上海日报》、《混战》三日刊等小型报。

《斗争导报》于一九三〇年十一月二十三日创刊,由我、但一、求实、育南四人编辑[1]。育南笔名南平,负责头二版新闻编辑,求实笔名北平,负责本市群众性斗争采访兼摄影(自设暗室冲洗),我笔名沧海(发刊词误作海沧)。编辑室初设在小沙渡路小学,继迁虬江路育南寓内。编辑四人每日必集虬江庐会谈编辑事务。某次求实在南京路采访群众集会游行示威新闻稿,并摄影几幅,归来求实头

---

[1] 但一(恽代英)、求实(李求实)、育南(林育南)。

上鞭痕犹在。中有一幅为印度巡捕骑马挥鞭驱逐游行队伍摄影,在上版时换了几次标题均觉未妥,最后育南援笔题云"看我们的血痕",大家同意,标题遂定。《斗争导报》印刷由毛泽民负责,发行由谭寿林经理。派报地点分设在市内工人区各小茶馆及俱乐部内,每期发行五千份至七千五百份。

《上海日报》以上海学生、工人为读者对象。《上海日报》由求实主编,曹典琦、谢觉斋、陆若冰等参加写稿(曹、谢马日事变后流亡到沪),每日印行二千五百份。

《混战》三日刊以上海一般市民为宣传对象,育南主编,每日印行三千份,随派报社发行,出版两月后被查封。

此外在全总系统各工会均自办刊物,如铁总于北平、唐山、天津、太原、石家庄各出版周刊一种。海总在香港、上海各出版刊物。

中央工委自一九二九年二月一日起开始编印《工人宝鉴》,由我、项英、孟雄分任主编,每期印行二千四百份。

一九三〇年二月起开始印行《全总通讯》,每月十五日刊行一次,自二月十五日至八月十五日共印五集,自四月全总印刷厂被工部局搜查以后印刷陷于困难,勉强维持至八月困难愈甚,《全总通讯》停刊。《全总通讯》集我所写主要论文如下:《中国职工运动的状况》(第二集),《经济斗争,我们的策略及各国共产党的任务》(译自台尔曼原著)(第二集),《组织全国铁路工人同盟罢工计划》(第三集),《一九三〇年六月全国斗争统计》(第五集)(其他论文从略)。此外尚有以笔名张俊所写论文多篇。《全总通讯》停刊后,一九三〇年七月出版《全总政治工作》。

一九二九年九月,全总常委为加强工会系统报刊书籍印刷业务起见,决定自办印刷厂,负责筹备人由我、毛泽民、成伟共同商定办理。时毛泽民任中央印刷厂经理,毛一九二七年在湖南省委工作,秋暴中被派往湘西常德一带工作。秋暴失败后到上海主办印刷厂,厂设上海天后宫南某里,厂中工人均由同志家属担任,泽民有两侄毛特夫、毛汉章均在厂当学徒。我与泽民商量结果决定由他出面定购印厂设备全套(对开印刷机二部,圆盘机一部,铅字、铸字、排字架等全套)并拨工人一批为新厂骨干。逾月筹备就绪,当推成伟为经理(成,宁波人,原为印刷工会负责人),开始营业,但营业未久即被工部局传讯,理由是违反租界印刷条例,经人疏通,罚款了事,乃继续营业。至四月又遭传讯一次,成在传讯期间白天停业,夜间开工,源源印行各项报刊,直到一九三一年临时中央派顾顺章劫夺时止。经理成伟在党内斗争中入狱,生死不明。印厂筹备人毛泽民一九三一年进入闽粤赣苏区任军区经理部长,一九三八年任新疆财厅长,一九四二年在统一战线工作中被盛世才所鸩杀。

恢复日常工作

我为了继续部署下年度工人斗争方略起见,因决定召开全总第二次扩大会议。全总第二次扩大会议是在职工国际与太平洋劳动会议第三次会后举行,会期自一九二九年二月十七日至二十五日。全总各产业代表十七人参加会议。会议主要报告有三:1)过去一年来职工运动发展的形势和目前总任务。2)出席职工国际代表报告(苏兆征)。3)出席太平洋劳动会议秘书处第三次会议报告(我)。

在全总扩大会议上曾讨论到武装工人纠察队问题,全总曾为此对全国工会组织发表声明(宣言推我与国玉起草),阐明工人武装组织的必要性,但在实行中却遇到很多困难。由于统治阶级在城市驻有重兵,军警防守极为严密,工人取得大量武装是非常困难的。至于在缺乏国际海口或内陆通途(如张家口)的地区对于接受国外武器接济更不可能。因此,当时全总只考虑到小量工人自卫武装问题。据颜昌颐意见,少量轻武器在城市矿山区域是可以存储,并能从上海租界军火商购取,运输方面与海员铁路工人联络亦无多大困难。

因此曾经计划在主要产业工会所在地区成立少数武装纠察队,作为进行斗争时期的自卫手段,但限于经费及其他条件,始终未能实现。这次会议后,决定全总常委分途到南北各地指导各产业工会斗争。

最先是石溪往南通考察江北工作,经时三个月返沪,报告南通情况与上海环境大异。据石溪报告,南通大生公司是一个规模颇大的托拉斯组织,公司企业包括炼铁、纺织、面粉、轮埠、碾米、榨油等企业,均为资本家张謇所掌握,同时亦系江北政治幕后主持者。张为前清状元,好粉饰门面,以文采风流自期,纵情声色,延梅兰芳、欧阳予倩二人在家演戏,为二人建梅欧阁以馆之。梅欧阁落成时,张发启征文,高张筵宴,大会宾客。某名士从北京来,心殊不怿,作诗遗张,有句云:"金迷纸醉驴登殿,断袖分桃雄妇人。"张大惭,但亦无如之何,当地人民传为笑柄云。石溪并谈到张对其所属企业的工人职员,另有一套羁縻方术。大生公司各厂大都依同乡姻亲关系雇用工人,工人平日互相联保不受外人煽惑利用。因此,石溪建议革命工人组织应仿照当年长辛店十人团办法从最基层入手组织。并建议工会工作人员须设法参加工厂生产,从内部发动瓦解厂内原有的封建性小集团,才能成立真正的革命基层组织。在组织形成相当力量后,进一步便可以发动政治与经济综合性斗争。(因张謇当时总揽当地政治经济大权,所以一切斗争都会形成对张的斗争。)由于后来向忠发、李立三、王明的暴动计划,当地组织遭到全部破坏,上述计划无由实施。

一九二八年十月以后,"六大"会中委及东大新派回国的干部先后抵达上海,停顿几月的国内革命重新开展起来。一九二九年二月间,不幸苏兆征患盲肠炎(阑尾炎)不治逝世。于是革命工人运动阵营又弱一个。兆征一八八五年生,广东香山人,少家贫,投大洋轮上做洋务工人(主持大餐间)。一九二二年三月组织海员罢工,胜利后组织全港粤海员罢工，名振一时。一九二三年在广州入党，一九二七年任武汉政府工人部长，大革命失败后与我与项英等主持中央工委工作。一九二八年出席中共"六大"会，当选为中央委员。一九二九年二月二十五日患病逝世于上海医院，年四十四岁。

兆征身高长清癯，眉发青黛如染，沉默寡言笑，外训谨而内刚强，有至性，真诚不苟，朴实无华。在劳动部长任内谦抑谨慎，从无自满之色，常自言本人为洋轮侍者出身，骤登高位，只求做事，不愿做官。又说："与汪精卫等共事极难相处。"人询其故，他说："汪等富贵习气重，瞧不起下层人民，唐生智纯系军阀，且有流氓气派，也不好交接。"因此他在武汉国民政府时期，除会议及公事外，绝不与彼等接触。他对向忠发流氓作风极为不满，常当面批评李立三与向忠发，说二人均够不上做党员。李、向因此怀恨，故时造蜚语中伤苏。

兆征平日生活节俭，无任何不良嗜好，故持躬清廉，取与不苟。一九二八年兆征与我同行赴莫斯科出席中共"六大"会，行前兆征请我会同将过去经手海员工会帐目结清交寿林转海总以清手续。因为兆征估计在赴苏途中度越国境时可能发生意外，所以先期将该款料理交代，足见其处事丝毫不苟的精神。兆征身后萧条，为其遗孤生活计，曾公开发起一次募捐运动，略有成数，五月间送其夫人及子女二人到苏联避难、学习。

分途指导工会斗争

以上为中央工委及全总日常工作之一部，以下就全国南北各地巡视与重要性会议，略述梗概。

"六大"会后，中央仍在盲动政策轨道上依惯性运动时，南北军阀对革命进攻不止，全国各地工作旋起旋落。为了继续防御敌人进攻，开展群众性斗争，中央工委讨论认为各负责人必须深入地方群众组织，及时采取冲破敌人包围，重整被击散的队伍方略，才能屡败屡战，再接再厉，向敌人做坚定不移的斗争。基于上述理由，我在正常安排全国性工作计划以后，遂行到北方巡视，同时参加当地工作。我于一九二八年冬季经海道北行（同行者王、疆），于十一月下旬乘轮到达天津。当时天津党委为韩麟符、李希逸、郭隆贞、于国桢、孙良田、安幸生等。韩谈过去天津省委房屋多居租界，自一九二八年奉军出关后，傅作义来到天津，六月二十日傅作义派队搜查天津俄领事馆，天津俄领事馆被搜查后于六月二十九日总领事率全体馆员下旗回国，天津环境日益恶劣。我此行除解决北方当前工作中所发现的困难问题，出席铁总扩大会外，同时还要查明近几年来北方所发生的若干重大事件，并随时纠正向、李等所推行的错误政策。

在大使馆案发生以前，北方曾经发生几次重大事件。溯自一九二六年奉军进关以后，对于南方正在勃兴的革命运动感到异常恐怖，为维持其武力统治起见，近年来对革命势力采取残酷的镇压手段。如一九二六年一月，国民二军退出天津，奉军乃占天津。十一月义庆里市党部被搜查，捕去中共党员江震寰等十七人，一九二七年四月十八日加以杀害。八月又捕去李季达、粟泽等人，于十一月被杀害。由此可见张作霖对中共活动时常在密切注意中。

在大使馆案发生以后，时中央驻在武汉，南北交通阻梗，对于北方情况不甚了解，北方工作已陷于停顿状态。一九二七年六月中央常委会决定派中委王荷波到北京去办理善后并开展工作。荷波离武汉前决定将家眷送返福州，由其夫人携大女儿职工同行。时新生一女婴不满二月，托西怀照管，但西怀本人工作繁忙照顾不来，乃另托他人代抚。安排停妥，荷波遂于七月初间单身北行（经浦口北上）。荷波北去后，我亦南往长沙，自后党内迭经事变，北方消息阻隔不明真相。我到上海后曾遇和森从北方南返，当询荷波遇难情事，和森竟茫然不知所对。后遇到另一从北京南来的同志谈及北方所发生事情，彼云："当时和森因北方军警密布，并未亲履北京城内一步，所以一切不知。"此乃由于和森为人本习于空谈，短于实践，且行动怯懦，到北方后深居简出，不敢与群众接近。自从几次暴动失败后，群众基础已荡然无存，既不能动弹更不敢直言，后来只好硬着头皮悄然回到上海。

我到北京、天津巡视时，经多方查访始知梗概。在延庆事变发生后五月，即一九二七年十月，北京市总工会曾一度被张学良军警搜查，捕去负责人杨会恭、赵铨林等十人。十一月军警利用投机分子作眼线，又捕去王荷波、段百川、吴可、杨惠工等十八人，于十一月十五日一律处以死刑。随后又到丰台、长辛店等处继续捕去铁总特派员陈国华、杨宝昆等十二人，于一九二八年一月在天桥枪杀。北方经过三次大破坏，先后牺牲重要干部四十人。北方自大使馆案后，党的精华至此又蒙受一重大损失。有人问张学良："北京、天津屠杀过甚，未免有失人心！"张答："箭在弦上，不得不发！我做的事虽未能尽如人意，但求无愧我心！"由此可见他对京津诸案几十条人命还是心安理得的。张后一度对南京实行兵谏，但受愚屈服。

我北巡从京汉路南下到河南视察，时北方军阀冯玉祥为直接镇压屠杀河南民众的屠夫。我到开封时，省委马尚德（杨靖宇）说："狱中政治犯挤满，乃辟新监收容。"河南省委谈冯玉祥与蒋介石自在徐州结拜兄弟后，天天捉杀共党，一九二八年一月冯派吉鸿昌在彰德卫辉纱厂屠杀工人，死伤达百人之多，并在焦作、郑州、开封、洛阳大杀工人，死者累累，掘坑掩埋灭迹。某次逮捕工人二人，冯亲自审问，工人拒不回答，冯大怒，视为顽固分子，用朱笔在二人头上各画一杠，令行刑者推出斩首。当时流行两句话道："徐州冯、蒋结拜，杀共产党如砍瓜切菜！"后来沧海曾为文揭露冯的野蛮行径说："冯玉祥是现在军阀中最奸滑的一个。因为他最奸滑，所以他在一切战争中总是滑头滑脑，骛虚名而兼重实利。他更有一种欺骗民众的手腕，遇事花言巧语，不知道他底细的人，一时竟容易为他所欺骗，把他捧为'革命左派'。冯玉祥统治河南以来，屠杀无数工农群众，同时更十分害怕河南工农的势力。他常自言他的军事纵然失败还有办法，如果被河南工人农民所推倒，连鬼也没法做。"（《中国工人》第一期，沧海：《冯玉祥的矛盾》，一九二八年十二月一日刊出）

我北巡时，曾偕铁总秘书赴天津，此次去天津主要为组织五矿罢工事。抵天津时，适交通系叶恭绰、郑洪年等派京绥路司机工人张济海等组织天津同乡会暗中与铁总对抗。张利用王藻文、李德贵（二人均京绥铁路工会负责人，任铁总特派员，受张利诱投敌）破坏铁总工作，并在国民饭店谋行刺我及昆弟，铁总干部在天津遂无法立足。铁总负责人商量结果遂派郭宗鉴（党员、铁总干部）、周昌渭二人访王，立谈间郭出手枪将王藻文击毙。王妻张健生鸣警拘郭，因于天津第三监狱，逾年郭瘐死狱中。此举郭为工会除害，张济海等气慑，声势渐衰，张昆弟遂重返天津工作。

我令昆弟重新部署北方工会斗争阵容后，遂决定于二月十五日在天津召开铁总扩大会议，会毕，我始返上海。（决议载《全总通讯》第五集。）

我北巡归来时，向、李等正在北方策动兵士暴动。所谓兵士暴动是脱离群众，采取孤注一掷的方式，一般说来只求鞭爆放响，不问结果成败。所以在没有工农群众组织基础上发动的兵暴有的功败垂成，有的毫无效果，致使党在北方军队中长期扶植的地下武力消耗殆尽！其主要事例如下：

栾城兵暴张兆丰被害。一九二九年北方局奉令组织农民暴动，当时不顾条件命令军委书记张兆丰前往武安、磁县发动农民武装斗争，旋即失败。是年又令张兆丰组织平汉北段兵暴，教张从李生达部第二四一团中拖出枪支建立苏维埃政权,事泄,张即被逮捕,一九三〇年一月七日被杀于河北栾城。张兆丰,河北磁县人,为北方党军事特出人才,北方书记部成员。陕西陆军讲武堂毕业,在靖国军任军官。一九二五年后曾任方振武部第三师师长,一九二七年冬离职。一九二八年出席"六大"会,回国后担任北方局军委书记,至是被害。

平定兵暴谷一雄被难。张在栾城牺牲后数月,向、李等再令谷一雄于一九三一年在平定组织兵暴。谷一雄在高桂滋部队中拉出武装七连,约一千人,攻占河北阜平县,最后孤军奋斗,为石友三部沈克所包围,全军覆灭,谷一雄被俘解北京,八月被杀。谷一雄,河北安国县人,保定育德中学毕业,北京马学会会员。考入西北陆军干部学校,结业后任方振武部参谋。一九二八年入方振武所办军事政治学校任区队长,加入中共,并在校内成立党支部,有党员二十人,受张兆丰节制。一九二九年任山西省委军委书记,牺牲时二十六岁。

完县兵暴韩永禄牺牲。一九三〇年夏继续执行暴动政策,令韩永禄发动完县五里岗暴动,旋即失败,韩永禄被逮捕下狱,于一九三一年秋被杀于北京天桥。韩永禄,河北完县人,原保定育德中学学生,北方书记部成员。

到广东香港巡视

我从北巡归来后约一月,即一九二九年七月,我到广东香港巡视,其理由是因为自广暴以后当地党与工会活动十分困难,省委由于一时无计划进行工作,遂将海总取消,全市工会陷于蛰伏状况,因此前往设法打开僵局,将工作重新部署一番。我遂准备后,决定八月初起程。我在动身赴粤前夕,秘书谭寿林相告:据报,广州陈济棠近来勾结香港政府订立联合对付C.P.活动条约,凡从外部航粤轮船到香港,抵埠时先由双方军警上轮搜索,见有形迹可疑外江人即暗中监视,下船时绑架到警厅非法审讯,宣布作红色人物驱逐出境，转手间送上广州派来槛车运往深圳广九车站引渡。（传说蔡和森即在香港失足，陷敌。）因此在轮中应小心在意。寿林已通知粤省委轮船到岸时，派一同志到码头迎接，我须按照约定暗号，辨明对方，跟随接待同志登岸。随后寿林亲送我到外滩码头，登乘威尔逊总统号直航香港。该轮于八月八日到达香港。轮船到港抛锚停泊，省委先已得到上海通知派人到码头迎接。我立船舷尾前方，着唐装，手拿乳色雨衣作为记号，远远见到一位着香考绸白鞋女同志向我招手示意，下船时在拥挤人流中随她进入大街，在转弯处二人同登上预先等候的汽车开往跑马场附近，车停，下车后紧跟随她走过几条小街就是省委临时设立的招待所。该屋有房三间，我住外间，主人姜秀珠与其母同住里间，亲为料理膳食及一切杂务。

贺昌为我在北大的旧友，时来造访，南天重逢，每以畅谈前事为快。我询及前年广州暴动失败情况，贺答不知其详，仅云：广暴时周文雍脱险赴香港，一九二八年三月重返广州工作。周与陈燮君同住，伪为夫妇（陈为中山大学学生，当时改名陈铁军），由于省委秘书投敌，将二人实况告讦，二人立即被捕处死。又广暴失败后第四师师长叶镛亦回香港，此次亦与周、陈二人同时被捕，为李济深所杀。

我到香港后当即召开省港工作会议讨论及布置工作。当时省委书记赖发（绰号烂风炉，九龙船厂工人），组织部邓发、宣传部贺昌、工委陈郁、军委聂荣臻、妇委姜秀珠、海总刘达潮、方才、叶全等负责人均到会。会议进行二天始将当时港粤工作不能开展的症结弄明白。由于向、李政策长期站在左的一端，地方同志虽反对，有怀莫白，有时话说到口边又咽下去了。这次我让大家畅所欲言，大家认为这是对于广暴与海陆丰失败后做了第一次工作检查。我在会外还听到不少久蕴未宣的意见，如九龙船厂一个工人同志说："自从广州暴动失败，海陆丰政权摧毁后，革命元气斫丧无余，全身瘫痪，经使革命无法向前走动一步,早知今日,何必当初?"另一个同志说:"我们听从上级的命令,总算养了两个先天不足的苏维埃细仔(指广州与海陆丰苏维埃政府),可惜不久夭折,徒供历史凭吊!还有更多的苏仔胎死腹中,没有养下来,这一切早产与流产的牺牲使我们竟不能养出一个壮健的儿子出来,这是蠢婆娘的做法。"还有一位同志说:"想着从前孙中山搞军事投机,时时在注目耸动海外华侨作为筹款的张本,我们今天的军事投机居然也在模仿老孙的做法,难道非如此便不能邀功吗?"这些话都是以前所未闻到的意见。过了两天,贺昌来我处谈话,谈到工作无法开展,我顺便把听来的那些话转告贺昌,贺说:"让他们谈吧,反正我们保证不在香港暴动就行了。"贺又说:"论理这些意见也很对,但要做领导,就只能面对任务,完成多少算多少,万一完不成,也是没有办法的事。"话题随后又转到领导人身上,有同志说:"书记烂风炉是最近提拔的工人干部,平日坐茶馆,逛大街,酗酒胡闹,实在有亏职守。"贺说:"向忠发能当中央书记,烂风炉为什么不能当省委书记?"那同志道:"这也是不合逻辑的逻辑。"贺闻言大窘,说:"我们总该重视领导威信哩!"

省委会议以后,我建议举行一次工作干部会议,报告目前时局,探讨工作方略等问题,经省委同意后遂由省委做出决定召集全体干部会议,并通知驻广州特派员参加会议,目的是让中央来人与干部见面有鼓舞作用。全体干部会议选定在九龙郊区一座大庙中举行,庙距宋王石约十里,殿楹高深来往行人稀少,大家作为游客散坐廊庑下,一面喝茶一面讲话,由我做报告,整整谈了几个钟头。这是广州暴动以后粤港干部公开集会的第一次,所以大家感到兴奋,纷纷提出问题和建议,对于改进当前工作起了积极作用。

到港巡视工作约经过六星期告竣。事毕贺昌与秀珠等乃导我游览香港浅水湾海滨、大旗山、九龙宋王石等处。宋王石乃宋帝昺逃难落海处。我遂于九月二十日乘英轮返航上海。返上海数月后,得香港讯息:秀珠后被派回广州工作,一去不返。事后方知为李济深等所拘囚杀害。后又续闻烂风炉因生活贪污腐败,工作无能,自感前途无望,竟将省委公款全部席卷而逃,查无下落。向忠发、李立三护短,不肯追究,并通知党内不准再提此事!

我前在香港时,贺昌在香港办一小报,自任编辑,销数不大,他要求我设法找一个编辑送港,但自烂风炉卷逃后,该报停刊,贺亦随即离港返沪。

又,我离跑马场前夕,忽遇强级台风自南海方面袭击香港,风力强劲,海潮涌入堤内,浪沉木船数十艘,房屋倒塌,伤人无数,满目灾象,一时交通为之断绝。经过三十六小时始告平息。风止后秀珠送我到码头,乃乘英轮皇后号直航上海。中途各港均未停靠。越二日到达上海外滩,易服装下船,在埠头至成与慕兰来会,三人同车返极斯非尔路寓所。时已深秋天气,见兆丰公园黄花满径,枫林如染。稍事休息即偕万良同赴宜兴、无锡出席当地鼋头渚会议,计议有关诸问题。

我到上海后,某日在中央会议上报告南巡经过,会议上公认为南方工作已重新送到战斗轨道上去,我并建议调陈郁到上海海员工会工作,理由是香港海员工会已有相当组织基础,上海以宁波帮为中心的海员群尚处于资方均安会影响之下,朱宝廷已无法发挥全力,朱陈对调可望工作好转,当即由会议决定照办。但是正当大家在开会的时候,参加会议的向忠发忽然离座外出,历时颇久始返会场,秘书谭寿林诘问何事?向嗫嚅云:"我家来人有事呢。"德隆回顾室外,忽听高跟皮鞋声,见向妾匆匆返身下楼梯,大为不怿,正色斥向道:"这是中央会场,怎能让你小老婆来这里,以后我们还能在此开会吗?"向嘻嘻一笑,涎着脸说:"叫她以后再不来就是。"时众议纷纷,均不直向所为,向恼羞成怒,在开会中呆若木鸡,一言不发。寿林余愠未息,自语道:"太不像话!"向乃向主席请假先退,大家继续开会。从此以后向忠发便屡向国际代表暗放冷箭,搬弄是非,说:"北方书记部是'二七'派,向来藐视国际代表,并敢违抗我的命令。"向又当众对立三说:"我拼着总书记不干也可得,决不让他们占便宜!"后来向到南京,指使搜查党与工会机关,火上加油,大肆破坏,许多人都说这是向在发泄对革命的怨气。

九龙会议

我在香港寓居跑马地林荫道姜秀珠家。姜世居香岛,时肄业广州大学,奉母家居,环境幽静。贺其颖、聂荣臻寓所亦在附近。溯自广州暴动以还,穗州残破,地下工作中心暂移香港,从事休整。此地距广州只隔一衣带水,姜往返省港,朝发夕至,习以为常。我莅港以来,协同当地区委(粤桂两省委)、海总与粤总,将各方工作彻底加一番整理,经过多方努力,查明工作中存在的问题与症结,对症治疗,经过一段时间后,两广革命形势渐呈好转,一般工作大有起色。为了加速工作进度起见,乃决定举行全区干部工作会议,以利推动和开展。经过邓发、丘玖等同志周密布置会议,在九龙郊区文庙大成殿内举行。该处庙宇宽广,邻近多为菜圃。出席会议者有我、贺昌、陈郁、邓发、翟汉奇、刘达潮及其他干部五十余人,一时发扬蹈厉,人心振奋,实为广暴以来的空前盛会。

此次会议任务首为讨论两广地区工作新方案,动员全区党与工会加强战斗,重整阵容!次为检阅并发扬光大全区革命力量。会议开始首由我报告国内外形势与目前党的任务,接着讨论新工作计划与方案。到会同志在报告与讨论进行中,一致踊跃发言,表示决心要剑及履及,奋勇向前,争取革命胜利。同时也认真进行互相批评,纠正缺点和错误,发扬从头起步,日新又新,凌厉无前的精神!九龙会议经过是在秘密条件下进行,由于事前准备工作充分,经过良好！会后，到会同志对于革命前景充满希望和信心。

我此次驻粤港经时颇长，按原定计划必须各方面具体部署安排妥当就绪后，方行返沪。

〖注〗九龙会议按原定计划完成，但是从九龙会议经过中发现不少有关问题。溯自一九二五年以还，广东中共区委以全力开展工人运动，先后成立产业工会与地区工会，由邓培、中夏、启汉等总其成，苏兆征、林伟民、翟汉奇、陈炳生均海总工会负责人。当时苏兆征、陆常告、翟汉奇、卢俊文为海员工会派往香港谈判四代表，陈炳生原为海员总工会会长，后因他案被捕，改推苏兆征继任。与此同时，广州工会有不少投机分子利用革命以达私人企图，如烂风炉、罗登贤等均是。烂风炉身为广东书记，乘党之危卷款潜逃。罗自称为广州某厂工徒，为人猥琐龌龊，贪财自私，酒色征逐无虚日，兆征称之为"滥仔"。

（本章未完，紧接下册）

www.ingramcontent.com/pod-product-compliance
Lightning Source LLC
Chambersburg PA
CBHW060549080526
44585CB00013B/499